Abraham Rösselet

SOUVENIRS

DE

ABRAHAM RÖSSELET

LIEUTENANT-COLONEL EN RETRAITE DU SERVICE DE FRANCE,
CHEVALIER DE L'ORDRE POUR LE MÉRITE MILITAIRE,
OFFICIER DE LA LÉGION-D'HONNEUR,
DÉCORÉ DE LA FLEUR-DE-LYS ET DE LA MÉDAILLE D'HONNEUR SUISSE,
BOURGEOIS DE BERNE ET DE DOUANNE.

Publiés par R. de STEIGER.

NEÙCHATEL

IMPRIMERIE DE J. ATTINGER

1857

AVANT-PROPOS

Resserrés entre la pente escarpée du Jura et la rive septentrionale du lac de Bienne, se trouvent l'église et le village de Douanne (Twann), établissement celtique, comme le nom l'indique. Formant un passage étroit, cet endroit est le seul notable de cette côte, et ses neuf cents habitants s'occupent presque exclusivement de la culture de la vigne. Résidence d'une noblesse locale, à la fin du 12ᵉ siècle et au commencement du 13ᵉ, Douanne a appartenu plus tard à la maison de Tavannes, de laquelle l'avoyer Hofmeister de Berne acheta cette seigneurie, en 1420. L'avoyer Nicolas de Diesbach la vendit à son tour à Berne, en 1487.

De ce village sont sorties des familles, qui ont su mériter l'honneur d'être incorporées dans la bourgeoisie de Berne. L'arrière-grand-père maternel du grand Haller, un Engel, a été baptisé à Douanne, d'où sont aussi venus les Fassnacht et les Rösselet.

Mais Abraham Rösselet, à la mémoire duquel nous consacrons ces lignes, descendait de la branche de sa famille restée dans ce village, tandis qu'un de ses ancêtres, vigneron de son état, avait acquis ce droit, en 1616, époque où la ville de Berne était entourée de vignoble, et que sa descendance s'était éteinte.

Fils d'un officier et d'une Bernoise, dont la mère était Alsacienne, et lui-même enfant de troupe comme elle du régiment bernois d'Erlach au service de France, Abraham Rösselet débutait, en 1783, à l'âge de treize ans, comme cadet d'après lui, comme volontaire suivant son état de services, au régiment suisse de Schönau. En 1789, ce corps, devenu Reinach, est appelé au camp de Paris et, le jour de la prise de la Bastille, le jeune homme reçoit sa première blessure. Deux ans plus tard, il passe aux grenadiers, et, après avoir fait partie de l'armée du Nord, il est licencié avec son régiment, le 15 septembre 1792.

Agé de vingt-deux ans, il va s'engager à l'armée des princes à Damvilliers, où on le congédie, faute de fonds, au bout de dix jours.

On ne tarde pas à l'enrôler dans le régiment de Watteville, passé alors du service de France à celui de la république de Berne. Dans ce corps, celui de sa première enfance, il passe quinze mois et demi comme grenadier.

Mais soupirant après une vie plus active, il part pour le service de Hollande, au commencement de 1794, et entre comme fusilier dans le régiment bernois de Gumoëns. Bientôt caporal, il combat devant Landrecies, et figure comme sergent à la bataille de Tournai. Longtemps après, ses supérieurs ont encore parlé avec éloge de sa gaîté, de son zèle et de sa bonne volonté. A une sortie de Bois-le-Duc, il reçoit sa seconde blessure et est fait prisonnier par les Français.

Rentré sur parole en Suisse, il est placé, en 1796, après le licenciement de son régiment, comme sergent d'armes dans la compagnie de chasseurs bernois Daxelhofer, stationnée à Bâle. C'est avec cette compagnie de milices qu'il combat l'invasion française de 1798, à Lengnau, à Laupen, à Neuenegg, et qu'à cette dernière affaire il est blessé pour la troisième fois et tombe pour deux jours au pouvoir de l'ennemi. Or, jusque dans ses vieux jours, il a dit que, de toutes ses blessures, celle-là lui avait fait le plus de plaisir, parce qu'il l'avait reçue pour son pays.

Après avoir servi l'ancien ordre de choses, celui de sa conviction, il a vingt-huit ans, et ne peut habituer au repos sa soif d'exploits. Issu d'une caste guerrière, il ne croit pas devoir rester oisif parce que la cause qu'il a fidèlement et bravement défendue, a cessé d'exister. Il quitte donc son dernier capitaine, au service duquel il était momentanément entré comme domestique, pour accepter un emploi d'adjudant sous-officier dans la légion helvétique organisée à Berne, le 1er octobre suivant.

Mais quatre mois plus tard, il passe comme capitaine-adjudant-major dans la 5e demi-brigade helvétique au service de la république française, alors en formation, et se marie. Il se distingue à la première bataille de Zurich. L'année 1800 voit fondre la 5e demi-brigade dans la 3e, qui finit par être dirigée sur la Corse. A la suite d'un duel, Rösselet reçoit l'ordre d'aller en commander le dépôt à Toulon, où il séjourne trois ans.

En 1806, il part de la Corse pour Naples avec le 1er bataillon du 1er régiment suisse, formé des trois demi-brigades helvétiques fondues ensemble. A peine arrivé à Naples, il est envoyé en colonne mobile à la poursuite de Fra Diavolo et, à la fin de mai 1807, il part avec son bataillon pour les Calabres, comme capitaine d'une des compagnies de voltigeurs nouvellement organisées. Il prend part au siége de Cotrone, puis devient chef d'un arrondissement sur le golfe de Squillace, qu'il quitte, après avoir pris, le 21 novembre, les deux chefs de bande Gregorio. Détaché à à Sant'Eufemia, il enlève dans cette contrée, le 3 juillet 1808, le chef de brigands Benincasa. Il fonctionne pendant l'hiver suivant comme commandant de la place de Seminara. Le 7 mars 1809, il repousse avec sa compagnie une tentative ennemie contre un convoi marchand mouillé dans les eaux de Gioja et reçoit une contusion à la jambe, occasionnée par le vent d'un boulet. Le 1er mai, son bataillon est appelé à la défense des côtes du golfe de Baja contre une expédition anglo-sicilienne. Celle-ci repartie, le capitaine Rösselet est nommé commandant d'armes de l'île de Procida, poste qu'il occupe jusqu'au 1er février 1810.

Le 6 mai, le bataillon reprend le chemin des Calabres, et Rösselet est chargé de parcourir, avec deux compagnies de voltigeurs, la Sila, d'où on le dirige sur l'arrondissement de Cassano. Après y avoir enlevé le chef de bande Il Boja, il est successivement investi du commandement du district d'Ajello, de celui de la place du Pizzo, et de celui de Villa San Giovanni. C'est l'époque où échoue la tentative de Murat contre la Sicile. Le 1er décembre, on lance de nouveau Rösselet en colonne mobile, avec les quatre compagnies de voltigeurs du régiment, mais après la répression du brigandage par le général Manhès, on le renvoye, le 7 mai 1811, à son poste de Villa San Giovanni. Le 14 juillet, les quatre bataillons du régiment quittent les Calabres pour faire partie du corps d'observation de l'Italie méridionale, et marcher ensuite sur Plaisance, d'où deux bataillons d'élite se mettent en route pour Strasbourg, le jour de Noël.

Le 1er mars 1812, ces deux bataillons renforcés et complétés partent pour la grande armée et sont incorporés à Marienburg dans le 2e corps. Rösselet combat à Polotzk, les 18 et 19 août, mais surtout le 19 octobre, journée où il reçoit sa quatrième blessure et pour laquelle il est décoré.

Nommé capitaine de grenadiers, le matin de cette bataille, Rösselet est dirigé plus tard sur les derrières de l'armée avec les blessés, et ne rejoint le régiment qu'à Kowno, d'où il en ramène, le 7 mars 1813, les débris et l'aigle au dépôt de Metz, non sans avoir encore reçu un coup de pied de cheval, en sortant de Mayence.

Il a dit de cette campagne de Russie, qu'elle ne serait jamais écrite par ceux qui l'ont faite, à cause des horreurs sans nom et sans nombre qui s'y sont commises. Quant à lui, il est le seul officier peut-être qui en soit revenu sur le cheval qui l'y a porté et qu'il avait reçu en Calabre, en 1810.

Revenu de Russie, souffrant de rhumatismes, dont il devait la première disposition aux nuits froides passées dans les fortifications humides de Bois-le-Duc, en 1794, il trouve du soulagement aux eaux de Plombières.

Mais dès le 15 avril, il repart avec les compagnies d'élite du 1er bataillon qu'on organise à Utrecht avant de le diriger sur Minden et Brême, comme faisant partie du corps d'observation du Weser. Défendue par le bataillon, Brême obtient du général russe Tettenborn la capitulation la plus honorable de la campagne de 1813. Après avoir conduit cette troupe à Wesel, Rösselet est nommé chef de bataillon.

Dans la nuit du 10 au 11 janvier 1814, il a les reins gelés, en surveillant la ligne du Rhin, en face de Crefeld.

Son bataillon coopère depuis le 15 à la défense de Mæstricht, dont la rentrée des Bourbons amène la reddition aux alliés. Il a été le premier à arborer la cocarde blanche. De retour en France, son chef reçoit l'autorisation de porter la décoration du Lys.

Appelé, le 17 mars 1815, d'Arras à Paris, il arrive avec son bataillon et un du 3e suisse à Saint-Denis, à travers l'armée infidèle au roi et enthousiasmée par le retour de Napoléon de l'île d'Elbe. Aux offres que l'empereur lui fait faire, le 4 avril, Rösselet répond par le plus noble des refus, et son bataillon tout entier suit son exemple. Ce beau mouvement patriotique et ce rare désintéressement auxquels les circonstances prêtèrent quelque chose de la grandeur antique, font de ce moment le plus brillant de sa vie.

La diète, qui a rappelé les quatre régiments suisses, en forme quatre bataillons fédéraux. Elle confie à Rösselet celui composé des débris de son régiment, et le nomme lieutenant-colonel. Le gouvernement de Berne lui fait un cadeau en argent accompagné d'une lettre flatteuse, et Louis XVIII lui envoie de Gand la croix du Mérite militaire avec le brevet de lieutenant-colonel à son service. L'estime publique fait le reste.

Voici ce qu'un de nos anciens supérieurs nous écrit sur cette époque.

« Rösselet vint à Bienne avec son bataillon et fut reçu à bras ouverts par mon père, qu'il appelait toujours son capitaine. Bien qu'enfant à cette époque, je me souviens parfaitement de l'énergie qu'il déployait pour maintenir la discipline dans son corps : des agents bonapartistes venus du dehors et des habitants de Bienne dévoués à Napoléon cherchaient à corrompre la fidélité des soldats et à les débaucher pour le corps de Stoffel, mais l'esprit des sous-officiers était excellent. Je me souviens entre autres d'un sergent ou fourrier Desjardins, Vaudois, fils de mon ancien maître de danse à Lausanne, que Rösselet avait présenté à mon père comme un sujet distingué, qui, parcourant les rues, en me donnant la main, s'arrêtait auprès des groupes de soldats mécontents, qui complotaient pour déserter, les exhortait amicalement, les menaçait de punitions sévères, et les arrêtait même lui seul pour les conduire au commandant, lorsque cela était nécessaire, et les faisait tous rentrer dans le devoir. »

Desjardins devint plus tard officier au service de France.

Cependant, au bout de cette campagne de 1815, qu'il appelle lui-même une campagne pour rire, Rösselet reçoit la médaille de fidélité, accordée par la diète aux militaires revenus du service de France. Il passe le reste de l'année dans le pays de Gex et ses environs, puis les trois premiers mois de 1816 à Genève, où, le 31 mars, il licencie son bataillon et avec lui le 1ᵉʳ régiment suisse.

Le gouvernement bernois le charge de lever bientôt

après le 2ᵉ bataillon provisoire, composé du contingent que ce canton destine au nouveau service de France. Il le conduit à Besançon.

Nommé chef de bataillon au 8ᵉ régiment d'infanterie (1ᵉʳ Suisse) de la garde royale, il est appelé au commandement du 1ᵉʳ bataillon et reçoit, un an plus tard, le brevet de lieutenant-colonel dans la ligne. A l'époque où il est obligé de se procurer un cheval digne de sa nouvelle position, il fait cadeau de sa jument calabraise, qu'il avait appelée Lisette et qui lui avait sauvé la vie en 1812, à un jeune officier du régiment, qui malheureusement la vend peu après. A deux reprises, il commande provisoirement le régiment et y dirige pendant dix ans l'instruction du tir.

Mais, en 1821, il perd le seul enfant qui lui soit resté, son fils aîné, jeune officier du régiment, événement dont, six semaines après, sa promotion au grade d'officier de la Légion-d'honneur ne peut naturellement le consoler.

Trois ans plus tard, un passe-droit vient le peiner vivement. Il s'agit d'un homme de beaucoup de connaissances et de capacité, avec lequel il est lié, mais qui a servi l'Angleterre plus longtemps que la France. Nous allons voir cependant comment on l'en dédommage.

La duchesse d'Angoulème passait pour la seule protectrice que les Suisses eussent à la cour. A une audience qu'elle donne à son rival, elle lui dit, le prenant pour Rösselet :

— Je suis bien fâchée, mon cher colonel, que ce soit si mal allé.

Le 22 juillet 1824, le baron Auguste de Forestier, secrétaire général des Suisses et aide-de-camp de Monsieur, lui écrit la lettre suivante :

« Monsieur le lieutenant-colonel,

» Je m'acquitte de l'ordre que me donne le prince colonel général : Ecrivez au brave Rösselet qu'en nommant à la lieutenance-colonelle vacante dans la garde un autre officier que lui, j'éprouve un sentiment pénible de ce que l'article 16 de la capitulation et les droits de l'association de Zurich ne m'ont pas permis en cette occasion de récompenser ses bons et anciens services. Exprimez-lui combien j'en suis peiné.

» Telles sont les expressions de Monsieur : en vous les transmettant, j'espère qu'elles vous apporteront quelque consolation, certain que vous apprécierez parfaitement combien est honorable ce regret d'un prince qui sait vous estimer.

» Agréez, etc. »

L'année suivante, Rösselet commande le bataillon d'élite, qui représente le régiment au camp de Reims, à l'occasion du sacre de Charles X.

A tout prendre, il ne se sentait pas à son aise dans la garde, habitué qu'il était à une vie plus réellement militaire. Cependant il se montra toujours bien disposé et jamais mécontent. D'ailleurs, s'il avait servi successivement plusieurs causes avec la même fidélité, les Bourbons avaient eu dès le commencement la préférence dans son cœur. Rompu à la manœuvre, sachant parler avec le soldat en allemand suisse et surtout en français, et l'enlever par la parole, il aidait partout où il le pouvait à des supérieurs quelquefois moins habiles et moins expérimentés que lui. C'était un troupier dans la plus noble acception de ce mot. De son propre aveu, il ne dut pas non plus les économies qu'il fit à l'époque où il avait un traitement de 8,000 francs par an, mais à son long service de capitaine, pendant lequel il toucha annuellement 2,000 francs, souvent même assez irrégulièrement. Tout cela ne l'empêcha pas d'être toujours le meilleur camarade, le meilleur subalterne et le meilleur supérieur. Il était du petit nombre de ceux qui, sans être riches, avaient toujours de l'argent et étaient toujours prêts à aider.

A la fin de décembre 1829, le régiment marcha d'Orléans sur Paris par un froid tel que plusieurs soldats furent gelés en route. Mais pas un d'eux n'appartenait au 1er bataillon, essentiellement parce que Rösselet ne le fit jamais attendre aux lieux de rassemblement et partit plutôt avant l'arrivée des derniers hommes. Quand on lui demanda plus tard comment il s'y était pris, il essaya de s'expliquer, puis s'interrompit en disant : « Il y a des choses qu'on ne peut pas dire. » Le fait est qu'il entendait la marche.

Quant à la manière d'agir avec la troupe, il disait :

— Allez de nuit aux bivouacs ou dans les camps, et écoutez comme le soldat dit : Tel ou tel est un bon homme, qui n'ose rien dire à personne. En voilà un autre qui est sévère, mais juste.

Des sous-officiers et des soldats ont raconté qu'à des prises d'armes, il ne regardait pas à la partie de l'habillement qui sautait aux yeux, mais savait distinguer si un homme avait une chemise sale, ce qu'il ne laissait jamais passer.

Le 29 juillet 1830, le régiment part d'Orléans pour Paris, mais n'arrive aux environs de la capitale que pour couvrir la retraite de la cour sur Rambouillet. Feu le colonel fédéral Burkhardt, alors un de ses capitaines, a dit que si le corps atteignit cette destination, il l'a essentiellement dû à Rösselet. Le 3 août a lieu le seul conflit que le régiment ait eu avec l'insurrection. Mais, dans la nuit, il suit la cour à Maintenon. Le lendemain matin, ce régiment est le dernier de la garde qui rende encore les honneurs à la légitimité reprenant pour la troisième fois le chemin de l'exil.

Le 11 août, le licenciement de la garde est décrété, et celui des Suisses s'opère à Orléans. Retenu au dépôt par la liquidation des comptes du régiment, Rösselet est congédié le 16 janvier 1831, avec la retraite de lieutenant-colonel, et quitte Paris en juillet, non sans avoir goûté une dernière amertume, celle d'une courte captivité.

Telle a été cette carrière si digne de celui qui l'a parcourue.

Elle comprend un espace de quarante-six ans cinq mois et vingt-un jours, en comptant les dix jours passés à l'armée des Princes, les quinze mois et treize jours au régiment de Watteville et les dix-huit mois dans les milices. Et dans ce long service figurent vingt-une campagnes.

Rösselet restera toujours une belle figure dans les annales militaires suisses.

En effet, s'il ne lui a pas été donné de briller au premier rang, il a fait la guerre avec intelligence, s'est distingué par sa bravoure et a déployé plus d'une fois cette énergie qui est le partage ordinaire des hommes d'élite.

Et comment n'a-t-il pas aimé son pays! A-t-on vu beaucoup de meilleurs Suisses que lui?

Nous nous permettons d'en douter.

Rentré dans la vie privée, il vécut encore dix-neuf ans à Berne, tranquille, content, bien vu de ses concitoyens, et quelques excursions en Suisse formèrent ses plus agréables distractions.

Qui d'entre nous ne se rappelle pas avoir rencontré dans le temps un amical vieillard, dont l'extérieur, plein de dignité, annonçait l'ancien militaire, tandis que, tempérée par des manières polies, douces et affables, une façon de penser d'une mâle vigueur dévoilait une âme que l'âge même n'a pu détremper? Qui de nous a oublié cette taille élevée et cette figure si sereine, si honnête et si loyale, qui, ornée de cheveux blancs, avait quelque chose de si particulièrement vénérable, et laissait une impression bienfaisante qui ne s'effaçait jamais; enfin cette toilette soignée, quoique sans recherche, tenant de l'ancien régime, et avec le ruban à la boutonnière?

Ce vieillard était le lieutenant-colonel Rösselet.

C'était bien l'homme le plus probe et le plus aimable, et sa bonté ne s'est démentie à l'égard de personne. Il possédait toutes les qualités qui font le bonheur des familles.

Les événements de 1815 ont prouvé chez lui l'existence de sentiments réellement aristocratiques, et, bien que d'une origine modeste, il resta constamment attaché à ses supérieurs; il se fit même un véritable honneur de les honorer.

C'est ainsi qu'à son passage à Livourne, en se rendant, en 1806, de la Corse à Naples, il visita, avec sa femme, son ancien colonel de Watteville, dont la demi-brigade avait été dissoute. Dix-neuf ans plus tard, il le retrouvait retiré à Paris et suivait avec quelques

camarades son modeste convoi au cimetière du Père-
Lachaise.

Tels sont les principes qui l'ont guidé et préservé de
bien des froissements à travers sa carrière longue et
sans tache, qu'il va nous raconter lui-même.

Or, nous croyons nous rappeler qu'il nous dit avoir
tenu un journal de ses campagnes et qu'il le perdit
avec ses effets dans l'incendie du camp de Polotzk.

Quoi qu'il en soit, un de ses amis, M. Zeerleder de
Steinegg, l'invita à écrire ses souvenirs militaires, qu'il
légua à la bibliothèque de la ville de Berne.

Voilà comment cet homme d'épée, cet homme pu-
rement pratique, trouva dans sa retraite et sa vieillesse
une occupation douce et nouvelle pour lui, et comment sa propre histoire lui mit la plume à la main.

Mais ses souvenirs les plus chers dataient de l'époque où il servit au 1er régiment suisse, et son plus
grand bonheur consistait à s'en entretenir avec d'anciens camarades. Il parlait entre autres volontiers de
Brême et provoqua l'envoi d'une relation à la *Gazette
militaire autrichienne* de 1848, qui la mutila.

Peu d'hommes ont mis dans leurs relations d'amitié
plus de cœur et de sincérité. N'avait-il pas le sentiment agréable de s'être lui-même créé sa position de
la manière la plus honorable, et d'avoir payé chacune
de ses distinctions de son sang et de sa fidélité au devoir? Avec cela, sa modestie était si grande qu'il était
difficile de rencontrer moins de prétentions que chez
lui, et cependant il avait servi sans peur et sans reproche, tout comme Bayard.

Son contentement d'esprit fut à peine troublé quand
un ancien frère d'armes, auquel il avait confié une

partie de ses économies, fut banni pour cause politique et devint insolvable.

La piété sincère qu'il avait héritée de son père ne l'a jamais quitté. « Sans âme, disait-il, il n'y a pas de corps, et sans religion, pas d'âme. »

Une joie devait encore embellir le soir de sa vie. Quand il réclama la bourgeoisie de Berne, chacun vint au devant de lui, et le père d'un officier, auquel il avait rendu un service éminent, s'intéressa vivement à son affaire. Ce fut un spectacle intéressant, réjouissant et noble que celui de ce vieux soldat, se tenant encore si droit, sentant encore si bien l'officier de la garde, habillé de fête, couvert de ses décorations et recevant son acte de bourgeoisie des mains du président de cette corporation. Cela se passait en 1838.

Fidèle à ses antécédents, Rösselet présentait lui-même, en 1846, un neveu de son ami Gross au bureau de recrutement pour Naples à Berne.

— Il est bon, disait-il, que le jeune homme commence comme j'ai commencé moi-même.

Le jeune homme passa lui-même officier en 1850, mais pour mourir du choléra quatre ans plus tard.

En attendant, Rösselet sentait les suites de sa vie militaire et souffrait de nouveau de rhumatismes, auxquels il devait des nuits sans sommeil. Deux ans avant sa mort, une attaque d'apoplexie lui paralysait même le côté droit. Mais douze cures d'eaux minérales à Nieder-Baden, avec bains de vapeur et douches, lui rendirent entièrement la santé, que l'eau froide et l'huile de morue conservèrent dès lors.

Avec son corps criblé de blessures, il atteignait, en attendant, l'âge de quatre-vingt-un ans, survivant ainsi, avec M. Dufresne, de Vevey, aux onze officiers supérieurs qu'a successivement eus le 1er régiment suisse et restant seul des neuf du 8e de la garde. On le rencontrait encore tous les jours à la Grande-Société, chez ses amis et sous les arcades de Berne.

Un jour, cependant, on ne le vit plus.

Une fièvre bien légère le retenait dans sa chambre pendant huit jours au plus et le clouait les trois derniers dans son lit, consumant graduellement ce que tant de guerres et d'années lui avaient laissé de forces.

Sa fin, si grave et si douce, il la rendit édifiante à force de calme et de sérénité. La sentant approcher, et jusqu'au moment de s'éteindre, il pria le Sauveur de recevoir son âme.

Le 16 mars 1850, à une heure de l'après-midi, le brave Rösselet n'existait plus.

Le canton de Berne perdait en lui un de ses plus nobles enfants, et, trois jours après, un parent, fils d'un ancien camarade, M. Brunner, et quelques amis accompagnaient cette dépouille si honorable à sa dernière demeure. Le dernier d'entre eux qui eût fait avec Rösselet la campagne de Russie faisait partie du cortége, et descendait lui-même trois ans plus tard dans la tombe.

C'était le commandant Gross, de la Neuveville, dont un des frères est général en retraite du service de Naples.

Un dimanche brumeux de ce mois de novembre, nous avons visité le beau cimetière que Berne appelle le Monbijou, et où dort l'homme de bien dont nous parlons.

Du côté de l'ouest et à deux pas du rond-point le plus rapproché de la ville, on trouve une colonne de marbre tronquée, contre laquelle s'appuie une balustrade en fer.

C'est là.

Monument et épitaphe, tout a été du choix du défunt, qui a vu dans la colonne tronquée une image de cette vie où tout se brise, idée bien naturelle à un soldat dont la carrière avait été interrompue six fois, et qui avait survécu tous ses enfants.

Voici l'épitaphe :

Mr ABRAHAM RÖSSELET,

LIEUTENANT-COLONEL, DE BERNE,

Né le 8 janvier 1770,
Décédé le 16 mars 1850,

———

Il a toujours aimé son Dieu-Sauveur,
Sa patrie et les hommes vertueux.

———

Il repose en paix.

———

Qui ne reconnaît notre Rösselet dans cette inscription si honnête et si simple !

Mais que nous a-t-il laissé de lui ?

Madame Rösselet, sa femme, fille du maître tailleur du régiment d'Erlach et d'une mère également alsacienne, aussi enfant de troupe du même corps que son mari et née à Longwy. Mariée depuis 1799, elle lui avait donné trois enfants : une fille, nommée Sophie, née à la fin de la même année et morte à Berne à l'âge de cinq mois ; un fils, né à Zurich à la fin de 1802 et baptisé André, dont elle soigna toute l'éducation, qui fut confirmé à Berne, y prit des leçons dans la famille Gerber, au précepteur de laquelle il apprit le français en échange de l'allemand, et qui, après avoir passé deux ans au collège royal de Louis-le-Grand, à

Paris, fut nommé officier, et mourut comme nous l'avons vu. Un autre fils, Louis-Guillaume, né dix-sept ans plus tard que le précédent, à Versailles, où il était décédé âgé de quatorze mois.

Madame Rösselet a suivi son mari à Strasbourg, Zurich, en Corse, où elle avait été comme enfant, à Toulon, à Naples, à Plaisance, où elle a passé l'année 1812; elle revit son mari à Metz, qu'elle quitta en 1815 avec le régiment pour Arras, d'où elle gagna peu après la Suisse. Retournée en France en 1816, elle était restée pour indisposition à Paris après le départ du régiment pour Orléans, à la fin de juin 1830. Elle habitait à peu près vis-à-vis de la caserne de Babylone, à la défense de laquelle le major Dufay, un ami et camarade de son mari, eut la tête fendue d'un coup de hache et fut traîné dans la rue. Ce cadavre, elle le fit recevoir à l'hospice Necker et ensevelir au cimetière Montmartre.

Restée seule après la mort successive de tous les siens, affligée depuis une tempête en 1803 d'un bourdonnement d'oreilles, que le temps a naturellement fait empirer, elle trouve quelque soulagement aux infirmités de son grand âge dans le souvenir de ses enfants et surtout de son mari, dont elle a partagé pendant cinquante-un ans les joies et les peines et dont elle parle encore avec un légitime orgueil.

Deux domestiques, tous deux soldats, l'un Zuricois et l'autre Argovien, sont restés fidèles à cet intérieur si peu stable, l'un pendant douze ans, l'autre pendant trente ans. Ni l'un ni l'autre ne vivent plus.

Et les souvenirs écrits !

Rösselet comptait parmi ses amis M. Tillier, an-

cien landammann et historien de Berne. La dernière
fois qu'il s'était trouvé avec lui, il lui avait dit :

— Ne m'oubliez pas et consacrez quelques lignes à
ma mémoire.

M. Tillier le promit et répandit sur sa tombe encore fraîche quelques fleurs, puisées dans ce manuscrit, et qu'on a trouvées dans le feuilleton de l'*Obser-
vateur suisse* (der schweizerische Beobachter) des 4, 6,
9 et 13 juillet 1850.

Ce manuscrit, nous l'obtenions en 1852 de la bibliothèque de la ville afin d'y puiser les matériaux pour
nos travaux historiques et nous trouvions son contenu
si intéressant, que nous ne l'avons plus perdu de vue.

Enfin, cet été, l'idée nous est venue de le livrer à la
publicité avec le consentement de madame Rösselet.
Nous trouvions qu'il serait dommage de laisser la relation de cette vie si honnête et si instructive ensevelie dans un oubli qu'elle méritait si peu. Nous avons
donc invité les personnes qui s'intéressent en Suisse à
la littérature militaire, à l'histoire nationale et aux
gloires du pays, à souscrire à notre entreprise.

Cet appel a été entendu, et nous profitons de cette
occasion pour témoigner publiquement toute notre reconnaissance aux personnes, auxquelles seules cette
publication doit le jour et devra le succès qu'elle
pourrait avoir.

Nous avons dû préalablement rédiger à neuf ces
souvenirs, en rectifier quelques légères erreurs de détail, de dates et de noms, ajouter quelques notes au
texte et subdiviser, pour plus de clarté, les parties en
chapitres. En faisant parler l'auteur lui-même, nous
avons cru donner au récit plus de prix, de fraîcheur
et d'intérêt.

Il existe trois portraits de M. Rösselet. L'un, peint en 1815 par une dame de Pontarlier, un autre dessiné par feu le commandant Kottmann et lithographié à Paris; le troisième, qui est un daguerréotype fait un an avant la mort de l'auteur. C'est de ce dernier que nous nous sommes servis, parce qu'il nous a le mieux rappelé cette figure, telle que la plupart d'entre nous l'ont vue et connue.

Nous avons voulu rendre un hommage bien sincère à la mémoire d'un brave, rappeler à son pays une de ces existences dont l'honneur rejaillit sur lui, soulever enfin un coin du voile qui dérobe encore à tant de regards l'histoire militaire suisse, cette histoire toujours si intéressante, souvent même si brillante, et pourtant si peu connue.

De là ce livre.

Berne, le 26 novembre 1857.

R. de STEIGER.

PRÉFACE DE L'AUTEUR

Un ancien soldat a réuni dans ce manuscrit quelques souvenirs de sa vie militaire, qui lui sont restés plus ou moins chers.

Il a pensé qu'une relation aussi véridique que possible de ce qu'il a vu et appris pourrait servir à un narrateur plus brillant que lui.

En parcourant ces souvenirs, on doit d'ailleurs se rappeler qu'il ne s'agit pas ici d'une histoire militaire. L'auteur se borne à esquisser l'histoire de ses ancêtres et de sa vie, puis celle des faits d'armes et des autres événements auxquels il a pris part dans les différents services où il a eu l'honneur de figurer.

Ce sont donc de simples matériaux pour celui qui écrira l'histoire de l'époque, et qui pourra en retrancher, y changer et leur ajouter tout ce qui lui plaira.

Si une chose manque à ce travail, c'est l'exactitude des dates, et les dates suffisent quelquefois à l'explication des faits.

Regrettant d'ailleurs de ne pouvoir mieux dépeindre les choses, il les a racontées du moins avec vérité.

Enfin l'auteur a divisé son travail en trois parties. Dans la première, il donne quelques détails sur ses ancêtres, sa naissance et sa vie jusqu'en 1797, la seconde finit en 1816 et la troisième en 1844.

SOUVENIRS

D'UN ANCIEN MILITAIRE

PREMIÈRE PARTIE.

Mes aïeux, mon père, mon enfance.

Mes aïeux, originaires de Neuchâtel, en Suisse, s'établirent en 1594 à Douanne, sur le lac de Bienne, dans le canton de Berne. Après avoir acheté la bourgeoisie de ce village, ils firent en 1616 l'acquisition de celle de la ville de Berne. Ils étaient vignerons de leur état, et petits propriétaires de vignes à Douanne. Ils étaient en outre assez passionnés pour le métier des armes.

Quoique fils unique, mon grand-père entra comme volontaire au service de Louis XIV au commencement de 1709. Après quinze ans de services et de campagnes, il prit son congé comme sergent-major à la fin de 1724, pour s'établir à Douanne. Il s'y maria avec mademoiselle Anne-Marie-Susanne Bourgeois, de la Neuveville.

Mon père, qui s'appelait Jérôme-Abraham, naquit à Douanne le 23 mars 1726. Le 20 février 1742, il entrait à son tour au service de Sa Majesté très-chrétienne, comme volontaire

1

dans la compagnie de Thormann, au régiment bernois de Bettens, devenu successivement de Jenner, d'Erlach, d'Ernst et de Watteville.

Mon père faisait l'année suivante la campagne de Dunkerque, en 1744 celle de Courtrai, sous les ordres du maréchal de Saxe, et était détaché de piquet pour investir Ypres. En 1745 il prenait part à la bataille de Fontenoy, encore sous les ordres du maréchal de Saxe, et au siége de la citadelle de Tournai, il recevait un coup de feu à la cuisse gauche; il servait sous M. de Lœwendahl aux siéges d'Oudenarde, d'Ostende, de Nieuport et d'Ath.

Sous le maréchal de Saxe, il assistait en 1746 au siége de Bruxelles, où il recevait un coup de feu à l'épaule gauche, et à la bataille de Raucoux; sous M. de Lœwendahl, il prenait part aux siéges du château d'Anvers et on le détachait avec les grenadiers à l'affaire des Cinq-Etoiles.

Le 1er juillet 1747, mon père devenait sergent et servait cette année aux siéges du fort de Perle et des villes de Hulst et de Cassel. A la bataille de Laufeld, un coup de feu l'atteignait à la jambe gauche.

L'année suivante le vit nommer sergent-major, et dans les mois de janvier et de février 1755, on le détacha pour prendre Mandrin.

En 1757, il servait au blocus de la ville de Gueldre, à la conquête et à la retraite du pays de Hanovre.

Il fit la campagne de 1758 sur le Bas-Rhin, sous les ordres de M. d'Armentières.

Il combattait l'année suivante sous les mêmes ordres au siége de Münster, pendant lequel il escorta deux fois des convois de vivres, et au blocus de Lippstadt.

Le 1er janvier 1760, le régiment s'étant porté dans la direction de Zibourg, les équipages restèrent à Hurtingen, furent pris par l'ennemi, et mon père se trouva privé de tous ses effets. A la bataille de Warbourg, à laquelle il assista sous le commandement de M. de Muy, il perdit un cheval et son équipage, sans qu'il en ait jamais été indemnisé, comme l'ont été tous ceux du régiment qui se trouvèrent dans son cas.

Nommé le 15 juin 1761 enseigne surnuméraire avec rang de sous-lieutenant, dans la compagnie de Gruber, mon père fit la campagne de cette année sous les ordres de MM. de Broglie, de Waldner et de Belzunce, et fut fait prisonnier de guerre à l'affaire d'Uslar.

Le 22 juillet 1764 on le nommait porte-drapeau.

Le 5 janvier 1773, on le chargea d'empêcher, à la tête d'un détachement de 50 hommes, la sortie des grains, le long de la basse Sarre jusqu'en septembre 1775, sous les ordres de M. le comte de Ramonot. A cette époque le régiment était à Sarrelouis.

Le 4 mai 1777, il reçut la commission de lieutenant, et le 27 mai 1778 le vit nommer chevalier de l'ordre du mérite militaire.

De 1766 à 1780, il avait commandé les petits équipages du régiment dans toutes les marches de la guerre du Hanovre et dans l'intérieur du royaume.

Quant à moi, j'étais né le 8 janvier 1770 en même temps qu'une sœur. On m'avait baptisé le 24 à Toul, en Lorraine où le régiment alors d'Erlach était en garnison. J'eus pour parrain M. Abraham Tscharner, lieutenant de grenadiers, et pour marraine, dame Marie Forfaire, née Steinern, aussi née au corps, et femme du quartier-maître du régiment.

Le 1er septembre 1780, mon père demanda, en attendant sa retraite, une permission avec solde entière. Il obtint cette faveur et, le 1er octobre, il quitta le régiment, dont un bataillon était à Toulon, l'autre à Marseille. C'est dans cette dernière ville qu'il prit congé de ses chefs, de ses camarades et du corps. Il alla s'établir à Kesseling, village près de Sarrebourg, en Lorraine, où il avait acheté une petite propriété. Il avait perdu ma mère, née Marguerite Krebs, et avait six enfants. Ma sœur aînée, mariée à M. Steinfelden, sous-lieutenant porte-drapeau, et un frère, cadet et sous-officier, restèrent au régiment. Des quatre autres qu'il prit avec lui, deux moururent l'année suivante.

Le 20 janvier 1782, mon père avait atteint ses quarante ans de service, les campagnes comprises. Il obtint son brevet de lieutenant retraité avec rang de capitaine et une pension de 550 francs ; or, comme à cette époque c'était beaucoup, il s'en montra très-content.

Il vivait seul avec ma sœur aînée, quand je le priai de me renvoyer au régiment, alors en Corse. Il calcula la distance et les frais ; puis à qui confier pour un aussi long voyage un jeune homme qui n'avait pas encore atteint sa treizième année ?

Au régiment de Schœnau, plus tard Reinach.

Le régiment suisse de Schönau se trouvait alors à Pfalzbourg, à huit lieues de notre domicile. Mon père y avait des connaissances, entre autres les capitaines Moser et Scholl, de Bienne.

Il écrivit au premier pour lui demander s'il pourrait me recevoir comme cadet dans sa compagnie. M. Moser lui répondit qu'il n'avait pas de place vacante pour le moment, mais qu'il me recevrait comme cadet surnuméraire avec solde ; que, pour couvrir cette dépense, il me ferait compter dans l'effectif de sa compagnie comme fusilier. Il ajoutait qu'il espérait sous peu venir le voir pour faire une partie de chasse avec lui et qu'on parlerait alors de cette affaire.

Il vint en effet passer quinze jours dans notre petite campagne, située dans un pays de chasse. L'affaire fut vite terminée. Mon père convint avec le capitaine Moser qu'il me ferait une haute-paie de 10 francs, qui, ajoutée aux 15 de la solde de cadet, donnerait ensemble la somme de 25 francs par mois. M. Moser partit avec une partie du produit de sa chasse pour sa garnison et l'on s'occupa tout de suite de mon petit trousseau.

Je quittai la maison paternelle en versant beaucoup de larmes, le cœur bien gros et bien touché, car j'ai toujours bien aimé mon vénérable père. C'était le 1er juillet 1783, à huit heures du matin. Mon pauvre père, étant malade, ne put m'accompagner, et notre domestique me conduisit dans un cabriolet à un cheval jusqu'à Pfalzbourg, où nous arrivâmes vers les quatre heures de l'après-midi.

Content autant que possible de revoir des habits rouges, je m'adressai au sergent-major de la compagnie, qui s'appelait Thuring et était des environs de Delémont, appartenant alors à l'évêché de Bâle. Ce brave et excellent homme me conduisit chez le capitaine Moser, qui me reçut comme un père et me dit :

— Je vous donne mon sergent-major pour mentor ; vous suivrez ses conseils, vous lui obéirez dans tout ce qu'il vous dira. Si vous êtes sage, j'aurai soin de vous. Je veux qu'il vous serve de père en toute occasion. Vous coucherez dans sa chambre, afin qu'il puisse vous avoir toujours sous les yeux.

Cela dit, nous saluons le capitaine et nous allons au quartier dans la chambre de mon mentor, où je trouve ma place et mon lit faits. Puis je vais souper avec lui chez le vivandier et je me couche, content de mon voyage ainsi que de la réception de mon capitaine et de celle du sergent-major. Je ne puis dormir, ayant mon père constamment présent à mon esprit. Tous ces changements ne m'occupent pas seulement la première nuit, mais bien d'autres encore.

Le lendemain, qui était un mardi, on me conduit chez les maîtres ouvriers pour me faire habiller et équiper militairement. Je reçois l'armement et l'équipement d'un cadet, consistant dans un petit fusil, un sabre, une giberne avec baudrier, le tout plus léger que pour le soldat. J'examinai cet attirail avec toute l'attention de mon âge.

Le samedi suivant, je recevais tous mes effets, et le dimanche, le sergent-major me prit avec lui au rapport, pour me présenter en uniforme complet au capitaine.

Le capitaine, fort enchanté, me dit en me donnant la main :

— Je suis bien aise de vous voir. Je vais écrire à votre père et lui annoncer votre changement d'état et de costume. Il en sera charmé tout comme moi.

Et s'adressant au sergent-major, il ajouta :

— Allez présenter Rösselet au lieutenant-colonel de Grandvilliers, auquel j'ai déjà parlé de lui.

Cet officier supérieur commandait en l'absence de M. de Schönau, brigadier, capitaine aux gardes suisses et colonel du régiment. Dans ce temps, les colonels avec rang de général étaient peu avec leur régiment, sinon à l'époque des revues et des inspections, c'est-à-dire, du milieu d'avril au 15 ou 20 juillet.

M. de Grandvilliers me fit un petit compliment sur ma bonne tenue, me donna la main, et nous nous retirâmes. Il m'est toujours resté le souvenir de la petite gloriole que j'éprouvai en me voyant si bien équipé et en regardant plusieurs fois si mon petit sabre me suivait.

Je vécus avec économie et il en fallait pour faire honneur à mes petites affaires. Mon mentor et moi nous mettions chacun deux sous de plus que les soldats à l'ordinaire journalier. Nous étions servis à part dans notre chambre, et à cette époque la troupe ne faisait qu'un repas par jour. Notre dîner se composait d'une excellente soupe, d'un bon bouilli et d'un plat de légumes, avec notre pain de munition, qui était très-bon. Le soir, nous faisions prendre quelque chose pour notre souper chez le vivandier. On voit par là que le vin était prohibé à notre table et c'était faute d'argent. Quant au déjeuner, il consistait en un morceau de pain.

Je m'occupais de la théorie sur la subordination, la discipline, le service intérieur, les gardes, l'entretien de l'armement, de l'équipement et de l'habillement, et l'école du soldat.

Ici j'avoue que la théorie a été mon tourment et que j'ai toujours donné la préférence à la pratique. Cependant toutes les deux sont nécessaires pour mener au vrai but qu'on se propose d'atteindre, car la théorie est la clef qui sert à l'instruction, et qui nous éclaire sur ce que nous avons à faire.

Il me tardait de monter ma première garde. C'est le 1er octobre 1783 que mon vœu s'est accompli et je me suis toujours rappelé avec plaisir ma première faction aux drapeaux, devant l'habitation du lieutenant-colonel de Grandvilliers. Je me croyais un militaire tout fait et il s'en fallait bien, car jamais je n'ai acquis les connaissances si nécessaires pour parvenir à un but aussi élevé.

Comme on le verra plus tard, j'ai eu le temps de monter bien des gardes, étant resté cadet jusqu'au licenciement du régiment en 1792, car dans cet espace de temps, il n'y a pas eu de place de sous-lieutenant vacante. M. le sous-lieutenant Scholl, nommé à ce grade, si je ne me trompe, en octobre 1784, n'a pas avancé non plus.

Voici l'instruction qu'on recevait au corps et dont je n'ai guère pu profiter, à cause des événements qui survinrent successivement, comme on va le voir.

Nos ecclésiastiques s'en occupaient gratis. Le ministre enseignait l'histoire, la géographie, la géométrie et la langue allemande ; l'aumônier donnait des leçons de dessin, de plans de fortifications, de tracés d'ouvrages de campagne et de langue française. Les maîtres pour les premiers éléments, la lecture, l'écriture, le calcul, l'escrime, la danse, se payaient trente sous par mois. Une chambre du quartier était destinée à chaque école. En dehors du service, de l'exercice et des corvées, le jeune militaire avait cinq jours par semaine pour s'instruire. Le samedi était consacré à la visite des effets de linge, de chaussure, d'habillement, d'armement, d'équipement, quelquefois à la lecture du code pénal et à la théorie des différents services.

Avec mes 25 francs par mois, je faisais donc face à mes besoins ; je payais ma nourriture, j'entretenais mon linge, ma chaussure, mon habillement, le tout, sans avoir recours à qui que ce fût. J'en ai été redevable à l'exemple et aux bons conseils de mon mentor. Aussi je n'ai jamais perdu le souvenir de ses soins et je l'emporterai dans la tombe.

Notre beau et bon régiment était dans l'ordre d'ancienneté l'avant-dernier, et Royal-Liégeois le dernier de la ligne. Notre régiment, capitulé par l'évêque de Bâle, avait eu pour premier colonel le maréchal de camp d'Eptingen, dont le successeur fut le brigadier de Schönau ; tous deux étaient capitaines aux gardes suisses. Le baron de Reinach, devenu maréchal-de-camp, remplaça ce dernier en 1786, mais non pas au gré de tous les officiers.

La nomination de M. le baron de Klöckler, capitaine du régiment Royal-Hesse–Darmstadt, au grade de major, fit encore plus d'impression. M. de Salomon, capitaine de grenadiers et le plus ancien de son grade, prit sa retraite pour ne point servir sous les ordres du nouveau major.

Le régiment avait un grand et un petit état-major, puis deux bataillons de neuf compagnies, en tout dix-huit, dont deux de grenadiers et seize du centre, formant ensemble quatre faibles divisions. La première de grenadiers avait la droite du régiment, et la seconde la gauche. Ces deux compagnies d'élite se plaçaient sur les ailes ou aux angles du régiment dans les manœuvres, les colonnes d'attaque et les carrés.

Le grand état-major se composait du colonel, du lieutenant-colonel, du major, du capitaine aide-major, de deux sous-lieutenants aides-majors appelés par dérision galopins, du lieutenant ou capitaine quartier-maître, du chirurgien-major, du chirurgien-aide-major, de l'aumônier, du ministre et du sous-lieutenant ou lieutenant porte-drapeau.

Le petit état-major : du tambour-major, du tambour-maître, du chef de musique, de douze musiciens, de neuf sapeurs dont un caporal, des quatre chefs ouvriers (armurier, tailleur, guêtrier, cordonnier), de deux prévôts.

Chaque compagnie avait un capitaine, un lieutenant, un sous-lieutenant, un sergent-major, quatre sergents dont un fonctionnait comme fourrier, quatre caporaux, quatre appointés, 39 fusiliers et deux tambours. Les grenadiers ne comptaient que 37 factionnaires.

La force du régiment en temps de paix était de 1064 hommes, et l'on devait la doubler en temps de guerre.

La troupe portait l'habit rouge garance, et les officiers l'avaient écarlate. Collet, revers, parements, doublure, veste, culottes, boutons et garnitures, tout était blanc. La troupe portait les guêtres blanches en été, noires en hiver ; les officiers des bottes à revers jaune paille, les sous-officiers et les cadets, hors de service, des bottes simples, enfin le reste de la troupe des souliers. Les grenadiers portaient des épaulettes en fil blanc, les fusiliers avaient le corps de l'épaulette écarlate en forme de trèfle. Les cadets se distinguaient par un galon en argent, large de six lignes, sur la contr'épaulette. La coiffure des grenadiers était le bonnet à poils orné sur le devant d'une plaque aux armes de France, celle des fusiliers le chapeau à trois cornes.

Il y avait alors au service de Louis XVI un régiment de gardes-suisses, de quatre bataillons d'environ 600 hommes chacun, formant en tout 2400 hommes, sans compter son énorme grand et petit état-major ; onze régiments de ligne suisses, appelés vulgairement petits Suisses, organisés comme le nôtre, et se distinguant à l'œil par la couleur du collet, des revers et des parements.

Ces régiments, je les ai tous vus. Est-ce par une affection sympathique, est-ce parce que je suis né et ai servi quelque temps dans le premier de ces corps et neuf ans dans le dernier ? Je l'ignore, mais sûr est-il que je leur ai toujours donné la préférence pour tout. Et tous sans exception méritaient des éloges.

Ces onze régiments suisses avaient alors dans l'armée les noms et numéros d'ancienneté suivants : d'Ernst 66, Salis-Samade 67, Sonnenberg 68, Castella 69, Vigier 72, Châteauvieux 79, Diesbach 88, Courten 89, Salis-Marschlins 99, Steiner 102, Reinach 105. Chacun de ces régiments avait une capitulation particulière, et j'ai toujours entendu dire que celle d'Ernst était la plus avantageuse.

Je reviens à ma jeunesse.

Sans être méchant, j'avais mes petits défauts : j'aimais fort peu les heures d'école, et je préférais jouer avec mes camarades. Souvent j'étais réprimandé par mes maîtres pour être arrivé trop tard aux leçons. Quelquefois, mais rarement, je les manquais tout-à-fait. J'étais un bon chien de berger pour mon adresse à trouver des excuses afin d'éviter les punitions infligées aux manquants. J'étais vif, malin, espiègle. En un mot, j'aimais faire des niches. C'était là tout mon savoir-faire.

Je puis cependant dire en ma faveur et avec vérité que l'obéissance a toujours été, autant que possible, une de mes petites vertus. Cela provenait de l'attachement que j'ai eu pour mon père, mes maîtres et plus tard mes chefs. A l'âge de onze à douze ans, j'avais eu le bonheur de devenir un peu plus raisonnable, et de sentir la nécessité de me corriger.

Devenu homme à treize ans, j'abandonnai les jeunes gens de mon âge pour hanter ceux plus âgés que moi, ceux qui pouvaient me donner de bons conseils. Ce principe, nul jeune homme ne doit le négliger dans son propre intérêt, surtout *quand il est obligé de se faire lui-même*. Il m'a fort bien servi, à moi, qui arrivais dans un régiment avant ma quatorzième année, fort heureux d'avoir été un peu docile et assez pour me laisser gouverner par un juste et sévère mentor, qui n'aurait pas manqué de me mettre très-rigoureusement à la raison. Le respect et l'attachement que j'avais pour lui, contribuèrent beaucoup à lui épargner la tâche de me traiter avec rigueur, et c'est aussi par cette conduite modérée que je me suis attiré sa bienveillante amitié, qui a duré jusqu'à notre séparation.

Mes trois premiers mois de service et l'année 1784 s'écoulèrent rapidement et sans incident extraordinaire. Les écoles, les théories, les inspections, les revues et les manœuvres furent les occupations de cette époque, et même jusqu'au commencement de 1786.

Nous quittâmes alors Pfalzbourg pour nous rendre à Strasbourg, tous fort aises de voir cette ville, belle, grande, commerçante et ayant une nombreuse garnison. Ici je dirai que le plus grand nombre des militaires ne sont bien que là où ils ne sont pas, c'est-à-dire, qu'ils aiment le changement, surtout s'ils sont jeunes, car ils rêvent assez volontiers plaie et bosse.

Nous passâmes par Saverne et Wasslonne, et, à notre arrivée, l'on nous logea à la caserne des pêcheurs, assez beau et salubre quartier.

Strasbourg avait pour garnison le régiment d'artillerie Strasbourg, les régiments d'infanterie Perche, Foix, Alsace, Royal-Hesse-Darmstadt, La Marck, et le nôtre, puis duc de Berry et Artois cavalerie. Tous ces beaux régiments donnaient une force d'à peu près 10—11,000 hommes.

Comme les autres jeunes militaires, je consacrai les heures libres des premiers jours à parcourir la ville et ses environs, afin d'apprendre à les connaître. Je trouvai la ville bien fortifiée et munie d'une citadelle ; sa cathédrale était une des plus belles églises de l'Europe ; elle avait une horloge qui passait pour un chef-d'œuvre de mécanique et d'astronomie, et la plus belle tour de toute l'Allemagne. On admirait aussi l'hôtel de ville, l'hôpital français, la comédie, l'arsenal, l'évêché, la belle place d'armes. On voyait dans une église le beau mausolée du maréchal de Saxe. Les fortifications de la ville étaient régulières et dominaient la plaine, surtout la citadelle, qui ne laissait pour ainsi dire rien à désirer. Cette riche cité est située sur l'Ill et près du Rhin.

Si je parle de Strasbourg avec enthousiasme, c'est que cette ville est la première qui ait frappé ma jeune imagination. C'est là aussi que j'ai vu le prince Max, colonel du régiment d'Alsace et plus tard roi de Bavière, le prince de Darmstadt et le comte de la Marck, avec leurs régiments.

Le 15 octobre 1786, on nous envoya par Druzenheim à Fort-Louis, appelé aussi Fort-Vauban. Nous arrivâmes le 16 dans cette petite ville, située dans une vaste île du Rhin, presqu'en face de Rastatt. C'était une belle et bonne forteresse, bâtie par Louis XIV.

L'air y étant très-malsain, j'y pris la fièvre tierce comme beaucoup de mes camarades, et j'eus le malheur de l'avoir pendant dix-huit mois. Enfin la science des médecins ne pouvant me guérir, le changement d'air s'en chargea.

Je n'ai jamais été superstitieux et cependant voici une vision frappante que je n'oublierai jamais.

La veille de Noël, à minuit, étant bien éveillé, je vis mon vénérable père apparaître de la manière la plus distincte, en face du lit où j'étais couché. Me donnant sa main glacée, il me dit :

— Adieu, mon bien-aimé fils, sois toujours sage, bien obéissant envers tes supérieurs et bienfaiteurs, et surtout n'oublie point tes devoirs religieux. Aime et sers de ton mieux Dieu et son fils notre Seigneur. Les bien servir, c'est aussi servir les hommes. Ta carrière sera rude, tu auras des peines, mais tu parviendras. Aie toujours la crainte de Dieu dans tes pensées et devant les yeux ; sa miséricorde te protégera. Suis mes conseils, et tu seras aussi heureux qu'on peut l'être ici-bas. Je te donne ma bénédiction, Dieu fera le reste. »

Puis il disparut.

Je ne pus plus me rendormir. Au réveil de mon bon mentor, je lui contai ma vision.

— C'est une chose étonnante, me dit-il, il faut en prendre note.

C'est ce que je fis, et, le 31 décembre 1786, je reçus la nouvelle que mon père chéri avait rendu son âme à Dieu la veille de Noël, à minuit précis, et qu'avant de fermer les yeux, il s'était entretenu de moi.

Le 15 avril 1787, nous retournions à Strasbourg, tous contents de sortir de ce nid de fièvre, et nous y arrivions le lendemain, pour être casernés au quartier de Saverne.

Cette année-là fut signalée par les mouvements militaires, les grandes manœuvres, les camps et les fréquents changements, précurseurs des événements qui allaient avoir lieu. On porta à 17-18,000 hommes les troupes de la garnison et des environs de Strasbourg, sous les ordres du maréchal marquis de Broglie, gouverneur de la Lorraine, de l'Alsace et de la Franche-Comté. On s'occupa de la théorie des différents services, des écoles de soldat, de peloton, de bataillon, des évolutions de ligne, de grandes manœuvres, de simulacres d'attaque et de défense, et de tous les travaux de campagne.

Tous les jours à l'aube, les régiments de la garnison sortaient avec les attirails nécessaires pour se rendre, ainsi que les corps cantonnés, dans la plaine de Robertsau et dans les environs, où l'on avait dressé les tentes munies du numéro des régiments qui devaient les occuper. Pendant les manœuvres, les cuisiniers faisaient la soupe ; à onze heures on rentrait au camp, à midi l'on mangeait, entre deux et trois heures on prenait les armes pour recommencer les manœuvres et élever des ouvrages de campagne. A l'heure de la retraite, et à l'exception de la garde du camp, chaque corps rentrait dans ses quartiers ou dans ses cantonnements. Le lendemain, à la pointe du jour, on prenait de nouveau les armes, on transportait les vivres de la journée, et l'on se rendait au rendez-vous donné par l'ordre du jour de la veille, qui indiquait les travaux et manœuvres à exécuter.

Ainsi se passa une grande partie de l'été. Le 1er septembre, le camp était levé et les troupes rentraient dans leurs garnisons pour y attendre de nouveaux ordres. Le lieutenant-général Freitag, gouverneur de Strasbourg et commandant la première division, dont nous faisions partie, témoigna sa satisfaction aux régiments qui la composaient pour la bonne tenue, la discipline, l'exécution des travaux et la précision des manœuvres.

Les changements de garnison allaient devenir fréquents et ne plus nous laisser de repos.

Nous quittons Strasbourg le 15 octobre et marchons sur Wissembourg par Brumath, Hagenau et Soultz.

Nous sommes fort aises de nous trouver dans une petite garnison pour nous y reposer. Le service y est moins pénible. Les chefs eux-mêmes préfèrent les petites villes aux grandes, pour la police et la discipline; ils ont leur monde plus sous les yeux, ils sont plus indépendants pour la conduite de leur troupe, même en se tenant strictement aux règlements.

Mais les fatigues ne tardent pas à recommencer. Notre chef reçoit l'ordre de tenir les troupes en haleine et en mouvement, en leur faisant faire de fréquentes promenades militaires avec armes et bagages. Trois fois par semaine, quand le temps le permettait, nous sortions pour faire deux ou trois lieues, en opérant les mouvements d'une colonne en marche, et nous rentrions à la nuit tombante, quelquefois assez fatigués. Malgré cela on aimait faire ces promenades. Le reste de la semaine se passait en appels, inspections, et, quand le temps était mauvais, en théories.

Au mois de février 1788, nous recevons l'ordre de partir pour Landrecies, en Hainaut. Nous passons par Bitche, Sarreguemines, Sarrelouis, Thionville, Longwy, Montmédy. Treize ans avant, le régiment d'Erlach avait été en garnison dans cette dernière ville, et à cette époque j'y avais perdu ma mère, que j'avais à peine connue. Je vais verser des larmes sur sa tombe, que je trouve assez bien conservée. Nous continuons notre route pour Sédan, Mézières, Maubert-Fontaine et La Capelle. Ce premier long voyage fait beaucoup d'impression sur ma jeune tête et je perds entièrement la fièvre qui me tourmentait depuis plus de dix-huit mois, pendant lesquels j'avais eu tous les trois jours un accès de huit à dix heures de durée. Malgré cette maladie, je n'avais pas cessé de faire mon service et je n'étais pas resté un instant en arrière. La bonne volonté et l'amour-propre m'en avaient donné la force.

C'est le 21 que nous arrivons à Landrecies, petite ville très-forte sur la Sambre et bonne garnison. Les environs en étaient charmants, surtout le grand et beau village de Maroilles qui, à la distance d'une lieue, était célèbre par ses fromages. Le but de nos promenades des dimanches était la grande abbaye des Bénédictins, si renommée par sa magnificence. On y était fort bien reçu.

Les denrées étaient en abondance et à si bon marché que j'ai vu acheter par notre chef d'ordinaire un beau veau pour quatre livres dix sous, et vendre sa peau pour trente sous, le tiers de sa valeur. Les officiers payaient dix-huit livres par mois pour leur diner, la bière comprise. C'était un pays de cocagne. Qu'est devenu ce beau temps !

Nous y étions parfaitement bien, mais cela ne dura pas.

Nous en partons le 15 mai pour Maubeuge et passons par Avesnes. Nous y arrivons le lendemain.

Cette ville très-forte était située sur la Sambre, aussi dans le Hainaut, à quatre lieues et en face de Mons. Elle était remarquable alors par son abbaye de chanoinesses nobles dont la princesse de Liége était la supérieure. Je n'oublierai jamais les bontés que cette dame, avancée en âge, a eues pour moi. J'étais en faction devant la porte de ses appartements quand j'eus l'honneur de faire sa connaissance. J'eus aussi celui de diner plusieurs fois chez elle. Elle se plaisait à m'appeler quelquefois son enfant.

Maubeuge était aussi connu par ses fabriques d'armes et de clous. Elle avait d'assez beaux environs et l'on y vivait à très-bon compte. Nous y restons jusqu'au 15 septembre. A cette époque, des inspections, des revues et des manœuvres nous occupèrent continuellement, et ces mouvements nuisirent beaucoup à mon instruction.

Partis de Maubeuge le 15 septembre, nous arrivons, par Barbençon, le 16, à Givet près Charlemont.

Cette jolie petite ville était située dans les Ardennes, sur la Meuse, qui la divisait en deux parties appelées Givet-Saint-Hilaire et Givet-Notre-Dame. Les fortifications en étaient très-bonnes, et les forts de Charlemont et de Condé la dominaient. La ville possédait la plus grande et la plus belle caserne de France. Elle est entre deux montagnes. La vie y était aussi à très-bon marché.

Nous y passâmes le rude hiver de 1788. Le fleuve était tellement gelé que des voitures bien chargées et attelées de quatre et six chevaux le franchirent sans danger. Aussi la débâcle des glaces fut grande et sinistre, submergea le pays et enleva les ponts. Nos postes au petit Givet passèrent dix jours sans être relevés et furent nourris par les habitants de cette partie de la ville.

A la fin de février 1789, nous partions pour Philippeville, jolie petite ville très-forte, toujours dans le Hainaut, à cinq lieues de Charlemont et de Givet. Assise sur une hauteur, cette forteresse dominait toute la plaine et était aussi une excellente garnison. On y avait les denrées pour ainsi dire pour rien : la livre de viande à quatre sous, celle de beurre à six au grand poids de dix-huit onces, vingt-cinq œufs pour six, le pot de très-bonne bière à quatre. Sauf le vin, c'était encore un pays de cocagne.

Nous n'en jouîmes pas longtemps, parce qu'à la mi-mars on nous renvoya à Maubeuge, où je ne fus pas fâché de revoir la princesse de Liége. Mais en arrivant à Maubeuge, le colonel reçoit l'ordre de former le dépôt du régiment, qu'il composé d'un capitaine, d'un lieutenant, d'un sous-lieutenant, de quatre sergents, de huit caporaux, tous instructeurs, avec quelques fusiliers et les hommes hors d'état de faire du service actif. Il doit faire diriger toutes les recrues sur ce dépôt et partir le 1er avril pour Soissons, en suivant la route d'Avesnes, de La Capelle, de Marle et de Laon.

Soissons, ville belle et considérable de l'Ile-de-France, se trouve dans un vallon agréable et fertile, sur la rivière de l'Aisne. On récolte dans cette contrée du blé, du vin et des haricots renommés pour leur bonne qualité. Cette ville possédait un couvent de filles Minimes, le seul en France de cet ordre, une belle promenade d'une demi-lieue de long avec huit rangées d'arbres de la plus belle futaie. Cette promenade, nous l'avons arpentée mainte et mainte fois en long et en large, car ayant reçu le nouveau règlement d'exercice et de manœuvres, nous fûmes obligés de tout recommencer depuis A jusqu'à Z. Aussi l'on s'en occupa du matin au soir pour être plus vite prêt. On s'attendait à être appelé à Paris. Le régiment des dragons de la Reine occupant la caserne, nous fûmes logés chez les bourgeois.

J'eus le bonheur d'être envoyé chez M. et Mme Richard, rue du Chat-Lié. Ces personnes, respectables par leur âge avancé et sans enfants, me reçurent on ne peut mieux, me prirent en amitié et finirent par me regarder comme leur fils. En face de leur maison il s'en trouvait une très-belle appartenant à M. Delessert, riche chanoine de la ville, vénérable ecclésiastique et aussi d'un grand âge. Je profitais de temps en temps de la bienveillance dont il m'honorait et des bontés qu'il avait pour moi. Il avait une nièce très-instruite, une belle blonde aux yeux bleus, âgée comme moi de dix-neuf ans et nommée Adelaïde Delessert. Tous les soirs, la jeunesse se réunissait pour jouer à la main chaude et à d'autres jeux innocents.

Peu à peu je me mis de la partie. Je remarquai qu'Adelaïde était mieux que toutes ses compagnes ; elle me frappa au cœur et je ne vis plus que par ses yeux. Sans me flatter, j'eus le bonheur de lui voir partager mes sentiments. Les évènements nous séparèrent sans cependant me la faire jamais oublier.

Dans le courant de mai, un détachement de 100 hommes, commandés par un capitaine, et de 25 dragons, reçurent l'ordre d'escorter, jusqu'à Compiègne, des barques chargées de grains destinés à approvisionner Paris. Cinquante hommes et les dragons suivirent le convoi par terre et le reste fut réparti sur les barques.

En arrivant près de Compiègne, nous en voyons sortir une nombreuse populace armée de fusils, de pistolets, de faux, de sabres, de fourches, pour s'emparer du convoi. Un combat s'engage; hommes et femmes y prennent part. Cette action est déjà un préliminaire de la révolution. Heureusement pour nous, le régiment des hussards d'Esterhazy, en garnison à Compiègne, vient nous secourir par une charge fournie à propos, facilite l'entrée du convoi dans la ville et nous permet de le remettre entre les mains d'une escorte plus nombreuse, qui le conduit à sa destination. C'est à Compiègne que nous entendons siffler les premières balles.

Notre mission remplie, nous rentrons à Soissons.

A force de travailler, nous devînmes presque maîtres en exercice et en manœuvres. Un peloton, dit modèle, avait été presqu'entièrement composé de jeunes gens, et j'étais du nombre. L'école de soldat, de peloton, de bataillon et même les évolutions de ligne étaient des jeux pour notre peloton de choix. Aussi nous emportâmes la palme à la revue générale d'inspection à Soissons.

Le mois de juin n'approchait que trop, pour porter l'alarme dans mon cœur et me faire quitter mon vénérable chanoine, mes respectables hôtes, que je regardais comme mon père et ma mère, et mon Adelaïde! Mon Dieu! j'entends encore ces mots : ordre de partir le 1er juin pour Saint-Denis, près Paris, en passant par Villers-Cotterets, Crespy,

Senlis et Louvres. Pour ceux qui avaient plus ou moins de connaissances, ce fut un crève-cœur de les quitter, peut-être pour toujours.

Il arriva, ce moment fatal que les âmes sensibles sentiront mieux que je ne puis le dépeindre. Il fallut se dire adieu, et quel adieu? Un éternel adieu.

Ce fut le 1ᵉʳ juin, à deux heures du matin, que nous partîmes. D'y penser me fait encore de la peine. Dans la suite, j'ai encore fait souvent de pénibles adieux; mais ceux de mon père, de la princesse de Liège et de mes amis de Soissons ont été les premiers et m'ont fait le plus d'impression.

En arrivant à Saint-Denis, nous sommes logés au quartier des Grenadiers-Royaux, que nous trouvons dans le meilleur état. Mais les denrées étaient si chères dans cette ville, que nous pouvions à peine vivre de notre solde en la mettant toute entière à l'ordinaire. Le pain était moins bon, et tout en général d'une qualité inférieure à celle des villes que nous venions de quitter.

Une chose nous consolait, c'était l'espérance de voir le roi, la famille royale, Paris et Versailles, qui devinrent cependant pour nous des lieux de tourment, de fatigues de corps et d'esprit. Nous étions si attachés à cette auguste famille.

Que dirai-je de cette petite ville, sinon qu'elle était renommée par son abbaye des Bénédictins, où se trouvaient déposés une partie des trésors de la couronne et les sépulcres des rois et princes de France, et que ses environs, comme ceux de Paris et de Versailles, étaient charmants et admirables par la variété des objets. Mais je laisse les détails à de meilleures plumes.

A peine étions-nous établis, qu'on nous défendit de nous éloigner et surtout d'aller à Paris, sous peine d'encourir une forte punition.

Comme nous n'avons pas d'autre service que celui de la grande place et du quartier, on nous occupe sans relâche et du

matin au soir par des appels , des inspections et des exercices.

A la mi-juin, on nous envoie à Saint-Cloud. En traversant le bois de Boulogne, nous y voyons cerfs , biches, che-
vreuils, daims, jouir de leur liberté à leur aise. Il est vrai
qu'on avait défendu de faire le moindre bruit , et c'est ainsi
que 900–1000 hommes passent par ces belles allées sans
siffler ni dire un mot.

On place la droite du régiment à Meudon et Bellevue,
l'état-major et les grenadiers à Sèvres, la gauche à Saint-
Cloud. Les régiments suisses de Diesbach , de Salis-Samade
et de Châteauvieux étaient campés au Champ-de-Mars. Un
corps d'armée est rassemblé sous les ordres du marquis de
Broglie, maréchal de France et gouverneur de Metz , dont le
commandement s'étendait en Lorraine , en Alsace et en
Franche-Comté. Cet officier-général jouissait d'un grand
crédit et d'une grande influence dans l'armée. Le lieutenant-
général baron de Bésenval commandait en second. Le prince
de Lambesc avait sous ses ordres la cavalerie. Je ne me rappelle plus les noms des autres généraux.

Cette armée, forte de 40–50,000 hommes de toutes armes,
se trouvait placée de la manière suivante : Les gardes-françaises
occupaient Paris et Versailles ; les gardes-suisses Courbevoie,
Ruel et Versailles ; la ligne française était cantonnée dans les
environs de Paris , à Versailles, Saint-Germain-en-Laye ,
Vincennes , Charenton , Villejuif et Sceaux; la ligne suisse
campait où j'ai dit, excepté notre régiment. L'effectif présent
de ces corps suisses pouvait se monter à 6,200 hommes, les
gardes-suisses compris. L'artillerie était campée dans les
allées du parc entre Saint-Cloud et Sèvres. Au commencement de juillet , toutes ces troupes occupaient un espace de
20–25 lieues de circuit , de manière à pouvoir être réunies
dans moins de vingt-quatre heures. Plusieurs autres régiments, dont deux suisses , étaient en marche sur Paris ou

sur ses environs, mais reçurent l'ordre de regagner leurs garnisons.

On réunit le régiment dans le parc, entre Saint-Cloud et Sèvres, pour une revue de monseigneur le comte d'Artois, colonel-général des Suisses. Après avoir vu le corps en détail, le prince le fit exercer et manœuvrer, et surtout le peloton-modèle. Nous eûmes l'honneur de défiler devant Son Altesse Royale et son état-major. Le prince témoigna sa satisfaction au général baron de Reinach, de la bonne discipline de son régiment, de sa tenue, de la précision et de l'ensemble dans le maniement d'armes et de sa manière de défiler. Il ajouta : « Général, vous ferez connaître aux officiers et à votre bonne et belle troupe, surtout au peloton-modèle, ma pleine et entière satisfaction ; vous leur ferez savoir que je les ai vus avec la plus grande satisfaction. Faites-leur bien sentir cette vérité et distribuer 150 louis, que je leur donne comme gratification avec un extrême plaisir. »

On augmenta chacune de nos deux compagnies d'élite de quinze grenadiers postiches. Comme les autres cadets, je fus de ce nombre sans en être fâché. Le désir de voir le roi et sa famille en était la principale cause, sans compter l'honneur de monter la garde sous les yeux de Leurs Majestés.

Nos deux compagnies furent relevées par celles du régiment qui occupait Bellevue et Meudon, et nous partîmes tous ensemble pour Versailles avec le colonel.

La vue des belles avenues qui y menaient et celle de cette belle place d'armes en face de ce grand et majestueux château, nous parurent admirables. Nous étions en extase. On nous logea dans les écuries royales, en face des grilles et de l'entrée du palais. Mais grande fut notre surprise, en recevant de nouveau l'ordre de ne nous éloigner sous aucun prétexte et d'être prêts à prendre les armes. Cela nous empêchait de voir cette grande ville avec toutes les beautés qu'elle renfermait. Comme nous avions le service extérieur du château avec toutes les entrées du palais, il nous était facile de voir le roi, la reine, le dauphin, Mademoiselle de France, le duc d'Angoulême et de Berry, tous les quatre bien jeunes, et que je me rappelle avec plaisir avoir vu jouer ensemble dans le parc; puis les frères du roi, savoir les comtes de Provence et d'Artois, enfin les princes et princesses, même le duc d'Orléans, que nous n'aimions pas voir, tant il avait dans notre corps d'armée la réputation d'un homme faux et d'un traître.

Qui croirait que, si près du roi, les vivres nous manquaient et que le pain était à peine mangeable? Qu'on juge des autres denrées. Nous manquions de tout, et l'on trouvait la mauvaise viande et le mauvais pain bons, parce que la faim est un excellent cuisinier. Paris absorbait tout et ne laissait rien passer.

Les événements de Paris, devenant de jour en jour plus sérieux, nous ramenèrent au poste important de Saint-Cloud. On nous établit dans les écuries du château, pour que nous fussions près du pont, sur lequel on plaça des pièces de canon ainsi que sur celui de Sèvres. Là commença le service de campagne avec ses grand'gardes, ses piquets, ses patrouilles, ses rondes. On fut jour et nuit sur pied.

Le 9 juillet, de midi à deux heures, j'étais en faction au poste avancé de l'autre côté du pont de Saint-Cloud, sur la rive droite de la Seine, au point de la jonction des routes du village de Boulogne et de la Pointe-du-Jour. Le duc d'Orléans passa seul en cabriolet, se rendant de Versailles à Paris. Je lui présentai l'arme, honneur qu'un factionnaire avait à rendre au roi, aux princes, aux généraux et aux officiers supérieurs de son corps. Le duc me salua d'un ton d'ironie et de mépris, en me disant :

« Hé bien, gros Suisse, comment te portes-tu? »

Ces paroles insultantes, sortant de la bouche d'un prince, me donnèrent l'idée de lui lâcher mon coup de fusil. Cependant je me ravisai.

Le 11, une alarme sérieuse nous fait courir aux armes.

Le peuple s'est rassemblé : hommes, femmes et enfants se massent pour nous tomber ;dessus. Notre colonel fait faire demi-tour à droite au troisième rang et lui ordonne de croiser la baïonnette, faisant face à Saint-Cloud, tandis que les deux autres rangs font front du côté de la Seine. Une espèce d'hercule, plus hardi que le reste, se détache de cette masse et vient goguenarder et insulter notre sous-lieutenant, le chevalier d'Andlau, d'Arlesheim, qui, d'une taille de six pieds et fort en proportion, lui donne entre les épaules un coup du plat de son sabre et l'étend mort sur le carreau. Un vieillard demande la permission d'enlever le cadavre et la foule se retire. Le même jour nous voyons passer des hommes des gardes-françaises se rendant de Versailles à Paris, sans officiers, en désordre avec armes et bagages.

Nous passons le 12 mars sous les armes. Paris et les environs sont en pleine révolution. Le régiment de Royal-Allemand, cavalerie, conduit par le prince de Lambesc, est assailli dans le jardin des Tuileries et charge la foule. Le prince ne doit son salut qu'à ses cavaliers. Le général d'Allonville, commandant une brigade suisse et marchant à la tête du régiment de Salis-Samade, essuie une vive fusillade en face du dépôt des gardes-françaises déjà en partie insurgées. Il reçoit l'ordre de se retirer sur le Champ-de-Mars et ce mouvement empêche le ravitaillement de la Bastille. Des émissaires des deux sexes travaillent les troupes et n'épargnent pour cela ni argent ni promesses d'avancement. D'autres gardes-françaises quittent leur poste d'honneur auprès de la personne du roi et passent par bandes à Saint-Cloud, accompagnés de la crapule des deux sexes ; presque tout ce monde est ivre. Ces soldats nous excitent à suivre leur exemple et s'écrient :

— « Venez, l'argent et l'avancement vous attendent à Paris. »

Nous les regardons avec calme et mépris.

Nous restons la nuit du 12 au 13 sous les armes et à la

pointe du jour de nombreux rassemblements de tout le pays des deux rives de la Seine sont en mouvement. Mais ils se tiennent à une distance assez éloignée pour éviter un engagement sérieux. Par-ci par-là le cri *aux armes!* et quelques coups de fusil signalent cette matinée orageuse, où on nous blesse cinq hommes.

Vers huit heures du matin, nous voyons arriver le reste des gardes-françaises de service à Versailles. A l'exception d'un grenadier, qui reste seul à son poste, ces soldats passent dans le plus grand désordre à Saint-Cloud, ivres, chantant des chansons pour exciter à la révolte et nous tenant le même langage que ceux qui les ont précédés. Nos gens demeurèrent fidèles à leurs drapeaux et à leurs officiers, excepté vingt-sept mauvais sujets qui se laissèrent entraîner dans la suite et ne rentrèrent pas dans la garnison avec le régiment.

Nous passons encore la nuit sous les armes.

Le 14, à la pointe du jour, on détache vingt-cinq grenadiers commandés par notre sous-lieutenant le chevalier d'Andlau. Ce brave officier a demandé des volontaires et toute la compagnie s'est présentée, mais il a fallu se tenir à l'ordre. Je suis du nombre de ces vingt-cinq. Nous avons pour mission d'escorter des munitions destinées au ravitaillement de la Bastille, mesure tardive et inutile, et de faire en même temps une reconnaissance.

Nous passons par le bois de Boulogne et nous arrivons à la barrière de Passy, pour descendre sur Chaillot et éviter la barrière de l'Etoile, qu'on dit fortement gardée. Là nous sommes assaillis par la populace des environs, au nombre de douze à quinze cents hommes et femmes armés de toutes les manières. Un combat s'engage. Nous faisons une décharge qui culbute une vingtaine d'assaillants. Une mêlée s'ensuit, dans laquelle je reçois un coup de baïonnette à l'avant-bras droit. Comme on peut l'imaginer, cette bande s'empare du convoi en criant Victoire et vive la liberté! Vive la république! Contente de sa proie, elle ne nous poursuit pas et nous laisse regagner le bois de Boulogne. Nous rentrons à Saint-Cloud avec une perte de deux morts et de sept blessés.

La journée du 14 juillet 1789 est fatale à la France et à toute l'Europe. La révolte éclate dans tous les quartiers et environs de Paris.

Les gardes-françaises donnent en partie le mauvais exemple. Un des six bataillons de cette garde infidèle s'est réuni à une populace effrénée. De sa caserne, rue Verte, il se précipite vers la Bastille et sans officiers ; il en rencontre par hasard que les soldats obligent de se mettre à leur tête. Ils demandent à visiter la forteresse qui n'est gardée que par trente-cinq hommes du régiment suisse de Salis-Samade, commandés par M. le lieutenant de Flue, de Saxelen, dans l'Obwalden, et de soixante à soixante-dix invalides, sous M. le marquis de Launay, gouverneur civil plutôt que militaire.[1] On leur ouvre. Les révolutionnaires y pénètrent avec cette troupe et le carnage commence.

Le même soir, les régiments campés au Champ-de-Mars se retirent sur Sèvres, où ceux qui sont cantonnés dans les environs se réunissent à eux. Toutes ces troupes ainsi que l'artillerie partent de Sèvres et de Saint-Cloud vers minuit, prennent la direction de Saint-Germain-en-Laye sans entrer dans cette ville, passent par le Pecq, remontent la Seine par la rive droite et gagnent Argenteuil et Saint-Denis où elles bivouaquent sur le vaste parterre de l'abbaye.

Le plan de M. le marquis de Broglie est de faire le siége de Paris. A cet effet, il porte son corps d'armée sur ce point pour s'emparer de Montmartre, des Batignolles et du voisinage, positions avantageuses pour cette opération. Le roi s'oppose à cette extrême rigueur, ne voulant pas verser le sang de ses sujets et toujours persuadé que les Parisiens reviendront d'eux-mêmes à l'obéissance.

---

[1] L'officier suisse avait 1 sergent et 32 fusiliers ; les invalides étaient au nombre de 82.

Reste un seul et dernier moyen au général en chef, qui le propose au roi : c'est de se mettre à la tête de son armée pour se rendre à Metz, place importante, où d'autres régiments sont en marche pour gagner les environs de cette ville. Le roi remercie M. le marquis de Broglie en lui disant :

— J'espère toujours voir l'ordre se rétablir dans ma bonne capitale, sans prendre des mesures aussi sévères et aussi coûteuses.

Le maréchal est désespéré comme toute son armée. Un très-petit nombre de ses sous-officiers et de ses soldats sont gangrénés par l'esprit de la révolution.

Le roi est obligé de se rendre à Paris. La première ordonnance qu'on lui présente à signer est celle qui éloigne dans vingt-quatre heures toutes les troupes qui environnent Paris. Il a la faiblesse de la signer.

Ce fut la cause de sa perte.

La France entière et même l'Europe s'en ressentirent pendant vingt-cinq ans.

Le lendemain de cet ordre fatal, toutes les troupes sont en marche pour rentrer dans leurs garnisons et couvrent toutes les routes. Dès ce jour tout est fini. Les révolutionnaires chantent victoire et le temps n'en a que trop propagé les funestes fruits.

Les blessés et les malades qui ne peuvent pas suivre leur corps sont envoyés dans les hospices les plus rapprochés. Ceux de notre régiment sont dirigés sur l'hospice de la Charité de la reine à Saint-Cloud.

Je me félicite encore aujourd'hui, c'est-à-dire cinquante-un an après, du bonheur que j'ai eu de recevoir les soins maternels de la supérieure et des sœurs de cette maison. Car sans ces dames, que serions-nous devenus, moi surtout, qui, à l'âge de dix-neuf ans, croyais avoir perdu pour toujours l'usage de mon bras droit ?

Quant au régiment, il regagna Maubeuge où il avait laissé

son dépôt, et passa par Louvres, Senlis, Compiègne, Noyon, Ham, Saint-Quentin, Guise, La Capelle et Avesnes.

Partout le régiment manqua de logements et de vivres, particulièrement à Saint-Quentin, où il fut obligé de bivouaquer sans recevoir de quoi manger. Dans chaque ville on demandait compte au chef des actions de son corps dans les environs de Paris. A Saint-Quentin, les autorités envoyèrent des émissaires s'informer de notre conduite. Ce ne fut que le lendemain, à leur retour, qu'on obtint le pain et le libre passage. Le régiment se trouva de nouveau dans la nécessité de bivouaquer même à Maubeuge. Les seuls vivres dont il dut se contenter furent ceux qu'il trouva dans le faubourg de France. Les autorités avaient aussi envoyé des députés prendre des renseignements sur la conduite du régiment autour de Paris et dans les villes de passage. Ce fut à leur retour que les ponts-levis se baissèrent et qu'on lui accorda l'entrée de la place.

Par ces détails, il est facile de juger de la sinistre route qu'eut le régiment. Peut-être devait-il ces mauvais traitements aux quelques coups de fusil qu'il tira pour la défense d'un convoi escorté par un de ses détachements à Paris et aux émeutes de Saint-Cloud? Cette dernière hypothèse est probable, c'est du moins mon avis.

Je reviens à l'hospice de Saint-Cloud, où nous arrivâmes le jour même où le régiment quittait Saint-Denis. A peine étions-nous entrés dans la pièce de réception qu'on enregistra nos noms, prénoms, lieux de naissance, grades. compagnies, régiment et le genre de maladie. Puis la supérieure vint et dit :

— Ce sont des blessés; qu'on les place dans leur salle. Vous devez bien souffrir mes enfants; passons vite au pansement :

En me désignant, elle ajouta :

— Qu'on commence par ce jeune homme, qui m'a l'air d'en avoir le plus besoin.

Mon bras était rendu affreux par une couleur d'un noir violet et son enflure, puis, circonstance remarquable et dangereuse, je ne perdis pas de sang. Ma plaie s'était refermée.

— Mon jeune ami, me dit l'excellente sœur Susanne, vous êtes bien maltraité ; courage, il faut du temps et de la patience pour vous rétablir. Nous ferons notre possible pour vous rendre l'usage de votre bras.

Tout en disant cela, elle lava ma blessure et mon bras avec une eau blanche, puis entourant la plaie de charpie humectée dans une espèce d'onguent jaunâtre, elle l'enveloppa d'un linge blanc et fin ; elle prit une tablette d'un bois propre sur laquelle elle plaça l'avant-bras et surtout la main, puis elle me fit étendre les doigts qu'elle emboîta dans une autre tablette aussi légère que la première. Le tout était serré par une large bande. Après cette opération, qui avait duré deux heures, cette aimable religieuse me dit avec douceur :

— Je vous ai fait souffrir, vous avez été sage ; en voilà pour vingt-quatre heures.

La supérieure, qui assistait au pansement, s'approcha de moi en disant :

— Il faut à ce jeune militaire un mouchoir pour suspendre son bras ; je vais en chercher un

Revenant avec un grand mouchoir de cou en soie noire, elle ajouta :

— C'est un des cadeaux de la reine que j'ai souvent porté et que vous aimerez aussi. J'ai un grand plaisir à vous le donner, mon enfant ; il vous soulagera.

Les paroles de ces deux respectables dames firent une grande impression sur mon cœur et mon esprit reconnaissants.

Une forte fièvre me retint au lit pendant quinze jours. Les soins, les médicaments et la diète me firent le plus grand bien. Je ne ressentais plus que les douleurs de la plaie, surtout au moment du pansement, qui durait près d'une heure. L'appétit revint et ramena les forces. C'était un bon présage.

La sœur Susanne fut admirable. Elle me veilla, me fit boire mes potions aux heures indiquées et me servait comme un enfant à mes repas. Jamais je n'oublierai ses soins, ni les six mois que je passai dans cette maison de Dieu, malgré ma crainte de rester estropié et malgré mes souffrances.

Mes camarades étaient tous pénétrés comme moi des bontés que ces dames avaient pour chacun d'eux. Leurs blessures étaient moins dangereuses, ils ne passèrent que peu de temps dans cet établissement et partirent les uns après les autres pour rejoindre le régiment.

Tous quittèrent cette maison en recevant de quoi faire leur route. Ils eurent encore le bonheur de partir en uniforme et avec une feuille de route et d'arriver à leur destination.

Comme moi, tous gardèrent une affection particulière pour la supérieure et un sentiment de respect pour sa personne ainsi que pour celle des sœurs de cette bienfaisante maison. Ils m'en parlèrent toujours avec empressement par lettres et à mon retour parmi eux.

Après la supérieure, qui avait des sentiments et un nom nobles, la plus âgée de ces religieuses était la sœur Susanne. J'aimais l'appeler mon ange gardien, et elle me le permettait. Ses manières douces, ses prévenances si bien placées, sa belle taille, ses beaux yeux noirs, sa bouche qui laissait voir deux rangées de dents blanches comme l'ivoire et qu'elle savait si bien soigner, tout cela la rendait digne du respect et de l'affection tendre que je lui ai voués pour toujours.

La guérison était lente. On craignait la gangrène, et pour ne pas enfermer le loup dans la bergerie, on faisait tout pour tenir la plaie ouverte. Les chairs croissaient avec une vitesse qui donnait des craintes. Le bistouri, la sonde et la pierre infernale étaient souvent employés, ce qui ne diminuait pas mes souffrances.

Ce ne fut que vers le commencement de novembre qu'on commença à espérer une guérison prochaine, sans pouvoir garantir le retour de l'usage du bras. La main et le bras étaient sans mouvement. Les bains furent efficaces.

A la fin de décembre, j'étais guéri, mais sans les forces dont le temps me promettait le retour, ce qui n'eut lieu que dix-huit mois après ma sortie de l'hospice.

Lorsque je demandai de partir et les moyens de rejoindre le régiment à Maubeuge, la supérieure me répondit :

— Les émeutes du moment ne me permettent pas de vous laisser partir. Vous passerez les fêtes chez nous. D'ici là, je pourvoirai aux moyens nécessaires à la sûreté de votre voyage.

A mon insu, elle eut l'obligeance de faire venir un tailleur, qui prit ma mesure sur mon uniforme et m'habilla complétement en bourgeois avec un beau drap bleu. On le chargea aussi de me procurer un chapeau rond et des bottes. Sachant que j'avais perdu mes habits lorsque j'avais été blessé, cette généreuse dame me fit un petit trousseau militaire composé de trois chemises, d'autant de paires de bas, de mouchoirs de cou et de poche et de serres-tête, puis un petit porte-manteau qui les renfermait avec mon uniforme alors encore passable.

Le soir du 6 janvier 1790 (jour des Rois), je trouvai sur mon lit cet habillement avec un passeport qui m'autorisait à aller rejoindre ma famille à Maubeuge. Une jolie bourse contenait plus de trois cents francs, dont dix louis en or et soixante francs en argent. La supérieure vint me dire :

— Demain, après déjeuner, vous partirez en bourgeois, sous la garde de Jésus notre Seigneur et de la Vierge notre sainte patronne.

A ces mots je versai des larmes d'attendrissement, et, en baisant respectueusement sa main, je pus à peine balbutier ces mots :

— Dieu vous rende, madame, tout le bien que vous avez eu l'obligeance de me faire et que vous me faites en ce moment. Daignez en agréer ma vive gratitude, qui sera éternelle, et la faire agréer à mesdames vos sœurs.

Elle se retira en me serrant la main et en me disant :

— Bonsoir, mon enfant.

Le lendemain 7, à dix heures du matin, j'entrais dans la salle de réception avec le cœur vivement touché. Mes larmes coulèrent de nouveau, quand je dis adieu à la supérieure et aux six sœurs, toutes dignes de respect, d'admiration et d'une éternelle affection. J'ai considéré comme un devoir et j'éprouverai toujours le besoin de répéter, partout où il a été et où sera question de bonnes actions et d'âmes généreuses : — N'oublions pas les dames de l'hospice de la reine.

Je n'avais à porter dans mon havresac qu'une chemise, une paire de bas, un mouchoir de cou, un de poche, un serre-tête et une paire de souliers. Avec ceux que j'avais sur le corps, c'étaient les seuls bons effets que je possédasse dans ce moment. Je regrettais mon uniforme complet et en bon état, que je fus obligé de laisser par précaution, car pour voyager seul, l'habit rouge n'était plus en odeur de sainteté.

J'allai coucher le même jour à Saint-Denis, en passant par le Pecq sous Saint-Germain-en-Laye, et en remontant la rive droite de la Seine pour éviter Paris. Le 8, j'étais à Louvres, le 9 à Senlis, le 10 à Compiègne, le 11 à Noyon, le 12 à Ham et le 13 à Saint-Quentin, où je restai le 14 pour me reposer et que je désirais apprendre à connaître. Cette ville célèbre et très-forte de la Picardie avait une église, jadis une des plus belles cathédrales de France. Elle était très-commerçante et l'on y fabriquait beaucoup de linon et de batiste. Le 15 je couchai à Guise, le 16 à La Capelle, le 17 à Avesnes et le 18 au sein de ma famille, c'est-à-dire de mon régiment.

J'allai droit au quartier chez mon respectable sergent-major, que je trouvai dans la chambre, aussi la mienne. Il m'accueillit comme son fils et je l'embrassai tendrement. Comme il était tard et que j'avais faim, nous allâmes souper ensemble. Je lui parlai de l'hospice de Saint-Cloud, comme de raison, sans oublier les vénérables dames.

Le 19, il me conduisit en bourgeois au rapport chez mon capitaine. Celui-ci me reçut le plus amicalement possible et nous envoya chez le commandant du régiment, M. de Grand-villiers, et chez le major baron Klöckler, qui m'honorèrent de leur bienveillance et me firent compliment de ma bonne conduite, particulièrement dans la journée du 14 juillet où j'avais été blessé. Tous les deux me dirent :

— A la première occasion, nous penserons à vous.

Le 20, je reçus une lettre pleine de vœux pour mon bonheur et mon porte-manteau, francs de port, sans pouvoir croire que ces objets m'appartinssent. Mon mentor s'apercevant de mon embarras, me dit :

— C'est bien pour vous et à votre adresse. Cette lettre est une recommandation pour vous à vos chefs. Elle vous fait honneur, et c'est moi qui la leur remettrai demain au rapport.

Le 21, je repris mon uniforme, que je soignai de mon mieux. J'allai rendre mes devoirs à ma bienfaitrice, madame l'abbesse princesse de Liége, qui me fit l'honneur de me tendre la main, que je baisai très-respectueusement.

— Je savais votre retour, me dit-elle, et je suis bien aise de vous revoir. Ces forcenés jacobins vous ont fait bien souffrir, mon enfant. Nous aussi nous souffrons, et je ne sais pas quand nos souffrances finiront. La France et nous, nous sommes perdus. Peut-être que toute l'Europe sera entraînée dans ce terrible volcan qui va embraser l'univers. Ah! si une grande partie des troupes de Sa Majesté n'avait pas épousé la cause des révolutionnaires, nous ne serions pas dans ce labyrinthe dont personne ne sait comment nous sortirons. Je vous fais mon compliment, vous vous êtes fort bien conduit, continuez ainsi et Dieu vous bénira.

A ces mots, qui me touchèrent vivement, je m'inclinai et

me retirai. Mais cette visite et ces paroles restèrent gravées dans ma mémoire.

J'eus aussi le plaisir d'être fêté par mes camarades, que j'aimais de cœur et d'âme et qui me payaient de retour.

Je restai tranquille pendant ma convalescence, mais cette vie me donnant de l'ennui, le 15 mars, je repris mon service, malgré la faiblesse de mon bras.

Les Pays-Bas s'étant révoltés contre la maison d'Autriche, leurs deux millions d'habitants prirent les armes pour défendre leur indépendance. Il en résulta une guerre sanglante. Tout ce qui était ingambe et dispos marcha au cri de vive la liberté! vive notre indépendance! Une partie du clergé se mit à la tête des cohortes révolutionnaires, à cheval, avec des éperons, le sabre au côté, les pistolets à la ceinture et le crucifix en main. Malgré le demi-siècle qui s'est écoulé depuis lors jusqu'en 1840, je crois encore voir ces prêtres.

Au mois de mai 1790, un corps d'observation se forma de Dunkerque à Montmédy, c'est-à-dire que toutes les troupes stationnées dans les places fortes de cette ligne furent mises sur pied de guerre et sous les ordres de M. le maréchal marquis de Rochambeau, qui vint visiter toutes ces villes et tous les points importants de cette frontière de France.

Au mois de juin, le maréchal vint inspecter Maubeuge, dont la garnison se composait des 1,000-1,200 chasseurs de Gévaudan, moitié à pied et moitié à cheval, du régiment Mestre-de-Camp, cavalerie, et du nôtre. Il fit sortir de toutes les places de cette ligne de forts détachements qu'il cantonna dans les villages et hameaux de l'extrême frontière.

M. le marquis de la Roche, lieutenant du roi et commandant de Maubeuge, était âgé de 103 ans et hors d'état de remplir sa place, vu le poids des années et ses infirmités. Il prenait, pour se conserver, tous les matins à onze heures une dose de poudre d'or dans un bouillon, régime qui paraît l'avoir fait vivre jusqu'à 107 ans. Le maréchal de camp mar-

quis de Rochambeau, fils du maréchal, le remplaça comme
gouverneur de cette place importante.

Dans cette répartition, le régiment eut à fournir trois cents
hommes, composés des deux compagnies de grenadiers formant cent quarante hommes et cent soixante pris au choix
dans le corps. L'état-major et les seize compagnies de fusiliers restèrent dans la place. Ces trois cents hommes furent
divisés en détachements de trente à soixante-dix hommes, suivant les localités ou l'importance des postes. Notre ligne avait
à peu près six lieues d'étendue.

Nous eûmes dès lors un service de campagne très-actif.
A l'aube du jour on était sous les armes, et chaque fois que
l'un ou l'autre des deux partis se présentait à la frontière,
quelquefois même tous les deux, il fallait suivre leurs mouvements, arrêter et désarmer les fuyards qui se jetaient sur
notre territoire. Il en était de même des déserteurs, qu'il fallait
conduire sous bonne escorte en ville, service pénible en hiver.

Nous passâmes ainsi une partie de 1790 et de 1791, toujours en course, fatigués, usant nos vêtements et ne brûlant
pas une amorce. La 1re compagnie de grenadiers était placée
à l'extrême droite à Solre, sur la route de Beaumont; au
centre à Villert-sir-Nicole, en face de Givri, et à Bourg, à
cheval sur les routes de Mons et de Binch; la seconde de
grenadiers, dont je faisais partie, avait soixante-dix hommes
à Longueville, sur la route de Bavay, c'est-à-dire à l'extrême
gauche, et trente hommes dans chaque village qui n'était
que poste de communication.

A la fin d'avril 1791, on nous rappela en ville et nous
fûmes fort contents de quitter nos cantonnements, où nous
n'avions cependant eu qu'à nous louer des habitants. Mais
rejoindre le corps c'était rentrer dans notre famille, dont nous
étions séparés depuis huit mois. Nous reprîmes nos logements et notre service, comme si nous n'avions pas été ab-
sents [1].

(1) Le 16 juin 1791, l'auteur devenait grenadier effectif.

Dans les garnisons, nous commençâmes à ressentir dès lors
fortement les progrès de la révolution. On envoya des émissaires dans toutes les villes occupées par les troupes, pour
faire insurger les militaires contre le souverain et leurs officiers, et l'on employa tout pour cela, comme argent et promesses d'avancement. La discipline s'affaiblit, surtout dans
les régiments français, qui perdirent le respect pour leurs
officiers, particulièrement pour ceux des grades élevés. Dans
bien des corps, les officiers supérieurs furent obligés de
rendre compte à leurs subordonnés de leur gestion admi-
nistrative, des masses de linge, de chaussure et d'économie,
soit masse noire, et sur tout ce qui pouvait intéresser les sous-
officiers et les soldats. Dans d'autres corps, les individus,
moins honnêtes et plus turbulents, s'emparèrent des caisses
et les partagèrent entre eux. C'était un désordre complet et
continuel, un temps bien critique pour ceux qui aimaient
l'ordre et la discipline sans lesquels un corps ne vaut rien et
qui anéantit la sécurité qu'il pourrait donner. Entre les
Suisses, qui, aimant l'ordre et la discipline, restèrent fidèles
à leurs officiers, et les Français, qui ne voyaient pas avec
plaisir cette différence de penser et d'agir, il s'ensuivit des
contestations qui finirent toujours par des duels plus ou
moins nombreux.

Un jour, cinquante partis se présentèrent sur le glacis,
et moi de ce nombre, tous l'habit bas et le sabre en main,
lorsque nous vîmes arriver le maréchal-de-camp marquis de
Rochambeau, gouverneur de la place, avec les chefs des
différents corps et son état-major. Il fit battre la générale pour
mettre fin à ces combats partiels, qui commençaient à donner
de l'inquiétude aux autorités militaires et civiles. Nous rentrâmes dans nos quartiers respectifs, où l'on nous consigna.
Sur deux tués et trente-sept blessés, nous eûmes le bonheur
de n'avoir que onze hommes légèrement atteints.

Le lendemain, le général rassembla les officiers de la garnison pour les inviter à maintenir leurs troupes dans l'ordre

nécessaire afin d'assurer la tranquillité de la place, et il les rendit responsables des événements fâcheux qui pourraient résulter de ces rixes. On employa tout pour cela, on réunit les sous-officiers et les maîtres d'escrime, afin de faire fraterniser les deux partis et les réconcilier l'un avec l'autre. On rétablit l'ordre autant que possible, mais seulement sous le point de vue politique. Ce qui contribua beaucoup aussi au rétablissement de la paix, furent les fréquentes patrouilles, la construction par les troupes d'un camp retranché devant contenir 10,000 hommes de toutes armes, sur la hauteur qui domine la ville. Enfin le départ des chasseurs de Gévaudan fit cesser ces malheureuses querelles.

Les chapitres, les abbayes et les couvents furent dissous. On commença par les ordres riches appartenant à la noblesse. Or, le chapitre de Maubeuge se trouvait dans ces deux catégories. Les chanoinesses n'étaient pas soumises aux vœux exigés par les autres ordres. Le matin, elles étaient dans l'ordre spirituel, l'après-midi, dans l'état séculier, et toujours libres de se retirer. Elles furent obligées d'abandonner à l'autorité révolutionnaire la plus noble, la plus riche, la plus belle institution et l'une des plus anciennes de France. Elles quittèrent leur chapitre avec regret, principalement la vénérable abbesse septuagénaire, la princesse de Liège, que j'eus la douleur de voir partir. Ces dames laissèrent de grands domaines et une châsse massive en argent et en or, renfermant des reliques et évaluée à deux ou trois millions, que le gouvernement républicain fit enlever peu après leur départ. Je rends ici justice aux habitants de cette ville, qui firent leur possible pour conserver ce charitable établissement. Mais la Convention fit la sourde oreille à leur requête. Le jour où les commissaires arrivèrent de Paris pour enlever les trésors de cette châsse, toute la populace manufacturière de la plus mauvaise espèce, composée d'armuriers et de cloutiers, se souleva pour s'opposer à cet enlèvement. La garnison fut obligée de prendre les armes et une forte portion de servir d'escorte jusqu'à Avesnes, où elle fut relevée par un détachement de cette ville. C'était une preuve évidente du respect et de l'attachement de cette population pour cette institution.

Sauf quelques petits incidents peu remarquables, car nous commencions à nous habituer à ces scènes sinistres, nous arrivâmes au printemps de 1792.

Le 1er avril, nous reçûmes l'ordre de quitter Maubeuge le 5, pour nous rendre à Calais, en basse Picardie, en passant par Le Quesnoy, Bouchain, Douai, Béthune, Aire, Saint-Omer et Ardres. Le 14 nous arrivions à notre destination.

Calais était une ville très-forte, munie d'une bonne citadelle, et avait un port bien fortifié. Il y avait un mouvement régulier entre cette ville et Douvres, en Angleterre, dont elle n'est qu'à sept lieues. Situé sur le détroit qui termine le canal de la Manche, Calais avait une population de 6–7000 habitants, qui s'adonnaient à la pêche du hareng et du maquereau. Le régiment s'y trouvait seul, par conséquent tranquille et heureux, mais à peine commençait-il à jouir de cette bonne garnison qu'il dut la quitter.

Le 1er juin, le premier bataillon partit pour Lille, où il arriva le 4, après avoir passé par Ardres, Saint-Omer, Hazebrouck. Le second fut dirigé sur Dunkerque, en couchant à Gravelines, ville très-forte, dans la Flandre française, située près de la mer et sur un terrain marécageux qui en rend l'air très-malsain. Le lendemain, nous arrivions à notre nouvelle garnison.

Dunkerque était une belle et grande ville, avec un port sûr, une bonne citadelle et des fortifications en terre. Sa population pouvait être de 25–26,000 habitants, faisant un commerce très-actif avec l'Angleterre, la Hollande et tous les états du nord. La ville contenait des fabriques de tabac, d'amidon et de genièvre, des corderies, des verreries, et beaucoup de pêcheries, dont la principale était celle de la morue. Sa garnison se composait des régiments d'infanterie

Auxerrois et Penthièvre, de notre bataillon et de deux escadrons de Royal-Cravatte. Le régiment suisse de Courten
arriva aussi dans la place, mais en partit peu de temps après
pour Valenciennes et fut remplacé par notre premier bataillon, qui nous rejoignit à la fin de juillet, après une courte
séparation.

J'allai à Lille avec notre officier payeur, faisant les fonctions de quartier-maître, pour affaires de comptabilité. Cela
me procura le grand plaisir de voir en détail cette belle ville,
qui était alors la riche et grande capitale de la Flandre française. Elle était très-forte et avait une citadelle qui passait
pour la plus belle de l'Europe, puis le fort Saint-Sauveur.
Cette citadelle et ce fort faisaient de Lille une des premières
places du royaume. Sa population était de 60–65,000 âmes.
Ses charmants environs produisaient beaucoup de graines oléa-
gineuses, de la garance, des lins et du tabac. On fabriquait à
Lille du drap, de la cotonnade, du camelot, des toiles ou-
vrées et autres, de la verrerie, de la faïence, des dentelles,
du papier, du coutil, de la ratine et de l'étamine. Une
partie des rues, la grande place, le grand hôtel de la monnaie
et les édifices publics en général étaient d'une rare beauté.

La déclaration de guerre contre l'Autriche rendit le service très-actif à Dunkerque. On doubla les postes intérieurs
pour maintenir l'ordre dans la ville. Un régiment d'infanterie
et un fort détachement de cavalerie sortirent tous les jours à
tour de rôle pour former des grand'gardes, à cheval sur les
routes d'Ostende, de Bruges et d'Ypres. Pendant ces bivouacs de vingt-quatre heures, on élevait des ouvrages de
campagne destinés à défendre les approches de la place.

Qui le croirait ? Malgré un service aussi actif, les rixes recommencèrent avec une fureur telle que des duels eurent
lieu sur les places et dans les rues, et que les hôpitaux se
remplirent de blessés. Français se battaient contre Français
et Français contre Suisses, de manière que les hommes ne
purent sortir seuls et sans armes de leurs quartiers, qu'on

vit des soldats, portant la soupe à leurs camarades de garde, se rencontrer et mettre à terre le vase de soupe pour se battre. Il y eut des hommes qui restèrent avec leurs vases sur le carreau. Ce fut souvent une déplorable boucherie.

Les autorités civiles et militaires, les bourgeois paisibles et les militaires eux-mêmes, qui aimaient l'ordre, étaient dans les transes, en envisageant un avenir aussi menaçant. Ces désordres étaient excités sourdement par des émissaires et la canaille, qui ne demandaient que plaie et bosse pour arriver au pillage.

Voici qui confirme cette assertion. Un jour de grand marché, un attroupement d'hommes de la basse classe se porta sur la grande place, bien pourvue de grains et d'autres denrées. Prévenu à temps, le général-commandant de la ville arriva sur les lieux avec nos deux compagnies de grenadiers. Il les fit mettre en bataille et charger les armes en face de cette canaille, coucher en joue et tirer quelques décharges en l'air. Cela fit sur-le-champ évacuer la place.

Mais un bon quart d'heure après, cette populace était remplacée par de forts groupes de femmes et d'enfants, qui, débouchant de toutes les issues donnant sur la place, vinrent se jeter sur toutes les denrées. Stupéfait, comme nous, de cet incident, le général se retira avec sa troupe et abandonna le marché au pillage !

Ici, j'aime encore aujourd'hui rendre justice aux sous-officiers et aux soldats, qui, dans ces temps de troubles et d'horreurs, restèrent fidèles à leur drapeau et à leurs officiers ; puis à ces derniers, qui maintinrent une stricte discipline dans l'intérieur des compagnies et par la surveillance des individus entre eux.

Vers le 15 août, nous apprenions avec douleur les événements du 10, qui renversèrent Louis XVI, mirent en deuil tous les Suisses au service de France, et, pour bien dire, la Suisse entière ; 6–700 gardes suisses [1] avaient été égor-

---

[1] On en tua 750 et 13 officiers ; 10 autres officiers furent mis à mort le 2 septembre suivant.

gés pour avoir défendu ce roi et la constitution qu'il avait concédée à son peuple qui, un an, cinq mois et treize jours après, le payait d'ingratitude en le faisant mourir sur l'échafaud, et qui, quarante-six jours après le 10 août, expulsait les Suisses du service de France au mépris des traités.

De retour à Dunkerque de notre dremier bivouac, notre colonel, le baron de Reinach,[1] fit déposer nos drapeaux dans la caserne et au centre du régiment, marque de la confiance qu'il avait en nous et que le corps sut mériter.

Le 20 septembre, nous avions connaissance de notre prochain licenciement; le 23, nous faisions notre dernier tour au bivouac, et le 24 nous apprenions, en rentrant en ville et en arrivant au quartier, que notre dissolution aurait lieu le lendemain à midi.

Le 25, nous primes les armes à onze heures, dans la meilleure tenue, mais, avant de sortir du quartier, nous défimes les cravates de nos drapeaux, qu'on remit à notre chef, et nous nous partageâmes les lambeaux. Je perdis mon morceau le 19 octobre 1812, avec mes effets, lors de l'incendie du camp de Polotzk, en Russie. Nous ne rendimes que les hampes, qui furent déposées à l'hôtel de ville.

On forma un carré pour cette triste cérémonie, qui arracha des larmes à nos plus anciens grenadiers et même à plusieurs spectateurs qui s'écrièrent :

— Peut-on renvoyer une si belle et si bonne troupe ! »

Les commissaires de la Convention et le général commandant les troupes stationnées à Dunkerque se placèrent au centre du carré, et firent battre le ban. Les premiers prononcèrent le licenciement, offrirent à chacun de nous la continuation du service avec avancement, le choix de rester en France comme citoyen français et la pleine liberté de rentrer dans nos foyers, avec feuille de route, droit au logement et trois sous par lieue jusqu'à la frontière.

[1] Il est mort en 1815.

Le plus grand nombre prit ce dernier parti.

Le général, qui m'avait vu quelquefois manier un peloton, eut l'extrême obligeance de s'approcher de moi et de me dire :

— Citoyen Rösselet, je vous offre, au nom de la Convention, une compagnie.

Je le remerciai en le saluant respectueusement et en lui répondant :

— Mon général, je n'aime pas changer de robe.

Il reprit :

— Vous refusez? Vous vous fermez votre carrière.

Le général avait peut-être raison de me faire cette douce remontrance. En voici, je crois, une preuve évidente. Mes camarades Schramm, Brayer, Giger, Schreiber, Gressot, et d'autres dont les noms échappent à ma mémoire, restèrent au service et parvinrent au grade de général et aux titres de baron et de comte.

Sans me flatter, ma constance dans mon opinion et dans ma manière de voir les choses a toujours été mon invariable guide. Peut-être ma prédestination y a-t-elle contribué; c'est ce que je ne puis résoudre, mais je puis affirmer que mes sentiments à cet égard ont été assez fermes ; je n'ai fait que mon devoir, et je suis content du lot que la Providence a daigné m'accorder en partage.

La conduite des autorités chargées par la Convention de nous communiquer ses décrets et de les faire exécuter, fut admirable, soit par les sentiments qu'elles exprimèrent, soit par la manière délicate dont elles remplirent leur mission.

Les derniers honneurs rendus au régiment furent un moment pénible, celui d'une séparation d'amis et de camarades. Ce fut le cas particulièrement pour moi, qui étais obligé de quitter mon mentor, le sergent-major Thüring ; il resta à Dunkerque, en attendant sa pension de retraite, et je ne pus me séparer de lui qu'en versant des larmes.

Nos adieux ont été les derniers, car je n'ai plus eu de nouvelles de lui.

Cela me fait dire que, dans la vie, il est des moments qui laissent des souvenirs solennels, ineffaçables, impossibles à retracer, et par lesquels il faut avoir passé pour s'en faire une juste idée.

Je me hâtai de quitter Dunkerque, qui n'avait plus d'intérêt pour moi ; je pris, le 26, mes papiers et ma feuille de route. Comme plusieurs de mes camarades, j'avais l'intention de me rendre à l'armée des Princes, qui devait se former dans les environs de Verdun.

A cet effet, nous demandâmes à être dirigés sur Metz ou Nancy, où nous devions recevoir une nouvelle direction. A Lille, je trouvai mon beau-frère Simon, capitaine au régiment du Roi, 6ᵉ de cavalerie, qui me fit l'accueil le plus fraternel, ainsi que ma bonne sœur ; et, malgré le grand tumulte qui régnait dans la ville, j'y restai deux jours.

Une grande partie de la garnison, commandée par le général comte Dillon, sortit de la place pour faire une reconnaissance sur Tournai et s'en emparer. Les Autrichiens campaient devant cette ville. Prévenus de ce mouvement, ils eurent le temps de se préparer à bien recevoir leurs adversaires. Ils laissèrent arriver les Français sur leurs batteries masquées et, à bout portant, ils firent une décharge à mitraille et des feux de peloton et de bataillon qui les culbutèrent. Des cris de sauve qui peut se firent entendre. La poursuite de la cavalerie autrichienne les mit dans une déroute complète. Ils rentrèrent pêle-mêle dans la place en criant à la trahison et ils assassinèrent leur général comte Dillon, ce qui mit la confusion dans la ville.

Mon beau-frère avait demandé à son colonel une sous-lieutenance pour moi. Je la refusai, au regret de ma sœur et de son mari, et je n'eus que le temps de prendre congé d'eux pour sortir de la place avant qu'elle fût investie.

Mes camarades ayant un jour d'avance sur moi, je pris au premier endroit une espèce de cabriolet, attelé d'un bon cheval. Par ce moyen, j'eus le plaisir de les rejoindre à Landrecies. Le lendemain, nous continuâmes notre route au nombre de vingt-cinq, et tout alla bien jusqu'à Sédan, où le peuple en rumeur, malgré une forte pluie, était attroupé sur la place et nous regardait passer. Nous entendîmes crier :

— A bas ces Suisses ! Ils vont passer à l'ennemi.

Il était midi. Nous allâmes chez le commandant de place, qui nous dit :

— Mes amis, je vous conseille d'aller, malgré le mauvais temps, coucher à Carignan, petite ville peu éloignée d'ici. Vous y serez bien.

C'est ce que nous fîmes. Le maire nous reçut très-honnêtement et nous permit de séjourner, afin de nous reposer. Nous fûmes tous très-bien logés et accueillis par nos hôtes.

J'eus le sort de tomber chez une parente du maire, riche veuve, sans enfant, âgée de 30-35 ans, qui me reçut au mieux. Elle invita ses parents à un souper de famille, entre autres le maire. Je crois qu'on avait tué le veau gras. On parla de service, de la Suisse, et mon aimable hôtesse me dit :

— Monsieur, vous avez assez servi ; vous n'êtes pas assujetti à la conscription ; vous devriez vous établir et vous retirer de cette vie turbulente. Vous avez assez parcouru le monde. Ce conseil, que je vous donne, est celui d'une amie, qui aime la nation suisse. J'ai eu le plaisir de voir une partie de ce beau pays, et il m'en reste de bons souvenirs.

Je la remerciai en lui répondant :

— Madame, je suis bien vivement pénétré de vos bontés.

Je lui souhaitai le bonsoir, et je montai dans ma chambre pour me coucher.

Nous eûmes le lendemain, comme la veille, une forte pluie, qui ne discontinua pas jusqu'au surlendemain, au moment de nous mettre en route, où le temps se remit au beau. Cela nous empêcha de faire une petite excursion dans les environs, qui, quoique dans les Ardennes, nous parurent beaux, passablement variés et agréables à l'œil du voyageur. Pour finir notre journée, nous nous visitâmes l'un l'autre, ce qui nous procura le plaisir de faire, en passant, la connaissance de nos hôtes et hôtesses, de l'aimable hospitalité desquels nous n'avons eu qu'à nous louer. Je dînai encore chez mon hôtesse, avec laquelle j'allai souper chez le maire, qui nous avait invités.

La veuve revint sur le chapitre de la veille. Elle me répéta que je devais m'établir, renoncer à cette vie errante, qui ne devait pas convenir à mon caractère, en quoi elle se trompait. Elle me parla de son avoir, dit qu'elle aimerait partager sa petite fortune avec un homme qui lui conviendrait. J'ignore si je pouvais être cet homme, mais je ne sus que lui réitérer mes remerciments empressés, en donnant pour excuse que mon âge n'était pas encore mûr.

Le lendemain avant mon départ, qui, à dire vrai, me coûta, elle me tint à peu près le même langage, en me disant :

— Réfléchissez, vous savez où je suis ; mon plaisir sera d'être votre vrai conseil. Dieu soit et reste toujours avec vous !

Telles furent ses dernières paroles.

Nous nous mîmes en route pour Montmédy, où j'eus encore le bonheur d'aller pleurer sur la tombe de ma mère.

Arrivés à Damvilliers, nous allons au quartier général des princes. Nous sommes immatriculés, comme cela se pratique dans toute nouvelle formation. Les compagnies étaient de cinquante-quatre hommes. Nous recevons vivres et logements. Les habitants avaient arboré la cocarde blanche. Les Prussiens étaient entrés par capitulation dans Longwy et Verdun, dont la défense avait été d'une incompréhensible mollesse.

Peu de temps après, ils les rendirent de même aux Français et se retirèrent précipitamment hors du royaume.

Ces mouvements inattendus obligèrent les princes de se retirer, et le manque de fonds amena naturellement la dissolution de leur armée, qui commençait seulement à se former. Cela fit qu'au bout de dix jours on nous remercia.

Ici, je citerai la réponse naïve d'un homme labourant son champ, et auprès duquel je passai en me promenant. Remarquant que sa cocarde était de papier blanc, je lui dis :

— Mon ami, pourquoi votre cocarde est-elle de papier?

— Ah! monsieur, me répondit-il, c'est qu'elle ne durera pas longtemps.

Il disait vrai. Quatre jours après, ces gens reprenaient la cocarde tricolore.

Il fallait nécessairement changer nos projets, et nous tombâmes d'accord de nous diriger sur Bâle et d'y passer le Rhin pour nous rendre à l'armée du prince de Condé et demander à être incorporés dans sa garde. [1]

Nous prenons par Estain et Manheule, en laissant Verdun sur notre droite, Metz sur notre gauche. Voulant éviter ces villes, nous gagnons Saint-Mihiel, où nous avons de la peine à faire renouveler nos feuilles de route. Le maire de cet endroit, pur partisan de la révolution, prend sur lui de nous tracer une nouvelle direction, par Commercy, Vaucouleurs, Charmes et Epinal.

En sortant de cette ville, nous passons par Arches, grand village où le peuple, rassemblé et en désordre, nous insulte et nous menace. Nous traversons cette foule avec calme. A une portée de fusil de cet endroit, la route traverse un vallon. Nous apercevons sur le côteau de gauche un groupe d'hommes armés de fusils, qui nous saluent de plusieurs coups de feu. Heureusement ces coups sont si mal dirigés que les balles passent par-dessus nos têtes et n'atteignent aucun de nous.

---

[1] La garde du quartier général se composait d'une compagnie de sous-officiers et de soldats suisses, de la force de cent hommes.

Nous passons par Remiremont, Le Ballon et Thann. A Altkirch, à trois lieues de cette dernière ville, nous prenons des sentiers et nous laissons sur notre gauche Saint-Louis et Huningue, pour n'avoir pas de compte à rendre au commandant de cette forteresse au sujet du retard de dix jours fixés sur nos feuilles de route.

Le 28 octobre, à la nuit tombante, nous arrivons très-contents à Bâle, où nous sommes parfaitement logés dans différentes auberges, moi aux Trois-Rois. Avant de nous quitter, nous nous donnons rendez-vous pour le lendemain matin, à dix heures, sur le pont du Rhin.

Au régiment de Watteville.

A l'heure désignée, nous nous trouvons sur ce pont. Nous nous félicitons du bon accueil de nos hôtes et nous nous mettons en route. En entrant dans le petit Bâle, le nommé Balsiger, d'un village près de Berne, beau et bon jeune homme, d'une taille de près de six pieds, mesure de France, reste, je ne sais pourquoi, en arrière. Il rencontre M. Ærny, d'Aarbourg, capitaine au régiment de Watteville, qui lui demande :

— Où allez-vous, mon ami?

— Nous allons à l'armée du prince de Condé, pour entrer dans sa garde, lui répond Balsiger.

— Combien êtes-vous?

— Vingt-cinq.

— Allez appeler vos camarades. J'ai à leur parler.

Balsiger nous rejoint hors de la porte du petit Huningue, sur la route de Fribourg en Brisgau, et nous dit :

— Mes amis, il faut rentrer en ville. Un capitaine du régiment de Watteville a quelque chose à nous communiquer.

Nous revenons sur nos pas et nous trouvons M. Ærny, qui nous attendait sur le pont et nous dit :

— Soyez les bienvenus, mes amis. Je suis bien aise de vous voir. Venez chez moi.

Nous le suivons. Chemin faisant, son uniforme me rappelle celui de ma première jeunesse. Je lui demande où est le régiment.

— A Nidau, me répond-il.

Et se tournant vers Balsiger, il lui demande :

— Avez-vous parmi vous un jeune Rösselet?

— Oui, mon capitaine, c'est lui qui vient de vous parler.

A ces mots, le capitaine me fixe, me tend la main et m'embrasse en me disant :

— Vous devez vous rappeler de moi. J'étais l'ami de feu votre père et celui de votre enfance.

A mon tour, je le fixe et le reconnais à la grande tache couleur de vin qu'il avait à la joue droite. Ce souvenir me fait venir les larmes aux yeux.

— Vos parents, reprend-il, vous attendent avec impatience. Ils m'ont prié de vous engager à les aller voir.

Arrivés chez lui, le capitaine nous dit :

— Ma mission est de diriger, autant que possible, tous les braves des corps suisses sortant du service de France, sur Nidau, où le régiment de Watteville se forme sur le pied complet de guerre pour rentrer dans le royaume. Je serais bien aise de vous y envoyer comme volontaires. Ce sera une bonne acquisition pour le corps.

Nous acceptons son offre et demandons à rester trois jours à Bâle pour nous reposer et apprendre à connaître cette ville. Il nous l'accorde avec plaisir et me dit :

— Rösselet, je vais écrire par le courrier de ce soir à vos parents qu'ils auront sous peu de jours le plaisir de vous embrasser.

On nous loge par billets chez les bourgeois de la ville, qui nous accueillent comme si nous étions des leurs, c'est-à-dire le plus amicalement possible. Le capitaine Ærny nous donne un ordre de route et les moyens de nous défrayer largement.

Le 1er novembre au matin, nous prenons congé de lui avant de partir pour Nidau ; nous passons par Liestal, Wallenburg, Langenbruck, Balstall, Wiedlisbach, Soleure et Bienne.

Le 3, à midi, nous arrivons à Nidau, au moment de la garde montante et de l'appel du régiment. Nous sommes fort bien accueillis par le colonel de Watteville, qui ordonne à mon oncle, le capitaine-quartier-maître Schwick, de nous incorporer tous dans les deux compagnies de grenadiers. Je le suis dans celle de M. de Watteville de Bursinel, frère du colonel.

Je trouvai dans cette petite ville le régiment où j'étais né, une sœur, un beau-frère, un neveu, des nièces, un oncle, une tante, des cousins, des cousines, des connaissances d'enfance. Il ne manquait donc rien pour combler ma joie, surtout quand j'embrassai ma sœur, son mari le lieutenant-porte-drapeau Steinfelden [1], chevalier de Saint-Louis, et leurs enfants ; je n'avais pas revu les uns depuis douze ans et je voyais les autres pour la première fois.

Ma bonne sœur m'offrit une place à sa table. Je la remerciai en lui disant :

— Je veux et dois vivre avec mes camarades, à la caserne, parce que je ne suis pas plus qu'eux.

Outre ses enfants, je trouvai chez elle une petite et jeune blonde, aux yeux bleus. Je lui demandai qui était cette jolie personne ? Elle me répondit :

— C'est mademoiselle Relly, une orpheline et ma filleule, que j'ai prise chez moi.

---

[1] Cet officier, Lorrain de naissance, fut plus tard capitaine dans la quatrième puis dans la deuxième demi-brigade helvétiques, et mourut à Landau le 10 janvier 1801.

— Je la trouve charmante.

— Te voilà amoureux.

— On peut bien l'être en la voyant.

Cela se confirma, car dès ce moment je la pris en amitié et l'appelai toujours ma petite Catherine. Le temps fit le reste, et sept ans plus tard, elle devenait ma compagne.

Quelque temps après, j'allai à Berne voir les amis de feu mon père et ceux qui m'avaient témoigné quelque bienveillance dans mon enfance. Je trouvai Berne une petite, mais belle et jolie ville, avec des environs très-pittoresques et charmants, de belles et longues promenades d'où l'on découvre une grande partie des Alpes. Je vis, en un mot, des sites de toute beauté.

Je revins à Nidau, tout enthousiasmé de la capitale, de mon petit voyage et particulièrement de la gracieuse réception de MM. Tscharner, mon parrain, de Watteville, de Graffenried, Wurstemberger, etc., tous de respectables et d'anciens officiers du régiment.

En janvier 1793, je me rendis à Douanne, pour y renouveler mon droit de bourgeoisie. J'avais entendu dire à feu mon père que nos aïeux avaient été bourgeois de Berne, mais les titres me manquaient pour le prouver et je ne les trouvai que quarante ans plus tard. Les autorités me contestèrent mon droit, quoiqu'elles me trouvassent porté en bonne forme sur les registres de baptême et de la commune. J'eus un procès avec la commune et j'eus le bonheur d'obtenir la bienveillante protection de M. Wurstemberger, bailli de Nidau, qui intervint dans cette affaire et me recommanda à Leurs Excellences les louables petit et grand conseils, qui décidèrent en ma faveur et condamnèrent la commune aux frais et aux dépens, avec ordre de me délivrer ma lettre de bourgeoisie. Je la reçus par l'entremise de M. le bailli et de plus une charmante lettre du conseil, qui confirmait mon droit de bourgeoisie de Douanne.

L'organisation du régiment fut modifiée en ce qu'on doubla

le nombre des soldats en portant la force des compagnies à
110-120 hommes. Les compagnies du centre fournirent un
choix d'hommes propres au service de l'artillerie; on en
forma une subdivision avec les soldats du train nécessaires
à une batterie. Ces hommes appartenaient aux compagnies
pour l'administration, mais non pour le service, et ils étaient
commandés par le lieutenant de Luternau [1].

Du reste, c'était un bon et beau régiment que ce régiment
de Watteville, je dirai même un corps d'élite, pour son mo-
ral, sa discipline, sa conduite, sa tenue et sa précision dans
les maniements d'armes et dans les manœuvres.

Il se passa cependant dans son sein un sinistre incident.

Dans le nombre des compagnies détachées à Bâle, se trouvaient des individus de l'évêché de ce nom, alors au pouvoir
de la république française. Le village d'Arlesheim avait pour
maire un enragé révolutionnaire, partisan des Français,
vexant les familles qui n'étaient pas de son opinion. Cet individu avait fait emprisonner les parents d'un soldat qui
était de cet endroit. Celui-ci s'était plaint de cet acte à ses
camarades, en leur disant qu'il voudrait pouvoir délivrer ses
parents de leur prison, et tirer vengeance de cette atrocité.

Il n'en fallait pas davantage pour des soldats qui avaient
de l'antipathie pour tous les partisans de la révolution française. Deux de ses amis lui offrirent de l'accompagner.

Un soir, par un temps affreux, ils se rendent en armes à
Arlesheim, marchent droit à la prison, la forcent et mettent
les détenus en liberté. Ce mouvement répand l'alarme dans
le village, le maire accourt sur les lieux avec les autorités de
la commune, des coups de fusil sont tirés, le maire reçoit
une balle au travers du corps et reste étendu sur le carreau.
Les trois soldats sont arrêtés et mis dans la même prison
qu'ils venaient de vider. On porte plainte; on obtient longtemps après et avec peine leur extradition, les tribunaux

---

[1] Après avoir été colonel fédéral et inspecteur d'artillerie fédérale, il est
mort à Berne le 1er octobre 1849.

français prétendant que la procédure rentrait dans leurs attri-
butions. Enfin cette extradition a lieu avec les pièces et le
procès - verbal constatant le délit, le tout accompagné de
l'énergique demande d'une prompte et sévère justice.

On les met en jugement et la procédure est longue. Les
formalités remplies, le conseil de guerre est obligé de prononcer. Mais on n'a pu reconnaître le coupable, c'est-à-dire
celui dont la balle a atteint le maire, et cependant il faut une
victime pour expier le crime. On décide de tirer au sort. Le
carré formé, on y fait entrer les trois accusés, nommés Jean-
nequet, d'Arlesheim, Scherer, du canton de Berne, et Schnitzer, du Tirol, tous dignes de compassion et préparés à la
mort. Le dernier console les deux premiers en leur disant :

— Mes amis, soyez bien tranquilles, le sort tombera sur
moi et je mourrai seul.

La sentence lue, on apporte une caisse de tambour en face
de ces malheureux. On les fait jeter des dés, et le sort tombe
précisément sur Schnitzer, qui avait prévu sa destinée et
meurt résigné. On ouvre le carré, on le conduit en face du
peloton désigné pour le fusiller, le signal est donné, et il
tombe roide mort. Le régiment défile devant son cadavre et
ses deux camarades sont mis en liberté.

Ainsi finit ce triste événement. Le lecteur peut se faire
une idée de l'effet qu'a dû produire cette exécution sur tous
ceux qui y ont assisté, bourgeois et militaires. Bien des larmes ont coulé sur le sort des trois jeunes soldats.

A la fin de 1795, voyant que le régiment ne ferait pas
campagne, ni ne pouvait rentrer en France, je désirai un
service plus actif. Je pensai qu'un des deux régiments bernois au service de Hollande serait mon affaire. Je m'adressai à mon capitaine de Watteville et au colonel, son frère [1].

[1] Le colonel Louis de Watteville de Loins commanda plus tard la quatrième
puis la deuxième demi-brigade helvétiques au service de France, et est
mort comme général de brigade en retraite, à Paris, le 10 juillet 1825. Le
lieutenant-colonel était M. Fréd. Steiger, surnommé Pandour, mort le 21
novembre 1804.

Ils eurent l'obligeance de me dire qu'ils aimeraient me voir rester au régiment, et que, quand l'occasion se présenterait, ils penseraient à moi. Ils me proposèrent, en attendant, une place de caporal qui venait de devenir vacante, ajoutant que si cependant ma volonté était de quitter, ils me recommanderaient avec plaisir. Mes parents désiraient aussi me retenir. Mais je leur fis observer que j'étais militaire et que je devais entrer dans un régiment où je pouvais espérer de l'avancement.

Je me rendis à Berne avec mes recommandations pour trouver mes protecteurs, MM. Tscharner, mon parrain, le major-général de Graffenried[1], de Watteville[2], dont le frère était capitaine et major dans le régiment de Goumoëns. J'obtins ainsi la promesse de la première place vacante de porte-enseigne, et du grade de sous-officier en attendant.

Je quittai donc le régiment, mes parents et mes amis, pour aller chercher fortune chez une puissance du nord, où je ne fus pas plus heureux.

Au régiment de Gumoëns.

A Berne, le hasard me favorisa. En peu de jours, j'eus le bonheur de faire dix-neuf recrues, tous de beaux hommes, ce qui me valut une excellente note.

Je partis de cette ville le 1er février 1794 avec cinquante-cinq hommes, pour joindre le régiment en garnison à Bois-le-Duc. Nous passâmes par Soleure, Bâle, Fribourg, Offenbourg, Rastadt, Heidelberg, Manheim et Mayence. A Brau-

[1] Après s'être retiré du régiment, avec la commission de colonel, il était devenu général-major dans les milices bernoises, et mourut le 29 janvier 1821.

[2] M. Nicolas de Watteville, retiré en 1791 du régiment où il était major, il est mort le 13 mai 1810.

bach, nous nous embarquâmes sur le Rhin. Nous reprimes terre à Cologne et marchâmes par Caster, Ruremonde et Venloo. Le 12 du même mois, j'arrivai à Bois-le-Duc avec tout mon monde, très-content d'être au terme de ma route. Bien que j'eusse eu à me louer de la conduite de mes hommes, ce voyage n'en avait pas moins été une forte corvée.

Je m'empressai de rendre mes comptes pour être déchargé de ma mission. Je les remis avec les certificats de bonne conduite reçus à nos gîtes, et j'eus la satisfaction de voir ma conduite et ma gestion approuvées par mes chefs, qui voulurent bien m'en témoigner leur contentement. Ce fut une seconde note en ma faveur.

Je pressai le maître tailleur pour avoir mon habillement, que j'obtins tout de suite, ainsi que mon armement et mon équipement. L'exercice et le service n'étant pas les mêmes qu'en France, je me fis donner quelques leçons par un sergent instructeur. De cette manière, je pus, le 1er mars, monter ma première garde comme fusilier, et le 12 j'étais nommé à une place de caporal qui m'avait été réservée et qui fit des jaloux. L'empressement que je mettais, avait pour but de rejoindre les bataillons de guerre, qui se trouvaient alors dans les environs de Courtrai et de Menin.

Un détachement de 150 sous-officiers et soldats, et moi du nombre, commandé par cinq officiers, partit le 5 avril pour compléter le régiment, et fut dirigé sur Breda et Anvers. Le régiment s'était porté sur les environs de Maubeuge. On nous fit donc marcher sur ce point par Malines, Bruxelles, Hal, Mons, et, le 15, nous trouvions, dans les environs de Bavay, le régiment campé et faisant partie du corps d'armée hollandais commandé par le prince Frédéric, second fils du prince d'Orange. A son arrivée, chacun de nous entra dans sa compagnie.

Le 17, on se porta en avant, entre le Quesnoy, Cambrai et Avesne; le 19, on se rapprocha de Landrecies, pour investir cette place, dont la garnison, forte d'environ 7,000 hommes, était commandée par le général Roullant. Notre régiment fut placé à cheval sur la route du Quesnoy à cette ville.

L'armée se composait de 170–180,000 Autrichiens, Anglais, Hollandais, Hanovriens, Hessois, et d'autres troupes allemandes, sous les ordres de l'empereur d'Autriche en personne. Elle était répartie sur une ligne de 50–60 lieues, depuis Dunkerque jusqu'à Luxembourg.

Le 20, jour de Pâques, l'armée se met en mouvement et l'attaque générale a lieu. Notre régiment a devant lui une forte redoute, à cheval sur la route et défendue par un bataillon de la garnison et des secours arrivés dans les intervalles des combats. Deux fois nous prenons ce poste important d'assaut, deux fois nous sommes repoussés par les renforts sortis de la place. Ce n'est qu'au troisième assaut que nous pouvons le conserver et repousser dans la ville ses valeureux défenseurs, qui laissent dans la redoute ensanglantée et couverte d'armes une partie de leurs hommes tués et grièvement blessés, six canons et deux obusiers. Notre perte est considérable. Notre compagnie a huit tués et dix-neuf blessés grièvement, dont plusieurs furent amputés. Il est vrai qu'elle se trouvait au centre et en face de la redoute.

Dès ce jour, la place est investie, le siége commence, et, le 30 avril, la garnison sort avec les honneurs de la guerre, dépose les armes sur le glacis et se rend prisonnière.

On avait employé l'artillerie autrichienne à ce siége, et je cite avec plaisir l'adresse et le talent d'un sous-officier de cette arme, qui dirigeait le feu de deux mortiers. Il dit en présence de l'officier supérieur de tranchée, que sur trois bombes il en jetterait une sur la tour de l'église. La première tomba au milieu de la nef, la seconde près de la tour et la troisième abattit la flèche. Ces trois bombes incendièrent l'édifice. Le rapport en fut fait à l'empereur, qui promut ce brave au grade d'officier dans son arme.

D'après mes faibles connaissances, je crois pouvoir dire

que la place a été héroïquement défendue. Ayant pu y entrer le lendemain de la reddition, je trouvai presque toute la ville réduite en décombres, les casemattes enfoncées par l'effet des bombes, une partie des remparts battue en brèche.

Le 2 mai on me nomma sergent, et le régiment quitta sa position de blocus pour aller camper à Fontaines-les-Bois. Le 5, il se porta sur la plaine de Cateau-Cambrésis, où il trouva des perches désignant sa place de bataille pour passer la revue de l'empereur. Les différents corps de l'armée se réunirent dans cette vaste plaine et formèrent deux lignes, la première d'infanterie, la seconde de cavalerie; l'artillerie fut placée dans les intervalles des corps.

L'empereur arriva avec son nombreux état-major, composé de son auguste frère, l'archiduc Charles, les princes ayant commandement, le maréchal Cobourg, vénérable vieillard, les généraux Clerfayt, Bender, etc., etc. La revue commença vers dix heures du matin et ne finit qu'à six heures du soir. L'empereur fut accueilli par des salves d'un corps d'armée à l'autre. Les lignes avaient une étendue telle que l'armée hollandaise, qui pouvait être à peu près à la gauche, entendait à peine le canon de la droite. Il y avait là 150–160,000 hommes de toutes armes et de plusieurs nations.

Quand l'empereur arriva près de nous, je crus que son cortège ne finirait pas. Il s'entretint un instant avec mon colonel, le brave et respectable général-major de Gumoëns.[1] Il avait commencé la revue de l'infanterie par la droite, celle de la cavalerie par la gauche. Je me rappellerai toujours qu'étant en serre-file, je pus bien le voir, monté sur un cheval blanc, la figure pâle et sérieuse, la tête un peu enfoncée et comme gênée par roideur. En passant devant un beau régiment de cavalerie hollandaise, il dit :

— Ils sont beaux, nous les essayerons.

---

[1] Il est mort à Orbe, en 1800.

Sa Majesté fit connaitre aux troupes, par un ordre du jour, sa satisfaction pour l'ordre, la discipline et la belle tenue, puis pour l'ensemble, l'union et l'harmonie qu'elle avait vu avec plaisir régner dans les différents corps.

Après cette belle revue, on répartit les corps d'armée sur l'Escaut et la Sambre. Le nôtre fut parmi les premiers et passa par le Quesnoy et Valenciennes, sans entrer dans ces villes, et en campant tous les soirs. Nous passâmes sur les glacis de la place de Valenciennes, fumant pour ainsi dire encore du terrible siége qu'elle venait d'essuyer. C'était surtout le cas de la partie située sur la route de cette ville à Quiévrain et Mons. Les mines des assiégeants avaient fait sauter les contre-mines de la forteresse et périr ainsi 8-900 hommes. Nous vimes des lambeaux de toute espèce, des canons, des affûts, les ouvrages de la place sens-dessus-dessous, le tout noirci par la poudre. C'était horrible à faire frémir l'âme la plus dure et la moins compâtissante.

Du 10 au 12 mai, nous passons par Saint-Amand et Orchies, et nous campons en avant de Tournai, dans la plaine de Marquain et à cheval sur la route de cette ville à Lille. Nous avons devant nous le bourg de Lannoy et les villages de Chérang et de Gruson, endroits fortifiés sur lesquels nous faisons des reconnaissances et que les Français évacuèrent sans résistance.

Rentrés dans notre camp, nous y sommes tranquilles jusqu'au 21, jour où nos avant-postes ont une escarmouche, avant-coureur d'une grande bataille, qui commence le 22 au lever du soleil, et ne finit qu'à dix heures du soir. Le régiment est mis deux fois en ligne, la première le matin, la seconde à six heures du soir. C'est à cette dernière occasion qu'il a particulièrement l'occasion de se distinguer. [1]

Le pays était assez marécageux, coupé, entouré de forêts.

---

[1] C'est la bataille de Tournay.

Il s'agissait de prendre ou de céder une position après l'autre. C'était en partie une guerre d'éclaireurs. L'ennemi était posté dans une forêt, et, séparé de nous par un fossé, il nous faisait beaucoup de mal. Il nous fallut franchir cet obstacle, en sautant à l'aide de nos armes. Je fus pris dans des ronces, dont je ne pus pas me débarrasser, et je tombai en arrière sur ces épines. Je pus enfin m'en retirer, aidé par un camarade. D'autres tombèrent au milieu du fossé et dans l'eau, d'où l'on put cependant les retirer et les sauver. Nous trouvâmes des fagots avec lesquels nous comblâmes le fossé et tout le monde put le franchir.

Une fois en ligne, nous nous élançons au pas de course sur cette forêt, que nous emportons de vive force. Cette affaire nous coûte des morts et des blessés. Parmi ces derniers, M. le capitaine Thormann[1] reçoit à mes côtés un coup de feu à la tête. Au même instant je suis atteint d'une balle morte au pouce de la main gauche. Nous avons enfin l'honneur de conserver le champ de bataille et nous y bivouaquons la nuit suivante.

Le 23, avant le jour, je reçois l'ordre de faire avec quinze hommes une patrouille à la découverte. Ne voyant et n'entendant rien, nous poussons notre reconnaissance au delà des limites prescrites. Le hasard fait tomber entre nos mains deux canons de quatre que les Français avaient abandonnés, je crois, faute de chevaux. Je fais demander des chevaux, nous ramenons les pièces et nous rentrons à notre camp devant Tournay. Notre trouvaille nous vaut quelques lignes dans l'ordre du jour de l'armée où le régiment est cité avec éloge.

L'empereur commandait en personne cette mémorable bataille à laquelle tous les coalisés prirent part, et les Français, très en force, avaient Pichegru pour général en chef.

Du 22 mai au commencement de juillet, nous restâmes tranquilles dans notre camp, où nous nous occupâmes d'exer-

---

[1] Il est mort le 23 avril 1826, à Marnens.

cices, de manœuvres, de travaux de campagne et de courses de chevaux.

Les Anglais surtout se livrèrent à ce divertissement et firent des paris de cent à trois cents louis, à qui atteindrait le premier le but. Enfin fêtes et plaisirs se succédèrent. Les grands états-majors étaient établis à Tournay. Le duc de York commandait l'armée anglaise, qui, à mes yeux, pouvait passer pour la plus belle et une des bonnes en hommes, chevaux, tenue, matériel, et qui était la mieux payée. Ce prince faisait beaucoup de dépenses et assez de bruit. Ayant été quelquefois d'ordonnance auprès de mon colonel, j'eus occasion de voir ces états-majors et les orgies auxquelles ils se livraient. A celui des Anglais surtout, j'ai vu des officiers de tout grade ivres à ne pas pouvoir se tenir debout. Aussi me suis-je plusieurs fois dit : si l'on veut battre les Anglais, il faut les attaquer à la nuit tombante.

Cette inaction inconcevable, on la paya cher ; car dans cet intervalle les Français firent avancer des nuées d'hommes, réorganisèrent leurs armées qui avaient beaucoup souffert, et marchèrent en avant avec des masses si formidables qu'on ne vit plus que le ciel et des bleus.

Nous, les alliés, fûmes donc obligés de battre en retraite sur tous les points, et les mouvements rétrogrades de tous les corps d'armée se firent, pour ainsi dire, sans coup férir. Celle du prince Frédéric s'opéra en descendant la rive droite de l'Escaut sur Berchem, Oudenarde et Gand. Nous traversâmes cette grande et belle ville sans nous y arrêter, pour aller camper sur la route de Sas-de-Gand.

C'est à Gand que notre corps d'armée fut dissous et qu'on disloqua les régiments dans les places fortes de la frontière, Axel, Hulst, etc. Nous eûmes pour lot le Sas-de-Gand, jolie ville, très-forte, au milieu de laquelle se trouvait un petit port et qui avait de belles écluses sur un canal qui communique avec Gand. Le canal et les écluses la rendaient extrêmement forte, parce que son seul abord était une digue qui

longeait le premier. A l'approche de l'ennemi, on pouvait
inonder la contrée dans le rayon d'une lieue. L'air y est
très-malsain, surtout dans les grandes chaleurs.

C'est ce que nous avons éprouvé bien à nos dépens. Quand
les Français voulurent s'emparer de l'endroit, on leva l'é-
cluse et l'on submergea le pays. On vit alors les malheureux
habitants des environs monter sur des barques pour faire
leurs moissons et couper les épis à fleur d'eau ; les fourrages,
paille et herbe, étaient perdus pour eux. Les eaux douces se
mêlèrent avec les eaux salées, ce qui, ajouté à l'ardeur du soleil
d'été, causa une infection impossible à décrire. J'ai vu des poissons de dix à vingt livres se laisser prendre sans résistance,
tant ils étaient étourdis et ébranlés par ce mélange d'eau.
Une quantité furent jetés morts sur la plage. Je vis l'écume
former sur ces rivages une espèce de croûte blanche, couverte de mouches vertes qui corrompaient aussi l'air. Pour
surcroît de maux, nos gens et les habitants mangèrent de
ces poissons à moitié infects, ce qui augmenta le nombre
des malades, tous atteints de fièvres malignes et putrides qui
en enlevèrent beaucoup. Outre cette grande mortalité et la
circonstance que les deux tiers du régiment étaient malades
ou morts, le manque d'hommes disponibles obligea de réduire
les postes de moitié.

Je pris aussi cette fièvre. Une partie des malades, et je fus
de ce nombre, furent évacués par eau sur Rotterdam. Nous
passâmes devant l'île de Walcheren. De cette ville jusqu'au
lazareth, situé à une demi-lieue plus loin, sur la rive droite
de la Meuse, on manqua de lits et l'on nous coucha jusqu'à
trois sur un mauvais grabat. On me plaça ainsi entre deux
camarades. Pendant la nuit suivante, je sentis à mes côtés
quelque chose de roide et de froid. Ne pouvant me mouvoir
à cause de ma faiblesse, je restai, sans le savoir, entre deux
cadavres. Quand il fit jour, les infirmiers vinrent faire leur
visite et les emportèrent. J'eus un moment horreur de ma
position. On eut pitié de moi, on me laissa seul, et je repris

courage. On me fit avaler une potion cordiale, ce qui était jouer quitte ou double. Je finis par me bien trouver.

Après une courte convalescence, je repris assez de forces pour pouvoir quitter ce lieu de désolation, où les hommes mouraient comme des mouches. A l'entrée de l'hiver, nous nous trouvâmes quarante-cinq en état d'être évacués. Nous le fûmes encore par eau sur Bois-le-Duc, où se trouvait notre troisième bataillon, formant le dépôt du régiment. Nous passâmes devant Gorkum, Workum et Bommel. Le voyage et le changement d'air nous firent grand bien.

Après quelque jours de repos, nous reprîmes notre service, qui devint très-utile.

Les Français arrivèrent devant la place le 1er octobre et nous donnèrent du fil à retordre, en nous tenant jour et nuit sur pied. Les eaux étaient si basses qu'on ne put pas inonder les environs ni remplir les fossés au moyen des écluses. L'armée française se rapprocha de la place, l'investit et fit le siége, qui dura peu de temps. Je crois que la faiblesse du gouverneur, prince de Hesse-Philipthal, en fut la cause, car, le 10 du même mois, Bois-le-Duc se rendait par une capitulation honorable.

Le 7, cependant, une colonne, composée d'une partie de notre régiment et de la légion de Damas, formée d'émigrés français, avait opéré une sortie pour faire une reconnaissance et éloigner l'ennemi des fortifications. Nous parvînmes dans les ouvrages ennemis, d'où les Français se retirèrent avec une perte assez sensible. Mais, recevant un gros renfort surtout de cavalerie, ils refoulèrent à leur tour notre colonne dans la place. Nos blessés, dont je faisais partie, ne purent suivre le mouvement rétrograde et furent faits prisonniers par les hussards de la Liberté, presque tous Parisiens et vêtus de rouge. Blessé grièvement de deux coups de feu à la partie supérieure de la jambe gauche et terrassé par ces hussards, j'eus un instant pour envelopper mes plaies et arrêter le sang avec un mouchoir de poche blanc.

On nous transporta sur de mauvaises charrettes successivement à Breda, Anvers, Gand et Courtrai, sans trouver de
place pour nous dans les hôpitaux de ces villes. Enfin on nous
mena à Lille. Nous fîmes ainsi cinquante-deux lieues en neuf
jours sans être pansés, vivants de la charité des habitants et
presque mourants de faim et de froid.

L'hôpital militaire de Lille nous accueillit très-bien et il en
était temps. J'eus le bonheur de tomber entre les mains
d'un très-bon chirurgien, qui connaissait mon frère aîné, le
lieutenant de gendarmerie, dont il était l'ami intime. Il fut de
toute manière mon sauveur.

Mon premier pansement dura plus de deux heures. Le
mouchoir dont j'avais enveloppé ma jambe, le sang perdu,
la suppuration, avaient formé dans ces dix jours une croûte
dure et épaisse. Il fallut tout délayer, détacher morceau par
morceau et sonder la plaie. Le chirurgien me dit :

— Vous avez été maltraité.

Je lui témoignai la crainte de rester estropié.

— Non, me répondit-il, avec de la patience, j'espère vous
tirer d'affaire. Il faut du courage et de la confiance, et tout
ira pour le mieux.

Grande consolation ! Je ne parle pas de mes souffrances.
On peut s'en faire une idée.

Dans la première quinzaine, ce cher docteur me pansa
deux fois par jour, le matin et le soir. Voyant que mon état
s'était amélioré, et il me dit :

— Je suis content. Un pansement par jour suffira.

Au bout d'un mois, je pus me lever et faire quelques pas
avec des béquilles. L'espérance de redevenir ingambe me
rendit gai et content, jusqu'à l'arrivée d'un nouvel incident.

J'avais été fait prisonnier avec les émigrés de la légion de
Damas, je parlais leur langue, et que sais-je encore ? Bref,
on voulut me mettre avec eux dans la salle des détenus.
J'eus mille peines à prouver que j'étais du canton de Berne en
Suisse. Mon excellent docteur me fut d'un grand appui, car,

à mon insu, il écrivit à mon frère qui se trouvait établi et stationné à Maubeuge, et auquel son service ne permettait pas de venir me réclamer lui-même. Celui-ci écrivit au général, commandant à Lille, et lui expédia les pièces nécessaires pour prouver mon origine. Cette démarche fut une bonne recommandation pour moi, car l'on fusilla ces malheureux, pris les armes à la main.

Je gardai le lit du 17 octobre au 20 novembre, jour où je commençai à pouvoir me tenir debout à l'aide d'un infirmier. Mes forces revinrent lentement. Ce ne fut qu'au commencement de mars 1793 que je pus marcher seul avec des béquilles.

Dans le courant de mai, un encombrement de malades et de blessés fit diriger une partie des convalescents sur Valenciennes. Je ne fus pas fâché de ce changement, qui me rapprocha de mon frère. J'ai dû cette mutation à mon docteur, qui me fit porter sur la liste des évacués.

En quittant ce bienfaisant ami, je ne pus que le remercier de ses soins. Mon frère fit le reste.

Nous partimes au nombre de cinquante-cinq, et, en passant par Orchies et Saint-Amand, nous arrivâmes le 21 à notre destination. J'informai mon frère de mon changement. Etant absent pour affaire de service, il m'annonça de Liége qu'il viendrait me voir et qu'il écrivait par le même courrier au général commandant à Valenciennes, pour me recommander à sa bienveillance. Sa lettre produisit l'effet voulu et le général eut la bonté de venir me voir.

Vers le milieu de juillet, j'eus le grand plaisir d'embrasser mon frère, qui obtint du général de m'emmener avec lui à Maubeuge, où je trouvai ma belle-sœur, un neveu, une nièce, tous réjouis de me voir, de m'embrasser et de me serrer dans leurs bras. Ainsi que moi, c'était la première fois qu'ils avaient ce plaisir. Je me trouvais en famille, ce qui veut dire aussi bien que possible.

Dans le courant de septembre, je commençais à mieux

aller. Je pouvais marcher, quoiqu'avec peine, sans béquilles. Je pus les abandonner, et je me sentis fort heureux de ma position.

Mon frère et sa femme me conduisirent chez une dame Mauran, tante de ma belle-sœur, résidant à Givry, grand village ou espèce de bourg peu éloigné de Maubeuge et de Mons. Elle possédait un grand domaine et avait vingt-quatre chevaux pour son train et le labour, avec le bétail qui lui était nécessaire, et qui se trouve dans ces grandes fermes du Hainaut et de la Flandre. C'était enfin une veuve riche, de quarante-un ans, et sans enfants. Elle m'accueillit de la manière la plus amicale et me fit promettre de venir passer l'hiver chez elle avec M. Mauran, son cousin-germain, homme grand et robuste, dans la force de l'âge, et régisseur de cette vaste propriété. Mon frère, je ne sais dans quelle vue, m'engagea à agréer cette offre si obligeante.

Je m'y établis pour l'hiver à la fin d'octobre et j'y eus tout à souhait, c'est-à-dire que je fus traité et considéré comme un parent.

Le printemps de 1796 arriva. Son cousin m'avait attaché à sa personne par les prévenances et les soins qu'il avait pour moi. Quelque temps avant mon départ, il me parla souvent de sa cousine, disant qu'il l'aimait. Je dus croire qu'il désirait l'épouser. Un soir que j'étais seul avec madame Mauran, près de son feu de cheminée, je lui dis :

— Madame, vous avez une grande propriété. Nous sommes dans un temps de guerre et Dieu sait ce qui peut arriver. Vous êtes seule ; je crois que votre cousin vous conviendrait. Vous devriez partager votre fortune avec lui et vous unir ensemble.

— Monsieur, me répondit-elle, il n'y aurait que vous qui pourriez me décider à contracter un second mariage.

Je fus tellement stupéfait de cette réponse que je restai interdit et immobile. Dans ce moment encore où je trace ce souvenir, je lui dois des remerciements pour sa préférence, et, si j'ose m'en flatter, ma destinée le voulait aussi.

Cependant je quittai cette respectable dame, pénétré de la plus vive reconnaissance pour tous les bienfaits dont elle m'avait comblé, et qui sont restés gravés dans mon cœur. Avec les larmes aux yeux, elle fit des vœux pour mon voyage et mon avenir, et ce fut ainsi que nous nous séparâmes, non sans douleur.

Rentré à Maubeuge, je comptais de là rejoindre le régiment, mais je ne pus obtenir cette faveur et l'on me dirigea sur Bâle avec une feuille de route, les accessoires et mes émoluments de sous-officier.

Le 15 avril 1796, je prenais congé de mon bon frère et des siens, le cœur bien navré.

C'était le dernier adieu, car je ne les ai plus revus !

Je dus passer par Avesnes, La Capelle, Maubert-Fontaine, Mezières, Le Chêne-le-Populeux, Vouziers, Varennes, Verdun, Saint-Mihiel, Commercy, Vaucouleurs, Vézelise, Mirecourt, Epinal, Remiremont, Thann et Altkirch.

J'arrivai à Bâle, le 2 mai, sans accident et fort content de me voir en liberté, car j'avais voyagé comme prisonnier de guerre sur parole. Je me rendis à Berne, où j'appris que les régiments suisses au service de Hollande allaient être licenciés sous peu, et que je ne devais pas entreprendre un long et inutile voyage pour rejoindre le mien.

Cette prédiction n'était que trop vraie, car on les licencia dans le courant d'août.

Je finirai par donner une espèce d'esquisse de la formation de ces régiments et de cette Hollande, admirable par sa nature et sa position.

Le régiment de Gumoëns avait six officiers supérieurs : le colonel propriétaire étant général, il y avait un colonel-commandant et deux lieutenants-colonels.[1] Ces lieutenants-colonels

[1] Le colonel propriétaire était le général-major de Gumoëns ; le colonel commandant, M. Victor Steiger, d'Oron († 1822) ; les lieutenants-colonels, MM. de Graviseth († 1805), et les majors, MM. Fréd. de Watteville, de Könitz († 1858), et S.-L. de Watteville, de Payerne.

et le major de chaque bataillon avaient des compagnies, commandées comme celles des grenadiers, par des capitaines-
lieutenants, nommés au choix ou à l'ancienneté. Cela me fait
dire qu'il n'y avait proprement pas d'état-major. Des deux
bataillons, chacun avait six compagnies, sans compter celles
des grenadiers. Les hommes de tout grade faisaient partie de
ces six compagnies pour la solde, l'habillement et l'administration. Un lieutenant faisait dans le régiment les fonctions
de quartier-maitre-trésorier et d'officier d'habillement; les
deux adjudants avec rang d'enseigne ou de lieutenant en faisaient aussi partie et étaient pris dans leur effectif. Chaque
bataillon avait son lieutenant-colonel et son major et était
commandé par le premier.

Chaque compagnie comptait un capitaine propriétaire, un
capitaine-lieutenant, un lieutenant, un sous-lieutenant, un
enseigne, un secrétaire, un chirurgien, dix-neuf sergents,
caporaux et trabants, dix grenadiers, soixante-quatre fusiliers,
deux tambours et un fifre.

Le régiment sur pied de paix comptait donc six officiers
supérieurs et douze compagnies de cent sept hommes, les officiers compris, c'est-à-dire 1,284 hommes, en tout 1,290.

En temps de guerre, on augmentait d'un tiers la force des
compagnies en soldats, c'est-à-dire qu'on les portait à 150
hommes, tout compris. Le pied de guerre était donc de
1,890 hommes.

Nous avons dit que les compagnies avaient leur administration particulière et étaient tout à fait indépendantes, excepté pour la police, la discipline, la tenue et le service.
Elles entretenaient les différents grades de la compagnie de
grenadiers du bataillon, à laquelle elles fournissaient treize à
quatorze hommes et autant de bonnets à poil. Pour les para-
des, les exercices, les manœuvres, pour tous les rassemblements enfin, à part les appels et les inspections, les grenadiers, les tambours et les fifres se portaient à leur place de
bataille. De cette manière, le fond des compagnies sous les

armes était réduit à un cinquième, en prélevant les hommes employés aux différents services et ceux à l'hôpital et à l'infirmerie. Mais le cadre était fort et ne manquait ni d'officiers ni de sous-officiers.

La solde et l'habillement ne laissaient rien à désirer, l'administration et la discipline étaient sévères, paternelles et justes, la composition des hommes assez belle et bonne ; mais je trouvais la formation vicieuse sous différents rapports.

La Hollande a été fertile en bons militaires, tant dans l'armée de terre que dans la marine, qui ont rendu de grands services à cette puissance, tout en étant les plus mal payées, mais du reste bien entretenues, disciplinées et exercées à la prussienne.

Les Pays-Bas hollandais pouvaient avoir cent à cent dix lieues de long sur quatre-vingt de large ; on y trouvait les villes les plus rapprochées les unes des autres et les mieux fortifiées par la nature et leur position. L'air du pays était malsain, surtout en Zeelande. Mais il y a là un peuple qui, à force de soins, de patience, de travail et de courage cultive une terre jadis peu habitable ; un peuple qui, pauvre d'abord, s'est élevé dans ses marais, par son industrie et son commerce avec les différentes parties du globe, à un degré de splendeur et de richesse qu'on ne peut assez admirer. C'est faire son éloge, et il faut l'examiner pour pouvoir juger des résultats du génie, de la persévérance et du travail de l'homme.

C'est ce qui me fait dire : En Suisse, la simple et admirable nature fait tout ; en Hollande, on a devant soi le génie et l'œuvre brillante de l'homme.

Je reviens à mon histoire.

Mme Steinfelden, ma sœur aînée, se décida à aller habiter notre maison paternelle à Desseling. Je profitai du temps qui me restait jusqu'à l'époque du licenciement du régiment pour l'accompagner et voir ce qu'était devenue notre petite succession.

Partis à la fin de mai, nous arrivions le quatrième jour de notre voyage. Mais quel fut notre étonnement en trouvant tout dans le plus grand désordre. La petite propriété était entre les mains d'un tuteur jacobin et ivrogne, depuis plus de dix ans, pendant lesquels il n'avait fait faire aucune réparation à la maison. Un de ses parents, mauvais fermier, n'avait su qu'épuiser la terre sans lui donner d'engrais. Enfin le tout se trouvait dans un état pitoyable et avait perdu une grande partie de sa valeur.

Après avoir installé ma sœur sur notre petit domaine et pris avec elle les arrangements qui me concernaient, je revins en Suisse.

Dans ce voyage, je visitai la tombe de mon père, et, en passant à Pfalzbourg, j'eus le plaisir de voir ma respectable grand'mère maternelle. Agée de plus de 103 ans, elle jouissait encore de toutes ses facultés. Je passai avec elle trois jours le plus agréablement possible. J'eus le bonheur de lui procurer deux grands plaisirs : le premier, celui de me voir, et l'autre je le dus au hasard.

C'était le 25 août 1796, jour de la Saint-Louis, alors grand jour de fête et de divertissement en France. J'allai me promener hors de ville, et en rentrant je vis dans les fossés de la place qu'on tirait à la cible. J'y descendis et en m'approchant, j'aperçus un beau mouton blanc, chamarré de rubans et destiné au meilleur tireur. Le coup se payait cinq sous. Sans qu'on me connût, on m'offrit un fusil chargé. Je tirai trois coups dans la cible, les deux premiers dans le blanc mais pas loin du noir, le troisième atteignit le milieu du noir. Je donnai mes quinze sous et me retirai, sans penser au mouton et sans même en parler à ma grand'mère. En soupant, nous entendîmes des violons devant la porte de la maison, et en regardant par les croisées, nous aperçûmes le mouton qu'on amenait. Dans sa joie, ma grand'mère se jeta à mon cou et me donna un baiser. Je donnai six francs de pourboire et tout le monde fut content.

Le 26, je me remettais en route et j'arrivais le 28 au soir à Bâle. Je trouvai des chasseurs bernois et des compagnies d'autres cantons stationnés dans cette ville et ses environs et formant un petit corps d'observation chargé de faire respecter la neutralité de la Suisse par les Français et les Autrichiens, pendant le blocus et le siége de la tête du pont de Huningue.

Dans les milices bernoises.

On me proposa d'entrer dans les chasseurs comme sergent d'armes (instructeur), ce que j'acceptai avec plaisir pour être avec mes compatriotes bernois et partager leurs petites fatigues. Ce fut ainsi que je finis l'année 1796 et que je passai quatre mois de 1797, époque où nous rentrâmes dans nos foyers.

Je trouvai à Berne M. le major de Watteville,[1] mon capitaine, qui me reçut de la manière la plus amicale. Il me témoigna et me certifia sa satisfaction de ma conduite, puis me remit le montant de ma solde arriérée pour le temps de ma captivité en France.

M. le capitaine de chasseurs Daxelhofer partit pour les revues qui eurent lieu dans le courant de l'été et me prit avec lui comme sergent d'armes. Comme on s'attendait à une catastrophe, on s'occupa de l'instruction de la troupe et on l'envoya sur les différents points de la frontière pour l'opposer à l'invasion française.

Ainsi se termina la première partie de ma vie.

[1] M. Samuel Louis de Watteville, mort le 10 avril 1812.

DEUXIÈME PARTIE.

L'invasion française dans le canton de Berne.

Deux corps d'armée français entrèrent dans le canton de Berne, l'un par l'évêché et Bienne, sous les ordres du général Schauenbourg, l'autre, commandé par le général Brune, par Genève et le pays de Vaud.

Pour s'opposer aux entreprises de l'ennemi, on dirigea une partie des milices sur Büren, où il y avait un quartier-général et on les répartit sur les deux rives de l'Aar.[1]

Le 28 février, l'avant-garde du premier de ces corps français s'avance, prend position dans une forêt couvrant une montagne située entre l'Aar, Boujean, Orpund, Gottstadt et Lengnau. Elle se composait en partie de la légion noire, devenue 14e légère, levée pour l'expédition que le général Hoche devait faire en Irlande. Elle avait pour chef le brave colonel Muller, qui fut tué plus tard au Luziensteig.

Dans la nuit du 1er au 2 mars, quinze chasseurs de la compagnie Daxelhofer, stationnée à Lengnau, sont chargés de re-

---

[1] C'était la deuxième division, dite du Seeland, commandée par le quartier-maître-général de Graffenried, de Bümplitz.

connaître et d'observer la position de l'ennemi. Le cri de qui vive ! et un coup de fusil les arrêtent. Le poste français prend les armes, on échange plusieurs coups de fusil et les chasseurs rentrent à Lengnau. Comme chef du détachement , je rends compte de ma mission à mon capitaine.

Quelques heures après, les Français prennent les armes et commencent l'attaque.[1] Quoique surpris par des forces supérieures, la troupe cantonnée à Lengnau opère sa retraite en combattant avec assez d'ordre et en décimant l'ennemi par un feu bien nourri et bien dirigé. Je fais prisonnier un chef de bataillon qui avait reçu un coup de feu à la cuisse gauche et je veux l'envoyer à l'état-major, mais les chasseurs le tuent à coups de baïonnette.

Arrivés dans la plaine entre Granges et Bettlach, nous trouvons trois bataillons en bataille, bien déterminés à faire bonne contenance. Leur droite est appuyée à la montagne, la gauche sur l'Aar. On répartit les chasseurs sur les ailes.

Mais une colonne française, venant des environs de Moutier, force le poste avantageux de Saint-Joseph, situé sur la montagne au-dessus de notre ligne de bataille. Cette position est faiblement défendue.

Ce mouvement imprévu amène la retraite, qui s'opère sur la ville de Soleure, d'où l'on se replie par la porte de Berne sur Fraubrunnen. La plaine et les environs de ce village deviennent plus tard le théâtre d'une affaire assez sanglante où l'ennemi perd beaucoup de monde. De là, on se porte sur le Grauholz où s'engage une affaire moins sérieuse.

Les chasseurs de la compagnie Daxelhofer, chargés de couvrir la retraite sur Soleure, font l'arrière-garde et sont rejetés sur l'Aar. Passant cette rivière à un bac, ils se dirigent

[1] Lengnau fut défendu par la 9ᵉ colonne bernoise, commandée par le colonel de Werdt, et composée du bataillon d'élite Warstemberger du régiment de l'Oberland, de 2 compagnies du bataillon Büren, de la compagnie de chasseurs Daxelhofer et de 4 pièces de 4 et de 2, en tout 850 hommes.

par le Bucheggberg sur Fraubrunnen, le Grauholz et Berne. Dans cette journée du 2, ils ont trois morts et neuf blessés.

Réunis à Berne, ils sont envoyés à Laupen, où ils arrivent à la tombée de la nuit. Ils passent le pont et reçoivent de moi l'instruction de ne tirer que quand ils verront des lumières et en mirant sur elles. Cette instruction est observée pendant le combat qui s'engage aussitôt [1]. Elle tue et blesse beaucoup de monde à la colonne française, qui descendait la montagne et sortait du village de Bösingen pour attaquer Laupen et s'emparer de cette ville et de son passage. La retraite de cette colonne constate sa perte, qui est très-considérable. On entend battre la retraite, le rappel, aux champs, signe de ralliement pour changer de position, ce qui s'exécute, puisque cette colonne, réunie à une autre, se porte sur Neueneck.

A la suite d'un engagement assez vif, les Français emportent cette position, passent le pont et vont s'établir sur un plateau entre Neueneck et la forêt de la route de Berne [2].

Les chasseurs rentrent à Laupen et ont dans cette affaire deux morts et plusieurs hommes grièvement blessés. Le capitaine Daxelhofer [3] reçoit entre autres un coup de feu à travers la jambe gauche. Si les chasseurs n'ont pas eu plus de monde hors de combat, c'est que les Français tiraient trop haut, ce qui arrive souvent dans les opérations nocturnes, surtout à une descente.

Les chasseurs et une partie des troupes qui se trouvent à Laupen gagnent par la forêt la route de Berne, et, arrivés

[1] C'était le 4 qu'eut lieu cette affaire, où les Bernois furent commandés successivement par les colonels Louis et Frédéric de Watteville, chefs de cette division.

[2] Cette seconde affaire, commandée par le major de Watteville de Payerne, eut lieu à peu près en même temps que celle de Neueneck, le 5, entre deux et trois heures du matin. Bampon commandait les Français aux deux attaques de Laupen.

[3] M. Daxelhofer, d'Utzigen, plus tard lieutenant-colonel de milices, est mort le 8 avril 1852.

au point de jonction des deux routes, ils tournent à droite et aperçoivent deux védettes françaises, qui sont tuées [1].

On se déploie sur la droite et la gauche de la route de Berne à Fribourg et l'on s'avance en ayant la précaution de suivre la lisière de la forêt, de manière à masquer son mouvement et sa force. En laissant quelques hommes éparpillés sur la route, on marche précipitamment en avant en faisant un feu bien nourri sur le plateau situé entre Neueneck et la forêt. Les Français, qui s'y sont établis, sont chargés immédiatement et forcés de se retirer, d'abandonner position et bagages et de repasser le pont, en laissant une quantité de tués et de blessés sur le terrain qui descend sur Neueneck.

Les Français reviennent plusieurs fois à la charge pour reprendre leur position, surtout le 3e régiment de dragons et les 2e et 18e demi-brigades d'infanterie. Ils perdent beaucoup d'hommes et de chevaux, car au fur et à mesure qu'ils reparaissent, ils sont tués ou blessés. La brigade Pigeon, de la division Brune, est complétement battue et opère sa retraite sur Fribourg et les environs, en laissant sur le champ de bataille hommes, chevaux, bagages, caissons, munitions et douze pièces de différents calibres.

Malheureusement, au plus fort de la victoire, et au moment où nous allions marcher sur Fribourg, nous apprenons la reddition de la ville de Berne.

Cette fatale nouvelle déconcerte, décourage les troupes victorieuses et répand le désordre parmi elles; ce qui contribue beaucoup à notre défaite, c'est l'arrivée du 18e régiment de cavalerie, envoyé de Berne par le général Schauenbourg pour nous prendre à revers.

Nos troupes se dispersent et chacun regagne ses foyers par différents chemins.

Nos pertes en tués et blessés n'ont pas été bien considérables. J'ai reçu un coup de feu à travers la partie supé-

---

[1] Les Français attaquèrent Neueneck pour la seconde fois le 5 à, une heure du matin.

rieure du bras gauche, et j'ai été fait prisonnier pour être relâché le troisième jour, 7 mars.

Notre victoire, qui en était bien réellement une, a donc été inutile.

Nous y avons eu deux avantages, savoir la position, puis l'adresse de notre tir, sans oublier le dévouement de la troupe, qui était grand. Officiers et soldats ont fait leur devoir dans les différents combats, et l'ennemi lui-même a fait leur éloge. Les affaires de Lengnau, de Fraubrunnen, du Grauholz, de Laupen, de Neueneck, celles de la plaine d'Aarberg, où la légion romande du colonel de Rovéréa s'est distinguée, enfin un petit engagement entre Douanne et Bienne, tous ces faits d'armes, plus ou moins importants, méritent d'être cités pour la bravoure des troupes et leur dévouement à la cause de la patrie, et d'avoir une page dans l'histoire militaire suisse. Si ces braves, au lieu d'être abandonnés, avaient été soutenus comme ils devaient l'être, par une partie des leurs et le secours des autres cantons, ils auraient, de concert avec eux, fait des merveilles et sauvé le pays. Malheureusement tout le monde se retira, disant : « *Chacun défendra son chez soi*, ou pour mieux dire, *son canton.* » Mais cet abandon, cette désunion, cette division se propagèrent, nonseulement dans l'armée des confédérés, mais encore dans les différents gouvernements, dont les membres étaient en partie travaillés par des émissaires français et en partie animés par l'esprit de nouveauté. Les mots de : *Ote-toi de là que je m'y mette*, y étaient pour beaucoup.

Tout cela ne pouvait qu'amener la perte et la ruine de tous les Etats de la Suisse.

Et ils s'en ressentent encore.

Si les troupes chargées de la défense de Berne avaient été soutenues par celles des autres cantons, les vainqueurs de Neueneck se seraient portés sur Fribourg. Cette place reprise, il fallait former deux colonnes. L'une d'elles aurait poursuivi Brune sur le pays de Vaud, l'autre aurait descendu la rive gauche de la Sarine et longé l'Aar sur Aarberg, passé la Thielle, tourné à droite et marché sur Soleure pour prendre Schauenbourg à revers.

Telle était la vraie manœuvre et c'est là qu'était le salut du pays.

Mais il nous manquait l'ordre et l'union qui font la force d'une bonne armée, et surtout un chef unique, un dictateur avec pleins-pouvoirs et doué de l'énergie voulue en pareil cas pour conduire des masses aussi difficiles à manier que les milices de différents cantons, où chacun a son petit amour-propre de commandement. Il aurait aussi fallu une administration plus militaire pour le cas d'une longue campagne.

Mais la marche malheureusement suivie devait amener infailliblement un fâcheux résultat.

Du reste, si je parle des faits d'armes auxquels je n'ai pas assisté, je me suis conformé aux récits des officiers français présents à ceux dont ils m'ont souvent parlé, en faisant l'éloge de la bravoure des Suisses.

Dans la légion helvétique.

Après l'invasion des troupes françaises en Suisse, l'ordre des choses fut changé et un nouveau gouvernement établi. La Suisse prit le nom de République helvétique.

Ce gouvernement décréta la levée d'une légion dite helvétique,[1] organisée le 1er octobre 1798, et composée de huit compagnies d'infanterie de ligne, de quatre d'infanterie lé-

---

[1] D'après l'état de services de l'auteur, ce corps était au service de la France.

gère (chasseurs), d'un escadron de hussards et d'une compagnie d'artillerie. Les quatre plus anciens capitaines eurent
le commandement de leur arme.

Le chef de la légion était le colonel vaudois Debons, ayant
pour capitaines-majors M. de Graffenried, de Berne, et l'Argovien Mayenfisch. Les quatre capitaines de l'infanterie, des
chasseurs, des hussards et de l'artillerie, étaient MM. Grimm,
de Soleure, Knusert, d'Appenzell, Dolder, de Zurich, et
Prébois, de Besançon.

Chaque arme avait un adjudant-instructeur. Je fus celui
des chasseurs[1] et Hegi, de Zurich, celui de l'infanterie. J'ai
oublié les noms des deux autres.

Le grand et petit état-major de la légion se composaient
d'un colonel, de deux capitaines-majors, d'un capitaine-trésorier et quartier-maître, de deux porte-drapeaux et éten-
dard, de quatre adjudants, d'un chirurgien-major, d'un
aide-chirurgien, d'un vétérinaire, de neuf sapeurs dont un
sergent, d'un tambour-major, de deux tambours-maîtres,
d'un trompette-major, de quatre trompettes et de quatre
maîtres-ouvriers.

Plus tard, on nomma deux lieutenants-aide-majors pour
l'infanterie et les chasseurs.

Chacune des douze compagnies d'infanterie et de chasseurs
avait un capitaine, un 1er lieutenant, un 2e lieutenant, un
sous-lieutenant, un sergent-major, un sergent-fourrier, quatre
sergents, huit caporaux, deux tambours, cent et cinq fusiliers
ou chasseurs.

L'escadron de hussards avait le même nombre d'officiers,
un maréchal des logis chef, un maréchal des logis fourrier,
quatre maréchaux des logis, huit brigadiers, deux trompettes,
cent et cinq hussards.

La compagnie d'artillerie avait un capitaine en premier,
un en second, un 1er lieutenant, un 2e lieutenant, le reste

---

[1] A dater du 14 novembre 1798.

comme l'infanterie. La troupe se composait d'artificiers, d'ouvriers et de canonniers.

Quatorze compagnies à 125 hommes donnaient à la légion une force totale de 1,784 hommes, dont 34 d'état-major.

Pour la légion, on la forma à Berne et à Soleure. Elle quitta cette dernière ville pour se rendre en Thurgovie et sur la rive gauche du Rhin. De là, on la dirigea sur les environs de Frauenfeld, où elle eut l'occasion de se distinguer sous les ordres du brave et digne général Wäber[1], qui fut tué dans ce glorieux combat, où les Suisses conservèrent le champ de bataille et méritèrent les éloges des généraux français. Un monument, élevé sur l'emplacement du combat, rappelle encore ce fait d'armes[2].

La légion se distingua de nouveau au passage de la Limmat, le 25 septembre, jour où Zurich fut repris par les Français. Comme tête de la colonne qui franchit cette rivière, elle perdit assez de monde. Le lieutenant de grenadiers Thiévant, de l'Evêché de Bâle, fut tué sur le pont de bateaux. Arrivée sur le plateau de la rive droite, la légion prit sa revanche en faisant beaucoup de mal à l'ennemi, et fut citée à l'ordre du jour de l'armée par le général en chef Masséna.

Quelque temps après, on forma de cette légion trois bataillons, dont deux d'infanterie de ligne et un d'infanterie légère, et l'on augmenta de moitié les hussards et l'artillerie.

<hr>

Dans la cinquième demi-brigade helvétique.

Le 30 novembre 1798, une convention conclue entre les

---

[1] Il était de Bretiége, dans le canton de Berne.

[2] Il eut lieu le 25 mai.

républiques française et helvétique stipula que cette dernière fournirait 18,000 hommes de troupes auxiliaires à la première.

Ces troupes formèrent six demi-brigades, composées de trois bataillons chacune, le bataillon d'une compagnie de grenadiers et de huit du centre.

Chaque demi-brigade avait un chef dit de brigade, trois chefs de bataillon, trois adjudants-major, deux quartiers-maîtres-trésoriers, trois chirurgiens-majors, trois adjudants sous-officiers, un tambour-major, un caporal-tambour, huit musiciens dont un chef, trois maîtres tailleurs, trois maîtres cordonniers.

Chaque compagnie avait un capitaine, un lieutenant, un sous-lieutenant, un sergent-major, deux sergents, un caporal-fourrier, six caporaux, six appointés, cent-un fusiliers et deux tambours [1].

La force de la demi-brigade s'élevait à 2,930 hommes, dont 50 appartenant à son état-major.

Les officiers payeurs étaient pris dans les compagnies, un capitaine faisait les fonctions de grand-juge et les ministres et aumôniers n'étaient pas regardés comme nécessaires aux corps. Pour les drapeaux, il fallut les gagner.

Le colonel Debons demanda pour moi un emploi de lieutenant au gouvernement helvétique, qui me donna un brevet de capitaine dans la 5e demi-brigade [2]. Comme je désirais cependant rester dans la légion, le colonel recommanda fortement une nouvelle proposition, qui me valut un brevet de capitaine adjudant-major dans la même demi-brigade [3]. Mes chefs me conseillèrent alors d'accepter et je quittai les chasseurs avec regret. Je me rendis à Berne, où se formait mon nou-

[1] Les grenadiers avaient quatre caporaux et quatre appointés. Chaque demi-brigade helvétique compta plus tard 251 hommes de moins qu'une demi-brigade française.

[2] En date du 7 février 1799.

[3] En date du 18.

veau corps, à l'instruction duquel on m'employa immédiatement [1].

Les cadres de ces demi-brigades ont été complets. Mais les compagnies de fusiliers n'ont jamais dépassé la moitié de l'effectif voulu, c'est-à-dire le chiffre de cinquante hommes. Les plus fortes n'ont été que de 70-75 hommes, les officiers compris.

Pour en revenir à ma personne, je dois noter ici que, le 2 avril 1799, j'épousai, à Bümplitz, mademoiselle Anne-Catherine Relly, originaire de Baar, canton de Zug. J'eus d'elle trois enfants, dont une fille et un garçon moururent en bas âge, et l'aîné de mes fils à vingt et un ans, comme on le verra plus tard.

A peine formées, ces demi-brigades reçurent l'ordre de se rendre à la frontière, où on les répartit sur la rive gauche du Rhin. On cantonna la 5ᵉ de Zurzach à Kaiserstuhl, d'où on la dirigea sur Zurich, puis sur Bülach, Kloten, Dübendorf et Zumikon.

Elle prit une grande part aux affaires qui eurent lieu contre l'armée autrichienne dans les environs d'Ebmatingen, de Zollikon, Goldbach, au Burgholz et sur le Geissberg. Elle eut l'occasion de se distinguer dans les combats des 1, 2 et 3 juin, mais plus particulièrement dans celui du 4, où elle soutint trois assauts donnés par les grenadiers hongrois, formant la réserve, aux redoutes nᵒˢ 1 et 2 sur le Geissberg, au-dessus de Zurich. Les Autrichiens voulaient s'en emparer pour couper la retraite aux troupes françaises qui se trouvaient sur la ligne.

Plusieurs officiers se distinguèrent particulièrement dans cette mémorable journée. Ce fut entre 9 et 10 heures du soir que le combat fut le plus acharné, les attaques les plus impétueuses et la résistance la plus opiniâtre. Officiers, sous-offi-

---

[1] La demi-brigade avait pour chef M. Turlaz d'Orbe ; ses bataillons furent commandés par MM. Scheuchzer de Zurich, Gugger du canton du Sentis, remplacé par M. Bourcard de Bâle et M. Dufresne de Vevey. Les autres adjudants-majors étaient MM. Barthès et Klein.

ciers et soldats payèrent de leurs personnes et se couvrirent de gloire. Le lieutenant Manthe, de Nyon, ne discontinua pas d'aller et de venir pour munir de cartouches les défenseurs de la grande redoute n° 2, sous un feu croisé et une grêle de balles. Le lieutenant Müller, de Frutigen, posté entre les redoutes n°s 4 et 2, perdit une partie de son monde, tandis que l'autre se retira dans la redoute n° 1. Assailli par trois grenadiers hongrois et percé d'un coup de baïonnette, il arrache cette baïonnette de son corps et assomme celui qui lui a porté le coup. Mais les deux autres le saisissent. Fort comme un hercule, il lutte avec eux, les fait prisonniers et les amène avec leurs armes dans la redoute n° 2. Le sous-lieutenant Scheubli, du canton de Berne, occupait avec trente-cinq hommes un poste sur la gauche de la redoute n° 2. Il fait bonne contenance contre un bataillon autrichien, soutenu par une trentaine de cavaliers. Il maintient son poste, légèrement retranché, jusque vers les 9 heures du soir. Sauf neuf hommes, tout son monde est tué ou blessé.

On récompensa ces trois officiers, en promettant de l'avancement aux deux premiers, et en nommant M. Scheubli lieutenant. Le lieutenant Rey, de Lausanne, qui s'était aussi distingué dans toutes ces affaires, passa capitaine.

Ce fut moi qui commandai la défense de la redoute n° 2.

L'ordre du jour donné par le général en chef Masséna fit particuliérement mention de cette affaire. Il cita la bravoure et la bonne contenance des Suisses, surtout la belle action de la 5e demi-brigade dans la soirée du 4, et parla personnelle de l'adjudant-major Rösselet [1].

[1] Pendant cette action, qui fut très-vive, on cria : nous faisons feu sur nos camarades qui battent en retraite. L'auteur monta sur le parapet de cette redoute pour faire cesser le feu. Mais s'apercevant du contraire, il le fit redoubler et obligea l'ennemi de renoncer à son entreprise après avoir beaucoup souffert.

Masséna ayant envoyé un officier de son état-major prendre les noms de ceux qui s'étaient bien montrés dans cette affaire, M. Rösselet fut compris dans la liste des braves. (Certificat délivré à l'auteur par une partie des officiers et des sous-officiers de la demi-brigade.)

Cette brillante défense conserva le champ de bataille et donna ainsi le temps à l'armée de se remettre et de rendre par capitulation l'importante position et place de Zurich.

Le 5, l'armée resta en position sans combattre, et le 6, à 5 heures du matin, elle se mit en mouvement, opéra sa retraite sur Zurich, évacua cette ville et alla prendre position sur les hauteurs situées entre la Limmat et la Reuss.

De notre demi-brigade, les capitaines Fischer, Meyer, Klein et Chollet, les lieutenants Gioni, Bianchi et Challens, et les sous-lieutenants Müller, Zerboni et Prenleloup avaient été blessés, et le lieutenant Claret tué dans ces différents combats. La perte en sous-officiers et en soldats s'élevait à 697 blessés et tués, dont 295 furent faits prisonniers ou restèrent en arrière, et la majeure partie, appartenant aux cantons de la rive droite du lac et de la Limmat, rentrèrent chez eux. De 1170 hommes, les officiers compris, l'effectif du corps se trouva réduit à 473.

Se trouvant conséquemment hors d'état de faire un service actif et de figurer en première ligne, la demi-brigade reçut, le 29 juin, l'ordre de se rendre à Lausanne, par Baden, Lenzbourg, Berne, Fribourg, Payerne et Moudon. Un bataillon fut détaché à Yverdon. Nous reçûmes des recrues et l'on s'occupa de l'instruction et de la réorganisation du corps.

Cependant, le 1ᵉʳ octobre, 300 hommes de la 2ᵉ demi-brigade helvétique furent chargés de défendre le pont de la Linth à Näfels, dans le canton de Glaris. Une division de 10,000 Russes voulut s'emparer de ce poste et de ce passage important. Trois attaques impétueuses échouèrent contre une résistance opiniâtre. L'ennemi fut obligé de renoncer à son entreprise après avoir eu beaucoup de morts et de blessés. Le brave capitaine de grenadiers Zingg et plusieurs officiers furent blessés, le premier grièvement, les autres plus légèrement. Le bataillon y perdit 97 hommes tués et blessés. L'ordre du jour du général Molitor fit l'éloge de la bravoure des Suisses

et du capitaine Zingg, qui tomba comme chef de bataillon à
la Bérésina en 1812.

Au mois de novembre, nous quittâmes Lausanne et Yverdon pour gagner les environs de Bâle, en passant par Moudon,
Payerne, Morat, Arberg, Büren, Soleure et Olten. On nous
cantonna dans les environs de Liestal.

En janvier 1800, on nous dirigea sur Huningue, où les
six demi-brigades furent dissoutes et réduites à trois. On fondit la 1re avec la 6e, la 2e avec la 4e, la 3e avec la 5e et l'on
renvoya dans leurs foyers les officiers devenus surnuméraires [1].

Dans la troisième demi-brigade helvétique.

La 1re demi-brigade fut envoyée à Mayence, la 2e à Landau, la 3e, c'est-à-dire la nôtre, à Strasbourg et à Kehl [2].
Au mois de mars 1801, nous en partîmes pour Liestal,
Lauffen et Sissach, où nous restâmes cantonnés jusqu'à la
fin de mai, époque où l'on nous dirigea sur Zurich. A la fin
de septembre, nous marchâmes sur Lausanne, d'où l'on détacha un bataillon à Nyon.

Le 20 novembre, la demi-brigade, commandée par son
brave chef Raguettli, reçut l'ordre de marcher sur Toulon et
se mit le 25 en route par Genève, Annecy, Chambéry, Voiron,
Saint-Marcellin, Avignon, Orgon, Aix, Roquevaire et Au-
bagne.

A la fin de décembre, on nous envoya à Bastia, dans l'île
de Corse.

---

[1] Cette réorganisation eut lieu le 29 de ce mois.

[2] Les chefs de la demi-brigade furent successivement MM. Turtaz d'Orbe,
Zwicki de Mollis et Raguettli de Flims. Ceux de bataillon : MM. Dufresne
de Vevey, Bourcard de Bâle, Lippe (Allemand) et Abyberg de Schwytz. Les
capitaines adjudants-majors étaient les mêmes qu'à la cinquième demi-brigade.

Le 2 janvier 1802, nous sommes embarqués sur la frégate l'*Hirondelle* de quarante-quatre canons et sur la corvette l'*Abeille* de vingt-quatre. Le 24, nous arrivons à la hauteur de Saint-Florent, d'où une tempête accompagnée d'une pluie, d'une grêle et d'un vent horribles, nous repousse jusqu'à celle de l'île de Minorque. Nous sommes obligés d'amarrer les canons, nous perdons une partie de notre voilure déchirée par des coups de vent, le mât de beaupré est cassé. Enfin, après quarante-huit heures de ballottement et de roulis, le temps se calme et nous ramène aux îles d'Hyères, où nous passons huit jours à nous refaire et à attendre un vent favorable.

C'est seulement après quinze jours d'une pénible navigation que nous nous retrouvons de nuit dans le golfe de Saint-Florent. Comme adjudant-major, je suis obligé de débarquer par un ouragan épouvantable afin de prévenir les autorités que le lendemain la demi-brigade débarquera et pour commander le pain et les vivres pour la troupe. Ainsi que les marins qui m'accompagnaient, je manque deux fois périr, englouti par deux lames qui nous couvrent. A force de peines et de secours, nous atteignons heureusement la terre.

Pendant la nuit, la mer devient calme ; le 17, le débarquement s'opère sans accident et le 18 nous nous mettons en route pour Bastia, notre destination.

Nous y trouvons la 23ᵉ demi-brigade d'infanterie légère dans un dénuement affreux en habits, linge et chaussures. Ses vêtements sont si rapiécés qu'on n'en distingue plus la couleur. C'est d'un mauvais augure pour nous, que de longues routes ont mis dans un état pitoyable. Nous manquons de solde, surtout de souliers, de tout enfin.

La troupe est immédiatement casernée et chaque homme reçoit pour toute fourniture une botte de paille. Il n'y a ni matelas, ni couverture, encore moins de draps de lit. Le soldat est obligé de se couvrir avec sa vieille capote. Pour toute subsistance, il reçoit une ration de mauvais pain de munition d'une livre et demie, et vingt centimes par jour.

supplément provenant de contributions levées par les auto-
torités sur les habitants.

Le 1er mars, nous partons pour Corte, Bocognano, Ajaccio,
Sartène et Bonifaccio. Nous y avons un service actif et très-
pénible, battant constamment les montagnes et les ravins,
vrais coupe-gorges, à la poursuite des révoltés. Il faut être
jour et nuit sur ses gardes. Nous passons ainsi quatorze mois
sans solde, avec des vêtements usés, pour ainsi dire sans
chemises et sans souliers, courant l'hiver dans des plaines,
des montagnes, des ravins, sortant des neiges pour tomber
dans la fange jusqu'à la cheville du pied, si bien que des
soldats ont les pieds gelés. L'été, on parcourt les bruyères
ou les eaux stagnantes sous un soleil ardent qui empeste l'air,
puis engendre des maladies contagieuses qui emportent eu
peu de temps beaucoup d'hommes, et souvent les plus robustes.

Telle est notre désastreuse position.

Pour maintenir cependant en ordre autant que possible les
guenilles qui représentent notre habillement, notre armement
et notre équipement, on fait de fréquentes inspections. Comme
il est bon d'avoir en tout temps des farceurs, nous en avons
qui se noircissent les pieds pour paraître plus propres. La
femme du soldat, c'est-à-dire son fusil, son équipement et
ses cartouches, sont toujours dans le meilleur ordre. Pour
monter la garde dans les villes, les hommes se prêtent les
habits ou les sarreaux de coutil gris qui étaient le vêtement
de la plus grande partie de la troupe.

A Saint-Domingue, on avait fait prisonniers, sur l'armée
de Christophe et de Toussaint-Louverture, 12–1300 mulâtres, forts et beaux hommes, qui arrivent à Bastia. Le général de division comte Morand, gouverneur des iles de Corse,
d'Elbe, de Capraja et de Pianosa, les fait organiser par escouades, subdivisions, divisions et compagnies. Il en donne
le commandement à des officiers réformés, les uns Corses,
les autres Français établis dans le pays, dont le récit suivant

fera connaître la moralité. Ces prisonniers sont employés à la réparation des routes, particulièrement de celle qui traverse presque toute l'île, d'Ajaccio à Bastia. Le plus grand nombre de ces malheureux périssent de fatigue, de misère, de maladie et faute d'une bonne administration.

En 1802, le gouverneur reçoit donc du ministre de la guerre l'ordre de les réunir à Bastia pour faire passer en France les 5-600 qui en restent encore. Il doit les faire solder, équiper, c'est-à-dire, les pourvoir des choses les plus nécessaires, comme souliers et chemises, et autant que possible de capotes. Le général Morand l'ordonne au conseil d'administration, composé des officiers en question.

Le chef de brigade Raguettli demande au général l'autorisation de choisir treize de ces prisonniers pour sapeurs de notre demi-brigade. Il l'obtient et fait un bon et beau choix, en prenant des hommes qui ont tous cinq pieds huit à neuf pouces.

Par ces mulâtres, on découvre que leurs camarades, embarqués sur les bâtiments déjà prêts à mettre à la voile pour la France, n'ont en partie pas reçu leur solde complète, ni les objets qui leur sont dûs.

Le général en est informé et ordonne au chef Raguettli de nommer une commission composée de ma personne, du capitaine Matthys,[1] et du lieutenant de Flue.[2] Elle est chargée de se rendre à bord des bâtiments pour entendre les réclamations et en faire un rapport détaillé.

La commission trouve les plaintes fondées et je remets en son nom une relation consciencieuse que le chef Raguettli transmet au général.

Ce dernier fait faire des recherches. On trouve chez le quartier-maître les sommes nécessaires au paiement des réclamants, et les effets dans le magasin du conseil d'administration qui était chargé de les distribuer et qui, selon toute pro-

[1] De Kirchdorf, canton de Berne.
[2] Albert, de Saxelen.

habilité, voulait s'approprier cet argent et ces effets. Le général ordonne de faire immédiatement droit aux réclamations des mulâtres et il est obéi sur-le-champ.

Le soir même, entre sept et huit heures, je me trouve, par hasard, au café du port avec des officiers de notre demi-brigade. Le capitaine commandant, le quartier maître et le lieutenant d'habillement chargés de l'administration des mulâtres, entrent au café. Ils demandent chacun un verre d'eau-de-vie, puis ils se mettent à insulter les officiers suisses.

Je m'approche d'eux, et je leur dis :

— Doucement, messieurs, ce n'est pas de cette manière qu'on traite un brave corps d'officiers.

Le premier me répond :

— C'est justement à toi que j'en veux le plus particulièrement. Sors et rends-moi raison tout de suite.

Je lui répliquai :

— Il est nuit, demain matin à huit heures, je serai à vous avec deux témoins, puisque vous êtes à trois.

Le lendemain, à l'heure indiquée, nous nous trouvons tous les six au café, d'où nous nous rendons à la promenade des Oliviers. Sur le terrain, le lieutenant de Flue, fort bonne lame, dit :

— L'adjudant-major est marié, c'est moi qui me battrai pour lui.

Le capitaine commandant, qui était un maître d'escrime, répond :

— Je vais commencer par lui. Ton tour viendra.

Je prends de mon côté la parole en lui disant :

— Pas tant de choses. Voyons.

J'ôte mon habit, tire mon sabre, et le plante en terre devant moi.

Mon adversaire reprend :

— Les armes ne sont pas égales. Voilà deux sabres, choisissez.

Je prends le sien. Nous nous mettons en garde. Il me fait une feinte, une, deux, pour fondre sur ma gauche. Je l'arrête d'un coup droit, et lui plonge son propre sabre au travers du corps, puis je lui dis :

— Vous êtes blessé.

Je veux déposer mon arme. Mais il a encore la force de fondre sur moi. Il me porte un coup. Je puis m'effacer et me remettre en garde, mais il m'atteint légèrement au bras gauche. Je lui porte un second coup droit au travers du corps, et il tombe roide mort.

Ce duel causa une grande rumeur dans la ville. L'individu était Corse et marié.

Le quartier-maître et le lieutenant d'habillement furent arrêtés par ordre du général, qui les fit passer en France, sous bonne escorte par les bâtiments même qui transportaient les mulâtres. On les traduisit devant un conseil de guerre siégeant à Marseille.

Le général Morand, craignant pour moi la vendetta corse, m'envoya à Toulon, prendre le commandement du dépôt de la demi-brigade, alors entre les mains du capitaine Daniélis.

Le 30 janvier 1803, la demi-brigade reçoit du tricot et du drap blanc croisé, à peu près pour la moitié de la troupe, mais ni boutons, ni doublure, ni argent pour confectionner l'habillement. Malgré cette fâcheuse position, j'aime à rendre à notre bonne troupe la justice qu'elle a méritée, en persévérant dans le devoir et dans l'observation de cette discipline qui la lie à ses drapeaux et à ses officiers, et qui est la première base de l'état militaire.

La position des officiers était pour le moins aussi pénible que celle des soldats. La vue du mal avec l'impossibilité d'y porter remède, était un crève-cœur pour eux. Aussi les soldats savaient leur rendre justice ; ils les aimaient et les respectaient ; ils ne les ont jamais abandonnés, ils les ont toujours servis avec le plus grand empressement et ont souvent partagé leurs vivres avec eux. Les officiers étaient alors dans une pénurie incroyable. Le général Morand vint à leur secours en leur faisant délivrer par les munitionnaires deux rations de pain par jour, au prix stipulé dans le contrat de ces derniers avec le gouvernement. Dans la suite, on en retint le montant sur nos appointements. Le pain était très-cher à cette époque, trois livres de celui de munition valaient un franc vingt-cinq centimes.

Tout-à-coup la demi-brigade reçut l'ordre de compléter le premier bataillon avec les hommes les plus forts et les plus robustes, pour en porter l'effectif à 840 hommes, les officiers compris. Bien que ce beau et bon bataillon fût destiné à Saint-Domingue, tous voulurent partir pour sortir de leur état de misère. Le chef Ragnettli protesta de son mieux et avec toute la chaleur possible contre cet ordre arbitraire et la violation de la capitulation. On lui répondit :

— Commencez par obéir, vous ferez vos réclamations après.

Le bataillon partit de Corte pour Ajaccio, point de réunion et de départ. Son chef Abyberg se trouvait, fort heureusement pour lui-même, en permission à Schwytz. On lui écrivit de rejoindre le corps le plus promptement possible, pour partir avec son bataillon. Mais il arriva trop tard. Le capitaine Wipf, de Schaffhausen, comme le plus ancien, prit le commandement du bataillon[1]. Un adjudant fut chargé des fonctions de porte-drapeau.

Le 1ᵉʳ février, le bataillon arrivait à sa destination. Le 2, on le passait en revue, on l'habillait le mieux qu'on put, on lui donnait un à-compte de l'arriéré, les fonds ne suffisant pas pour le payer entièrement. Le 4 au matin, l'embarquement s'opérait et, le 5, le *Formidable*[2], vaisseau de septante-quatre canons, qui l'avait reçu à bord, mettait à la voile par un vent favorable.

---

[1] Il est mort de maladie à Saint-Domingue.

[2] Une correspondance officielle appelle le vaisseau le *Redoutable*.

Cette troupe croyait trouver mieux en changeant d'hémisphère.

Elle se trompait.

Des 840 officiers, sous-officiers et soldats de ce bataillon, sept rentrèrent en Europe et quatre au corps. Le lieutenant Wuillemin[1] et les sous-lieutenants Cloux[2] et Ruetz[3] passèrent dans la 5me demi-brigade légère française, le premier comme capitaine, les deux autres comme lieutenants. Le sergent-fourrier Vanier, un grenadier et deux fusiliers rentrèrent au corps. Le premier fut immédiatement nommé sous-lieutenant, les trois derniers passèrent sous-officiers. Tout le reste périt par les fatigues, les maladies et les armes.

Environ cent hommes et quelques officiers, dont le capitaine Gatschet[4], de Berne, furent faits prisonniers et embarqués sur un vaisseau qui devait les transporter en Europe. Malheureusement, ce vaisseau fit naufrage et tous périrent.

Le 20 mai, le bataillon Müller arriva à Ajaccio. C'était un des trois bataillons helvétiques partis de Berne, le 25 mars, pour Auxonne et passés au service de France. A leur licenciement, opéré le 18 avril, des trois bataillons on en avait formé deux, dont l'un, commandé par M. Clavel de Brenles, fut dirigé sur l'Italie et incorporé dans la 2e demi-brigade. L'autre, celui de M. Müller, partit pour Marseille et de là pour la Corse, afin de remplacer le bataillon envoyé à Saint-Domingue. On le compléta et lui assigna pour garnison Porto-Ferrajo, dans l'île d'Elbe, où il resta jusqu'en 1807.

Au commencement de 1804, nous fûmes tirés de notre

---

[1] Il était d'Yverdon et débarqua à Bordeaux le 26 septembre 1804 avec les débris de la cinquième légère.

[2] Le sous-lieutenant de grenadiers Cloux de l'Isle (Vaud), échappa du naufrage du *Sans-Pareil*, après avoir été retenu prisonnier par les Anglais à la Jamaïque.

[3] Ruetz fut aussi retenu à la Jamaïque.

[4] Une autre version le fait mourir à la suite d'un combat.

misère et il en était temps. On nous donna notre habillement et l'on nous paya l'arriéré de la solde.

Ce changement fit un effet remarquable. Au bout de trois mois, c'est-à-dire, en mars, la demi-brigade n'était plus reconnaissable. Tout avait changé en bien, de manière que nous étions devenus un des plus beaux corps. On pourra facilement juger de notre bonheur.

Pour la 1re demi-brigade, elle avait fait, en 1803, partie du camp de Boulogne. Lorsqu'il avait été question d'opérer la descente en Angleterre, elle fournit des détachements plus ou moins forts sur les chaloupes canonnières et les bâtiments légers de la flotte. Ils eurent des affaires même assez sérieuses contre les Anglais.

Dans un de ces combats, le lieutenant Jeoffrey[1] eut l'occasion de se distinguer, par sa valeur, avec trente-cinq hommes dans un abordage. Un ordre du jour des armées de terre et de mer fit l'éloge de ces braves et l'on demanda la croix de la Légion-d'Honneur pour l'officier.

Au commencement de 1805, la même demi-brigade fournit 240 grenadiers, commandés par les capitaines Meyer et Techtermann. Ces deux belles compagnies d'élite furent embarquées comme troupes de garnison et de débarquement sur deux vaisseaux, à 120 hommes et un capitaine chacun[2]. Ces bâtiments faisaient partie de l'escadre de l'amiral Villeneuve, qui navigua pendant plusieurs mois dans les mers de l'Afrique, de l'Amérique et des Indes-Occidentales. On fit dans ces courses plusieurs prises, dont chacun obtint par la suite sa quote-part. Cette navigation finit par la bataille de

[1] Retiré du 1er régiment suisse en 1815, il a commandé la gendarmerie vaudoise de 1817 à 1819 et est mort le 16 mai 1836 à Corsier-sur-Lutry.

[2] Le 23 avril, le capitaine Donats fut embarqué avec 470 hommes, dont quatorze officiers et la compagnie de grenadiers Techtermann, sur le vaisseau de guerre l'*Algésiras* de 74, monté par le contre-amiral Magon. On en détacha deux officiers et quarante hommes à bord de l'*Achille*, également de 74 canons. Le 29, ces bâtiments mirent à la voile et quittèrent la rade d'Aix. M. Techtermann est mort en France, le 24 juillet 1821.

Trafalgar, livrée le 21 octobre 1805, où la flotte française
et espagnole perdit dix-huit vaisseaux, dont un sauta.

Cette victoire coûta cher aux Anglais, car les deux es-
cadres furent presque détruites et perdirent beaucoup de
monde. Le vaisseau français monté par la compagnie Techtermann fut pris par les Anglais et repris par les Français,
qui, faits prisonniers, se révoltèrent, firent à leur tour
l'équipage anglais prisonnier et obligèrent surtout le pilote
anglais de conduire le vaisseau à Cadix, où ils débarquèrent
avec leurs prisonniers[1].

Le vaisseau sur lequel se trouvait la compagnie Meyer
avait été pris et conduit en Angleterre, où elle resta prisonnière jusqu'à la paix[2], époque où Meyer débarqua à Saint-
Malo et y mourut d'une fièvre maligne.

Au premier régiment suisse.

Le 4 juillet 1805, les trois demi-brigades helvétiques
furent dissoutes et formèrent le 1er régiment suisse. La troisième composa les 1er et 2me bataillons et eut l'avantage de
conserver son brave chef, nommé colonel du régiment. La
première demi-brigade devint le 3me bataillon et la seconde
le 4me.

Les trois premiers bataillons étaient, le 1er en Corse, le
2me à l'île d'Elbe, le 3me à Rochefort. Le 4me se trouvait
alors à Gênes et faisait plus tard partie du corps d'armée du
général Saint-Cyr et de la division Reynier[3].

[1] Le détachement Donats se trouvait réduit à 180 hommes.

[2] J. Meyer, de Lucerne, fut pris avec la *Didon*, le 12 novembre.

[3] Le général Reynier était lui-même Suisse et natif de Lausanne. Il est
mort à Paris, le 27 février 1814.

M. Réal de Chapelle était colonel en second, M. Abyberg, major du régiment. MM. Dufresne, de Vevey, Müller, de Saint-Gall, Scheuchzer, de Zurich, Clavel, de Lausanne, commandaient alors le 1er, le 2me, le 3me et le 4me bataillon. Ce dernier avait rang de colonel.

Plus tard [1], à la formation des voltigeurs, je passai à la 1re compagnie de cette arme, comme le plus ancien capitaine des quatre compagnies du régiment.

Le régiment avait donc huit compagnies d'élite, vingt-huit du centre, enfin une compagnie d'artillerie forte de soixante-huit hommes [2] avec les officiers, détachée à Cherbourg, primitivement artillerie helvétique, ayant son administration distincte, et commandée par le capitaine en premier Burnand, originaire de Moudon, le capitaine en second Fehr, de Saint-Gall, le 1er lieutenant Göldlin, de Lucerne, le 2me lieutenant Michaud, de Signy (canton de Vaud).

Le régiment avait quatre adjudants-majors, un capitaine-quartier-maître-trésorier, trois adjoints, dont un capitaine, un juge, quatre porte-drapeaux, un aumônier, un ministre, quatre chirurgiens, dont un de 1re classe, quatre adjudants, un tambour-major et quatre caporaux-tambours, dix-sept sapeurs dont un sous-officier [3], treize musiciens dont un chef, quatre prévôts, quatre maîtres-ouvriers.

Chacune des trente-six compagnies d'élite et du centre avait un capitaine, un lieutenant, un lieutenant en second, un sous-lieutenant, un sergent-major, un fourrier, quatre sergents, huit caporaux, septante-deux grenadiers ou quatre-vingt-douze fusiliers et deux tambours.

La force totale du régiment était de 4,204 hommes.

Par suite de la formation du corps, la plus grande partie des officiers se trouvèrent sans emploi. Tous les surnuméraires se retirèrent dans leurs foyers, les uns avec la retraite,

[1] En 1807.
[2] D'après la capitulation.
[3] Les sapeurs n'étaient pas stipulés dans la capitulation de 1803.

les autres avec le traitement de réforme. Les plus jeunes, qui n'avaient que deux ou trois ans de service, étaient des sous-lieutenants, dont la plupart furent replacés dans les trois autres régiments suisses qu'on forma en 1806 et 1807.

Lors du licenciement des régiments suisses au service de Sardaigne, une décision du gouvernement helvétique, datée du 24 novembre 1798, en avait formé deux légions helvétiques au service de la république française. Les débris de ces douze bataillons se trouvèrent aussi incorporés dans le 1er régiment suisse[1].

Ainsi trente-trois bataillons furent amalgamés dans ce régiment, après avoir tous fait la guerre.

Ces fréquentes mutations ont été très-préjudiciables à l'avancement de bons et anciens officiers et nuisibles à l'émulation nécessaire à une troupe bien composée.

Le 24 novembre suivant, le 4me bataillon prit part au combat de Castelfranco contre le corps du prince de Rohan. La division Reynier, forte de 7,000 hommes et de 1,200 chevaux, s'y conduisit avec bravoure et intelligence, y fit 2,500 prisonniers et battit complètement le prince, qui fut pris lui-même, ainsi que trois colonels et nombre d'officiers, 6,000 hommes d'infanterie, 1,000 de cavalerie; douze pièces de canon, sept drapeaux, la caisse militaire et beaucoup de bagages tombèrent aussi entre les mains des vainqueurs. Il y eut de part et d'autre un grand nombre de morts et de blessés. Le bataillon Clavel se fit remarquer à cette occasion par sa bonne contenance, l'intrépidité de ses attaques et la justesse de son tir, qui fit beaucoup de mal à l'ennemi, de l'aveu des deux armées et à la louange des Suisses. La nature du pays contribua beaucoup au succès des Français, car le terrain coupé et environné de très-fortes haies empêcha la cavalerie autrichienne de donner et fit perdre la bataille aux impériaux. Le bataillon eut aussi des morts et des

---

[1] A la fin de 1800, ils avaient été préalablement fondus dans la troisième demi-brigade helvétique à Strasbourg.

blessés. Parmi ces derniers, les lieutenants Freudenberger et Von Gonten[1] le furent assez grièvement.

Pour la division Reynier, elle quitta les environs de Venise pour rentrer dans le royaume de Naples, d'où elle était sortie à la fin d'octobre. Elle arriva à Naples et rencontra les Napolitains à Campotenese. Cette armée, forte d'environ 11,000 hommes, était commandée par le prince héréditaire. L'affaire fut assez chaude, mais courte, quoique Reynier n'eût que 7–8,000 hommes. C'était le 9 mars 1806. Les Napolitains abandonnèrent une partie de leur artillerie, et 2,000 des leurs furent pris dans cette action, qui eut lieu par le temps le plus affreux et finit à la nuit tombante. Le bataillon Clavel bivouaqua dans cette formidable position que l'ennemi n'avait pas su défendre. Pour garder les prisonniers, il passa la nuit sur le champ de bataille, dans la neige jusqu'à mi-jambe, par une tourmente horrible, accompagnée de grêle et de pluie.

Le reste de l'armée ennemie fut poursuivi jusqu'à Reggio, où il s'embarqua pour la Sicile. Pendant cette retraite, l'avant-garde française eut journellement des combats partiels avec l'arrière-garde napolitaine. Dans la dernière affaire, qui s'engagea à Mileto, l'ennemi eut des morts, des blessés et une centaine de prisonniers. Il avait perdu de Naples à Reggio 6–7,000 hommes.

Après l'occupation de Naples, on avait mis sous les ordres de Reynier un petit corps d'armée qui fut disséminé dans la Calabre ultérieure jusqu'à la fin de juin, où une partie se rassembla dans les environs de Sant'-Eufemia et de Maida. C'étaient trois brigades, d'à peu près 5000 hommes[2] en tout, avec quatre bouches à feu, dont deux de quatre et deux obusiers.

[1] L'un de Berne, l'autre de Sigriswyl, dans le même canton.

[2] Des documents officiels portent sa force à 7,300 hommes. Les Anglais comptaient 4,670 baïonnettes.

Les Anglais se préparaient à faire une expédition dans cette province.

En effet, le 30 juin et le 1ᵉʳ juillet, le général Stuart, commandant les troupes anglaises en Sicile, se présenta avec une escadre, composée de vaisseaux de guerre, de chaloupes canonnières et de bâtiments légers, dans le golfe de Sant'-Eufemia et débarqua ses troupes entre le village de ce nom et le Pizzo.

Le général Reynier, au lieu de livrer bataille, aurait dû tenir les Anglais quelque temps dans cette grande plaine de bruyères et de marais empestés par le mauvais air. Mais il était persuadé qu'il battrait son adversaire.

Les Anglais prirent position, creusèrent des fossés, élevèrent des redoutes masquées, et exécutèrent ces travaux de nuit, sans que les Français pussent s'en apercevoir.

Reynier disposa ses troupes de la manière suivante :

Le général de brigade Compère forma la brigade de gauche avec le 42ᵉ de ligne et le 1ᵉʳ léger; le général Digonnet celle de droite avec le 23ᵉ léger.

Lui-même avait au centre le bataillon Clavel et 1500 Polonais, le tout commandé par le général Peyri.

Du 9ᵉ chasseurs à cheval un demi-escadron était placé sur chaque aile, deux escadrons au centre, et l'artillerie était placée en réserve prête à se porter sur les points où elle pourrait agir.

Reynier n'avait pu dégarnir l'intérieur des Calabres, prêtes à se soulever.

Le 4 juillet au matin, la brigade Compère avait ordre de se porter de la droite à la gauche de la ligne et sur la gauche de l'armée anglaise et de ne commencer son attaque qu'à un signal donné par Reynier au centre de la ligne de bataille. La brigade Digonnet avait un grand détour à faire pour prendre l'ennemi à revers pendant le combat, opération qui demandait deux à trois heures de marche.

Le général Compère s'impatienta, ou ce qui est plus probable, voulut avoir seul avec sa brigade l'honneur de la journée et surtout de la victoire. Sans attendre le signal, il s'avance, l'arme au bras, sur la ligne, sans savoir que les Anglais ont des batteries masquées qui le laissent arriver jusqu'à leur portée. La brigade est accueillie par une décharge à mitraille et une vive fusillade de l'infanterie, à couvert dans les fossés. Elle est surprise et déconcertée par ce feu inattendu et très-violent qui lui fait perdre la plus grande partie de son monde, avant d'avoir eu le temps de se mettre en état de défense. Elle est obligée d'opérer sa retraite, laissant ses morts et une partie de ses blessés sur le champ de bataille. Le général Compère perd un bras en opérant son mouvement, qui cause la perte de la bataille. Car le centre, sous Reynier, a à soutenir seul le choc qui est très-meurtrier. Les Suisses, dont un régiment figurait aussi dans les rangs anglais [1], se disputent l'honneur des armes. Trois fois la retraite est ordonnée, avant de pouvoir s'opérer.

La brigade Digonnet arrive après l'action et ne peut donc y prendre part.

Les Anglais restent maîtres du champ de bataille, et les Français perdent 1300 hommes blessés et tués. Parmi les 2,770 prisonniers se trouvent les blessés qu'on n'avait pu enlever. Le bataillon Clavel perd deux officiers, le second lieutenant Gessner [2] qui fut tué, le lieutenant Freudenberger, qui mourut de ses blessures, le 30 du mois, puis trente sous-officiers et soldats ; le chef de bataillon Clavel [3], le capitaine Snell [4] et cinquante-deux sous-officiers et soldats étaient

[1] Six compagnies du régiment de Watteville, dont celle de chasseurs, qui fut seule engagée ; les quatre restantes furent détachées à la tour de Sant'-Eufemia, pour la sûreté des vaisseaux.

[2] De Zurich.

[3] Mort à Naples le 23 juillet 1808. Il était de Lausanne.

[4] Mort en retraite à Romainmôtiers, en 1824. Il était de Zoffingue et bourgeois de Nyon.

presque tous mortellement blessés ; cinquante-cinq sous-officiers et soldats, presque tous blessés, étaient prisonniers.

La critique voulait dans le temps attribuer cette bataille à un défi porté par Reynier à Stuart.

Mais quoique le premier l'eût perdue, les différents corps reçurent des récompenses. On nomma le chef de bataillon Clavel, les capitaines Dulliker, Zingg, Snell, Besse, et deux sous-officiers membres de la Légion-d'honneur.

La suite de cette journée fut une insurrection dans les Calabres qui amena la retraite des Français sur Catanzaro, Cotrone et Rossano, où Reynier prit position.

Maintenant je reviens en Corse chercher le 1er bataillon du régiment, et avant de quitter les îles, j'essaierai d'en faire une petite description.

La Corse est située à vingt lieues des côtes de la Toscane, à quarante de celles de la Provence, à soixante de celles d'Espagne. Elle a cinquante lieues de long depuis la Tour-de-Tolare, en face de Gênes, jusqu'au détroit de Bonifaccio, qui la sépare de l'île de Sardaigne. Elle a une largeur de vingt lieues depuis la pointe de Giralata jusqu'à San-Quirico. Sa surface est de cinq cent lieues carrées, et elle a quatre villes maritimes : Bastia, Ajaccio, Calvi, Bonifaccio ; soixante-trois vallées, quatre cent cinquante villages ou hameaux, et trois grandes rades pouvant contenir les plus grandes flottes : Saint-Florent, Ajaccio, Porto-Vecchio.

L'île a trois grandes rivières : le Golo, le Liamone et le Tavignano. La plaine d'Alleria a vingt lieues de long sur trois à quatre de large. Les plaines sont en général couvertes d'arbres fruitiers, d'orangers, de grenadiers et d'une quantité de mûriers et d'oliviers d'une belle grosseur.

L'île est montagneuse. Ses montagnes sont en partie couvertes de neige pendant plusieurs mois de l'année, et boisées de pins, de sapins, de chênes verts, puis elles fournissent beaucoup de bois de construction.

Les revers des montagnes sont aussi garnis de châtaigniers

de la plus grande espèce, au milieu desquels sont situés des
villages qui, par leur position, se trouvent naturellement fortifiés. Les habitants se nourrissent en partie de châtaignes,
surtout les montagnards, qui en donnent aussi aux chevaux
au lieu d'avoine,

Le vin, l'huile, la soie et les bois de construction pour la
marine étaient les quatre branches d'exportation. La population était d'à peu près 180-190,000 habitants et pourrait
s'élever à 400-500,000. Le pays fournit des blés et des
châtaignes. Le lait de nombreuses chèvres donne d'excellents
fromages. L'île est fertile en gibier de toute espèce et en poisson de rivière, de lac et de mer.

En un mot, la Corse est un bon pays, et il serait à désirer
qu'il fût plus habité. Les villes maritimes étaient assez civili-
sées, mais l'intérieur laissait encore beaucoup à souhaiter.
L'île pourrait être parfaitement indépendante, si elle était
mieux cultivée, et il faut en chercher la cause dans le manque de bras, l'absence de la volonté du travail et la sobriété
des habitants.

L'île de Capraja est au nord de la Corse, dont elle dépend.
Elle avait une population d'environ quatre cent familles ou
15-1800 âmes, un petit bourg avec un bon château pour la
défendre, un petit port ou une petite rade, et environ six
lieues de tour. Les hommes sont exclusivement marins et les
femmes cultivent le peu de terrain fertile, où il ne croît que
très-peu d'orge. Il y a des vignes, qui produisent un vin
passable. Du reste, l'île n'est qu'un rocher en pain de sucre
assez élevé et dépourvu de bois.

L'île d'Elbe est à trois lieues du continent et à vingt de la
Corse. La rade de Sant'-Andrea est le point le plus rapproché de Bastia et se trouve en face de cette ville. L'île a
deux villes fortes, dont Porto-Ferrajo est la plus considérable.
La rade, qui peut contenir plus de cent vaisseaux, est bien
abritée. Porto-Longone est la seconde ville de l'île et possède
une rade plus petite et moins sûre. L'île est très-remarquable

7

par ses mines de fer cristallisé et d'aimant, par sa carrière de marbre, son vin, ses excellents fruits, sa tonnellerie, ses pécheries et ses salines d'un grand rapport. La terre ne produit qu'un peu de grain et de bois. L'île a douze à treize lieues de tour et sa population était alors de 10-11,000 âmes.

Le 1er septembre 1806, le colonel Raguettli reçoit l'ordre de partir de Bastia avec le 1er bataillon et l'état-major du régiment, pour l'armée d'Italie à Rome. L'idée de quitter la Corse cause une grande joie à tous.

Le 4, on s'embarque sur de légers bâtiments de guerre pour Livourne, où l'on arrive et débarque le 7. Le 8, nous prenons la route de Volterra, Sienne, Radicofani, Acquapendente, Montefiascone, Viterbe, Ronciglione, Monterosi. Nous restons fort heureusement peu de temps à Rome et notre départ pour Albano met fin à un grand et pitoyable scandale.

Les prêtres cherchaient à convertir nos gens en offrant dix écus à chacun d'eux. Nos vieilles moustaches se moquant d'eux, prenaient les dix écus en leur promettant d'abjurer. Parmi nos farceurs, il y en eut qui firent semblant d'abjurer jusqu'à trois fois et qui reçurent ainsi trente écus.

D'Albano nous gagnons Terracine à travers les marais pontins. Le 30 septembre, nous nous mettons en route pour Naples par Fondi, Itri, Mola di Gaeta, Sessa, Capoue et Aversa. Nous arrivons le 6 octobre à Naples, où notre 3e bataillon nous reçoit à bras ouverts. Il s'y était rendu par Alexandrie, Parme, Modène, l'Etat de l'église, les Abruzzes, la principauté de Bénévent et Acerra.

Le 18, je suis détaché avec 120 hommes choisis par moi dans les deux bataillons, pour faire partie d'une colonne mobile forte de cinq cents hommes d'infanterie et de cent chasseurs à cheval, sous les ordres du colonel français Hugo. Cette troupe doit poursuivre la bande de Fra-Diavolo dans la

Terre de Labour, la comté de Molise et les deux Principautés [1].

Ce chef n'était fameux que de réputation, mais il connaissait la guerre de partisan et de montagne puis les localités. Il était bien servi par les bergers, dont il était la terreur, ainsi que des habitants qui n'appartenaient pas à son parti. Blessé dans une rencontre avec une de nos colonnes, il fut pris quelque temps après par un pharmacien de village [2] qui, à ce qu'il parait, avait à se plaindre de ses mauvais procédés. Fra-Diavolo alla se faire panser chez lui. Le pharmacien le reconnut et le fit arrêter. Ce chef, conduit à Naples, y fut pendu et mourut comme un lâche, car le bourreau fut obligé de le porter sur l'échelle.

Ma mission finie, je reçois l'ordre de rentrer à Naples avec mon détachement. En passant à Pompeï le 1er janvier 1807, je fais faire halte à ma troupe sur l'emplacement de l'ancienne caserne romaine, en lui disant :

— Rappelez-vous que vous vous reposez aujourd'hui où se reposaient, il y a passé deux mille ans, les troupes romaines.

De retour à Naples, où un bon rapport nous a précédés, nous sommes fort bien accueillis. Le roi accorde une gratification de quinze jours de solde aux sous-officiers et aux soldats, un mois d'appointements aux officiers. Je reçois, avec un compliment de mon colonel et de la part du ministre de la guerre un billet de banque de cent ducats (440 francs). Beau commencement ! si seulement il avait duré ! Mais les peines et les fatigues lui ont succédé, comme on va le voir.

Le bataillon Clavel ou le 4e reçoit l'ordre de se rendre à

---

[1] Dans ses mémoires, le général Hugo fait composer sa colonne de détachements de la garde royale, du régiment royal-africain, de la légion corse, du 1er de ligne et 2e léger napolitains, de deux pièces de canon, et d'un détachement de dragons, 8-900 hommes en tout. Il ne parle pas de Suisses, et ce n'est pas la première fois que pareille chose arrive dans des ouvrages militaires français.

[2] A Baronisi, non loin de Sanseverino, dans la Principauté citérieure.

Naples et y arrive [1] au commencement de cette année, par Monteleone, Cosenza, Castrovillari, Lagonegro, Eboli, Salerne et Nocera.

Le 3e bataillon (Scheuchzer) quitte Naples [2] pour les environs de Cosenza, en passant par Nola, Avellino, Rapolla, Venosa, Gravina, Matera, Cassano et Bisignano. De Cosenza, on le détache sur Martorano et Nicastro, contre les bandes insurgées, et on le lance en colonnes mobiles sur d'autres points.

Le 25 mai, le 1er bataillon (Dufresne) reçoit à son tour l'ordre de se diriger sur les côtes du golfe de Tarente par Salerne, Lagonegro, Castelluccio, Cassano, Rossano, Cariati, Ciro et Melissa. Le 17 juin, il arrive devant Cotrone, petit port de mer et place bien fortifiée, bâtie sur un roc du côté de la mer et entourée de marais dont les miasmes rendent les alentours très-dangereux, surtout depuis le mois de juin jusqu'à la mi-octobre. Pendant cette époque, les fièvres putrides enlèvent, en peu de temps, les hommes les plus forts et les plus robustes.

Dans la nuit du 19 au 20, nous commençons les travaux du siége, en élevant des batteries dans ces marais et sur le bord de la mer, afin d'empêcher tout secours d'arriver dans la place. Du 23 au 24, on arme tous les ouvrages, surtout ceux qui enfilent le port. On s'avance par des chemins couverts pour construire des batteries de brèche. Mais ni boulets, ni obus ne font d'effet sur ce roc, et les murs ont un ciment si pétrifié qu'ils sont aussi durs que le roc même, ce qui se vérifia après la reddition de Cotrone.

Le 26, on commence à lancer des obus dans la place et, le 28, on parvient à mettre le feu à quelques maisons de la ville. Les assiégés manquent de vivres et ne peuvent compter sur aucun secours. Par une nuit extrêmement obscure,

[1] Le 18 janvier. Depuis onze mois sans paie, il était réduit à 200 hommes.

[2] Le 25 février.

celle du 30 juin au 1er juillet, ils s'embarquent dans le plus profond silence, profitent d'un vent favorable pour mettre à la voile et évacuent la forteresse. Le vent est si fort, que nous n'entendons rien.

Le matin du 1er juillet, ne voyant personne sur les remparts et tout paraissant silencieux, le lieutenant de grenadiers Moret est envoyé avec vingt-cinq de nos grenadiers à la découverte. Longeant le bord de la mer, ils atteignent la porte de la marine, que leur ouvrent les habitants. Ils entrent dans la place et se font ouvrir la porte de terre, par laquelle on y entre sans coup férir.

Si l'ennemi avait tenu huit jours de plus, nous étions tous atteints de fièvres contagieuses, car, du général Reynier jusqu'au dernier charretier, tous tombèrent malades par suite du mauvais air. Notre perte en est la plus grande preuve. Ce siége nous coûta vingt-sept hommes par les armes, quatre cent-septante-six morts de maladie, et cela dans l'espace de six semaines.

Les lieutenants Moret [1] et Müllener [2] furent décorés de la Légion-d'Honneur, l'un pour être entré le premier dans la place, l'autre pour avoir été employé par le génie à la direction d'une partie des travaux.

Le général Reynier ordonna de démolir les fortifications ou de les faire sauter. Mais on fut obligé de renoncer à la destruction de cette petite place, parce qu'on ne put faire les ouvertures nécessaires pour faire jouer les mines. Il fallut donc y laisser une petite garnison.

Le 6 juillet, on nous dirigea sur Catanzaro, ancienne et jolie ville, bâtie sur une éminence, à deux lieues ou à six milles du golfe de Squillace. Habitée par 9–10,000 habitants, Catanzaro était la capitale de la Calabre Ultérieure et avait été détruite en partie par le tremblement de terre de 1783.

[1] De Romont, canton de Fribourg.
[2] De Morges, canton de Vaud.

Nous y restâmes le temps à peu près nécessaire pour nous reposer et nous refaire. Nous étions réduits de moitié. A la fin de septembre, l'état-major et les grenadiers restèrent seuls dans la ville, et toutes les compagnies du centre furent détachées dans différents cantons en colonnes mobiles.

J'eus dans mon commandement le golfe de Squillace, la ville de ce nom et toute la côte jusqu'à Gerace, c'est-à-dire, vingt-un villages, sans compter les hameaux. On fixa ma résidence à Squillace. Je plaçai mon lieutenant Scheubli avec trente hommes à Gasparina et mon sous-lieutenant Ecoffey[1], avec vingt-cinq hommes, à Sant'-Andrea.

Comme tous ces environs étaient infestés par des bandes de révoltés et de brigands, nous eûmes un service très-actif et très-pénible. Nous nous trouvâmes constamment en course par monts et par vaux, sur de hautes montagnes et dans des ravins extrêmement profonds, sans ponts, ni routes, obligés de passer à gué des torrents souvent très-dangereux, ayant à suivre fort peu de chemins praticables et presque toujours des sentiers de bergers. On avait pendant presque tout l'hiver de la neige jusqu'à mi-jambe. Les plaines avaient peu d'étendue. En passant d'un ravin à l'autre, on ne pouvait sortir de la fange ni du limon. Les rivières, qui inondaient le pays étaient quelquefois si dangereuses à franchir, qu'il fallait attendre l'écoulement des eaux, et quand le courant était très-rapide, il fallait former la chaîne avec les hommes les plus grands et les plus forts, afin de faciliter le passage aux petits et aux faibles.

L'étendue de mon arrondissement m'obligea donc d'être presque continuellement en mouvement et de rester peu de temps dans les localités, afin d'apprendre au moins à les connaître, ainsi que les autorités avec lesquelles il fallait correspondre pour la haute police; car les commandants d'ar-

---

[1] De Vulliens (canton de Vaud), passa, en 1812, dans le 7e bataillon de vétérans français, à Brest.

rondissement étaient chargés de la police judiciaire, civile et militaire, sous les ordres des généraux-commandants de province, subordonnés eux-mêmes au général en chef. Ces commandements étaient très-difficiles, à cause des haines invétérées des communes et des familles calabraises, toujours divisées et très-souvent aux prises entre elles.

Je fis créneler une maison sur la place de Squillace, une autre sur un lieu dominant le village de Gasparina, ainsi qu'à Sant'-Andrea, afin d'y pouvoir laisser un poste en toute sécurité, pendant l'absence de l'autre partie des trois détachements qui battait le pays en colonnes mobiles à la poursuite des bandes insurgées, commandées par les chefs Benincasa, le Boja et les deux frères Gregorio.

Ces chefs étaient souvent réunis, d'autres fois dispersés avec plus ou moins de monde, suivant les localités et les renseignements qu'ils recevaient sur nos mouvements des bergers, ainsi que de la plupart des habitants dont ils étaient la terreur, circonstance qui leur découvrait nos marches. Souvent on croyait les avoir cernés et l'on se voyait près de les atteindre, tandis qu'ils se trouvaient dans une position plus éloignée et quelquefois à une distance de deux à trois lieues. Quand ils nous savaient en force, ils n'attaquaient que les petits détachements et les hommes isolés. Nos soldats, pris par ces brigands ou ces bandes, étaient traités de la manière la plus abominable. On leur coupait le nez, les oreilles, les lèvres, on les enterrait tout vifs, on les pendait dans les forêts et sur les chemins, après les avoir martyrisés, ou on les brûlait; on en trouva attachés tout nus à des arbres, par les pieds et les mains, mourants, dévorés par les insectes et exposés à l'ardeur du soleil.

Nous sortions de nos cantonnements toujours avant le jour, à des heures indirectes, quelquefois par le plus mauvais temps, pour tâcher de surprendre les bandes et de dérober nos mouvements à leur vue. Nous faisions des marches et des contre-marches de jour et le plus souvent de nuit.

Nous avons fini par les rencontrer, par avoir des engagements avec eux et par leur tuer et blesser du monde. Mais ces brigands ne soutenaient pas de longs combats ; ils se dispersaient immédiatement et enlevaient leurs blessés et même leurs morts, afin de cacher leurs pertes. A force de courses, de fatigues, à force d'exercer la contrainte sur leurs partisans, et surtout de fatiguer la garde civique, nous parvînmes à lever la plus grande difficulté, c'est-à-dire, à être mieux informés des gîtes et des localités où ils se mettaient de préférence en sûreté.

Le 24 novembre, nous les enveloppons après une affaire assez sérieuse. Ils laissent sur la place sept morts, que les fuyards n'ont pu enlever, ainsi qu'une quantité de blessés, sans que nous puissions cependant constater le nombre des bandits. Nous en prenons onze, parmi lesquels les deux frères Gregorio. Malgré l'activité du lieutenant Scheubli à poursuivre les fuyards, nous manquons le plus fameux, le plus atroce et le plus cruel de ces chefs, le Boja (le bourreau). Benincasa s'est retiré avec une partie des siens dans les environs de Maida.

Nous avons dans cette affaire trois hommes assez grièvement blessés, un garde-civique tué et sept blessés, dont un officier. Conduits sous bonne escorte à Catanzaro, les onze prisonniers sont condamnés par une commission militaire à être pendus dans leurs communes. Cette sentence fut exécutée le 5 décembre, et ils restèrent huit jours exposés à la potence pour servir d'exemple.

Les dépouilles des sept bandits tués et des onze prisonniers furent considérables et consistèrent dans dix-huit fusils, dont sept à deux coups, trente-six pistolets, dix-huit gibecières (espèce de giberne qu'ils portent sur le ventre, attachée par une courroie à boucle) garnies de cartouches, de balles et de chevrotines ; car souvent ils ajoutaient une balle ou des chevrotines à la charge ordinaire ; en outre, dix-huit stilets et 630 ducats qui, presque tous en or, furent distribués à la troupe par portions égales. La veuve du tué reçut le double, chaque blessé un quart en sus. Les officiers eurent le choix des armes, qui étaient de prix ; le canon d'Espagne était garni en argent et travaillé avec élégance et goût.

Telle fut notre dernière affaire dans cet arrondissement. La terreur obligea ceux qui s'étaient échappés de cette échauffourée de passer momentanément dans un autre arrondissement, et le mien resta parfaitement tranquille. Mon lieutenant reçut du syndic de Gasparina, son cantonnement, un assez beau et bon cheval comme souvenir de cette commune. C'était le cheval de l'aîné des frères Gregorio.

Le 28 décembre, je reçus l'ordre de quitter Squillace et de me rendre avec mon monde à Monteleone par Gasparina, Soverato, Sant'-Andrea, d'où j'emmenai mes détachements, puis par la Serra et Santo-Stefano del Bosco. Dans ce dernier et grand village, situé au haut de l'Apennin[1], se trouvaient des fonderies de canons en fer et de boulets. Sa position très-élevée et les immenses forêts, qui l'entourent, en faisaient un refuge de brigands.

Plus loin nous arrivâmes au joli endroit de Soriano, dont le beau château était habité par le riche baron Acquavita, propriétaire d'un haras de chevaux de selle, d'un autre de chevaux de trait, tous d'une belle et grande taille. Les premiers étaient élevés sur la montagne, les seconds dans la plaine. Il avait aussi une quantité de très-grands mulets. Il comptait dans ses deux haras 1,400 chevaux et mulets, de toute espèce et de tout âge. Ils paissaient pendant toute l'année sur les terres du baron Acquavita, dont les vastes domaines s'étendaient de Soriano à Belforte et de là à Monteleone.

Le 5 février, nous quittions Monteleone pour Reggio, jolie ville ou, pour mieux dire, joli reste de ville : car Reggio a été en partie renversé par le tremblement de terre du 5 février 1783. Elle est en face et à trois lieues de Messine, où

[1] Mongiana.

le courant et le vent favorable mènent en une heure. En
descendant des Apennins dans cette belle contrée, on ne revient pas d'étonnement à la vue de ces terres bien cultivées,
de ces oliviers, de ces orangers, de ces citronniers, de ces
grenadiers, de ces mûriers et de ces belles vignes. C'est un
charmant pays à habiter ; l'on trouve de tout, des grains et
des fruits de montagne et de plaine. Reggio faisait peu de
commerce avec la Sicile. Ses environs produisaient de
l'huile, de la soie, du coton et de l'excellent vin. Sa population était de 6–7,000 âmes, c'est-à-dire la moitié ce qu'elle
était avant 1783. Cette ville avait des fabriques d'huiles et
d'essences, mais point de port.

Je quitte maintenant les Calabres pour l'île d'Elbe, où
était resté le bataillon Müller, ou le 2me du régiment. Son
chef, qui s'y était brûlé la cervelle sans qu'on sût pourquoi,
fut remplacé par M. Burkhardt.

Le 1er décembre, ce bataillon avait reçu l'ordre de quitter
Porto-Ferrajo pour Naples. Parti le 5, il débarquait le même
jour à Piombino, et se mettait le 6 en marche pour Massa,
d'où il gagna Grosseto, Orbitello, Corneto, Civita-Vecchia,
Santo-Severo, Rome, Albano, Terracine, Fondi, Itri, Mola di
Gaeta, Sessa, Capoue, Aversa. Le 25, il arrivait à Naples[1].

Le 3me bataillon (Scheuchzer), parti le 25 février 1807
pour Cosenza, avait aussi fait le service le plus pénible dans
la Calabre Citérieure. La portion qui occupait les endroits sur
la grande route de Naples à Reggio, c'est-à-dire de Nicastro
à Cosenza, et de Cosenza à Castrovillari, était extrêmement
fatiguée par les escortes qu'elle devait fournir jour et nuit,
service dangereux à cause des attaques continuelles de la
part des bandes ou des brigands. L'autre portion du bataillon parcourait les montagnes de la Sila[2], del Calabrese,

----

[1] Ce bataillon partit de Naples pour les Calabres, le 16 janvier 1808.

[2] La Sila est un massif des Apennins, couvert d'une forêt de pins, d'environ 40 milles de large sur 50 de long.

Negro, Forca di Paliati, della Porcina, Scaccia-Diavolo et Gigante, puis les villes de Longobuco, Bocchigliero, Campana, Cerenzia, Belcastro, Taverna, Nicastro, Martorano et Scigliano, en poursuivant les bandes de Francatripa et de Parafanti, avec lesquelles elle était souvent aux prises, sans pouvoir prendre ces deux chefs, qui pendant plus de deux ans ont été la terreur de ces contrées et de presque toute la province. Ces chefs perdirent beaucoup d'hommes par les armes; d'autres furent pris, envoyés au chef-lieu et condamnés à mort par la commission militaire.

Le 1er bataillon (Dufresne) quitta Reggio le 7 mai 1808 pour Bagnara et les environs. On en détacha une partie à la poursuite des bandes qui s'étaient réfugiées dans les montagnes et les forêts de Melicucca, d'Ost del Posa et de Solano.

Le 20 juin, on nous envoya au camp della Corona. Les premiers jours, nous nous occupâmes à construire des baraques ou des huttes en terre et en planche et à nous y établir de notre mieux. La position de ce camp était magnifique. C'est un plateau très-élevé, situé au-dessus de Bagnara, de l'étendue d'une lieue carrée, en face des iles Lipari et d'où l'on découvre parfaitement les Apennins, l'Etna, la Sicile, le détroit de Messine et une grande partie de la mer Méditerranée. La grande route de Naples à Reggio passe au milieu de ce plateau. Le camp se trouvait entre le hameau de Pellegrina, le bois d'Ost-del-Posa et la ville de Seminara, qui n'en était qu'à deux petits milles; il était à trois milles et demi de Bagnara, à cinq de Palmi, à neuf d'Oppido, à un du hameau de Sant-Anna, à deux et demi de Melicucca. L'air y était très sain, l'eau en était éloignée d'un bon demi-mille, et au milieu de la plaine se trouvait une grande ferme, offrant la précieuse ressource du laitage. La terre y était comme de la cendre, brune et facile à cultiver. On y trouve des serpents d'une grandeur énorme, mais ils ne font point de mal.

Le 20 juin, je fus détaché du camp à Sant'-Eufemia, grand

village près du golfe de ce nom. La bande assez nombreuse de Benincasa, qui avait pour refuge les forêts, les bruyères et les marais de cette contrée, menaçait de brûler cet endroit. A mon arrivée, j'ordonnai aux syndics des communes de Castiglione, de Gizzeria, de San-Biagio, de Feroleto et de Lamato, de mettre leurs gardes civiques en marche le 3 juillet à une heure du matin, pour fermer tous les passages à cette bande.

Je me mis en mouvement sur deux colonnes avec la garde civique de Sant'-Eufemia. Le lieutenant Scheubli commanda 60 hommes, moi tout autant, et je laissai le sous-lieutenant Ecoffey avec soixante autres à la garde de ce village.

Les deux colonnes commencent par battre le pays. Mais nos éclaireurs sont aperçus par les sentinelles des brigands, ou pour mieux dire, par leurs gens, qui, nous ayant vu sortir de Sant'-Eufemia, ont eu le temps de les prévenir. Notre battue donne peu de résultats. Nous trouvons deux morts et des traces de sang nous font supposer que les bandits ont eu des blessés. Nous en prenons sept, que nous envoyons à Sant'-Eufemia, et tous les autres prennent la direction de la Sila. Nous les poursuivons sans relâche jusqu'au-dessus du Monte dell'Ordica, où nous parvenons à les atteindre. Nous échangeons avec eux quelques coups de fusil. La mule d'un officier de la garde civique est grièvement blessée par un coup de feu, s'emporte, recule et jette M. Scheubli dans un précipice.

Je fais arrêter la colonne et j'envoie des hommes à droite et à gauche tâcher de le découvrir. Le fusilier Capol vient me dire qu'il croit avoir entendu une voix. Je fais tout de suite descendre dans le ravin le sergent Wintz et le caporal Augstmann avec quatre hommes. Comme la nuit est encore noire, je fais ramasser des broussailles et des herbes sèches pour allumer plusieurs feux et donner une direction. Enfin, à force de chercher, on parvient à trouver le lieutenant. On a mille peines à le porter sur la hauteur où nous sommes. Il avait perdu connaissance. Nous lui faisons boire du bon vin, que fort heureusement nous avions pris avec nous, et nous le rappelons à la vie. En visitant ses plaies, j'ai trouvé ses deux bras cassés. Nous nous mettons aussitôt à couper le pan de nos chemises pour pouvoir lui mettre les premiers appareils et faire des écharpes pour soutenir ses bras. Nous lui lavons la figure ensanglantée par suite des écorchures que lui ont faites les broussailles. Lorsqu'il revient tout à fait à la vie, le pansement est fait, et, chose très-heureuse pour nous, les jambes n'avaient pas de mal. Au bout d'une heure, il peut se lever et monter sur mon cheval. Nous marchions très-rarement sans avoir une de nos bourriques chargée de deux barils du meilleur vin, et même dans les longues courses, toutes deux portaient du vin, du pain et du fromage. Ces deux animaux, de belle taille, appartenaient à mes hommes. Aussi, après avoir bu un bon verre de vin, mon lieutenant me dit :

—Capitaine, je préfère marcher, je ne souffrirai pas autant.

Pour le retour, je change de direction pour arriver quelques heures plus tôt à Sant'-Eufemia, et le hasard nous favorise.

Nous faisons la rencontre de Benincasa et de sa bande, qui est moins considérable que la veille. Nous les cernons et la fusillade s'engage un instant. Les brigands ont des tués et des blessés. Nous prenons le chef avec cinq des siens. Rentré à Sant'-Eufemia, je fais venir un excellent chirurgien de l'endroit, qui lève tout de suite les appareils, puis visite et remet les deux fractures de M. Scheubli.

Le 6 juillet, je fais partir sous bonne escorte Benincasa avec les douze hommes de sa bande, tous bien garrottés, pour Catanzaro, où siégeait la commission militaire. Quinze jours après ils sont condamnés à être pendus dans leurs communes, et trois jours plus tard, ils n'existent plus.

Le 7, nous rentrons au camp. Dans cette expédition, j'eus

le caporal Augstmann et deux hommes légèrement blessés. Un sergent et deux chasseurs à pied de la garde civique le furent assez grièvement; ils avaient contribué à la capture de Benincasa, qu'ils connaissaient.

Pour M. Scheubli, il fut bien soigné, une fois arrivé au camp. Mais il avait beaucoup souffert en route; à table, on le plaçait entre le capitaine Danielis et moi. L'un lui découpait le pain et la viande et lui versait à boire. L'autre lui donnait à manger à la becquée, comme à un oiseau. Mais au bout de six semaines, il était rétabli et reprenait son service.

Le 15 octobre, nous quittions le camp della Corona pour nous rendre à Palmi et à Seminara, où nous passâmes assez tranquillement l'hiver.

Comme nous manquions de légumes, le lieutenant Scheubli inventa une espèce de pilon en bois de chêne pour moudre ou nettoyer l'orge, qui est d'une belle et bonne qualité, et dont le pays abonde au point que les habitants en donnent à leurs chevaux. Elle était d'une grande ressource pour nous, qui n'avions que du pain et de la viande. Quant au vin, il était presque toujours excellent. Cette orge, bien perlée, ne revenait qu'à cinq centimes la livre. Aussi en mangions-nous beaucoup.

Comme commandant de la place de Seminara, j'avais deux piastres par jour. Or, les officiers, qui se trouvaient dans les Calabres, vivaient ensemble soit au camp, soit dans les cantonnements, chez les commandants d'arrondissement ou de place auxquels les communes fournissaient les vivres et un supplément de deux, trois, quatre piastres (5 fr. 40 cent. la piastre) par jour et même plus, suivant les places et les localités, particulièrement celles sur les grandes routes où il y avait plus de passage. Les officiers supérieurs de tout grade avaient aussi le supplément de représentation. Comme il n'y avait pas d'auberges, encore moins d'hôtels, les officiers de passage et les employés militaires venaient prendre leurs repas à la pension des officiers, de manière qu'il y avait pres-

que toujours table ouverte, ce qui , malgré les vivres fournis
par les communes et par les soius des syndics , était assez
coûteux, car les officiers de la pension ne donnaient que leurs
vivres, c'est-à-dire, leurs rations de pain et de viande. Quand
le vin n'était pas de la meilleure qualité, on le donnait à la
troupe. Des soldats faisaient la cuisine. Un officier, qu'on
nommait chef de pension, en avait la direction, payait et rendait compte par huitaine, quinzaine, ou par mois, suivant les
mouvements de la troupe.

Enfin, pour subvenir à toutes les dépenses qu'exigeait cet
établissement, et pour faire aller l'ordinaire le mieux possible, je versais mon supplément dans la bourse commune, ce
que bien des commandants faisaient pour soulager celle des
payants. Je dois dire que je me faisais un plaisir de cette hospitalité où l'amicale réception était bien réciproque, où l'on
ne faisait point de différence entre les corps, car la meilleure
cordialité régnait entre Français, Suisses et Allemands. Les
régiments de Latour d'Auvergne et d'Ysembourg étaient, par
exemple, composés d'Allemands, de Français, de Suisses et
d'hommes d'autres nations. Tous étaient bons amis et se
voyaient avec plaisir.

Une maladie régnait parmi les bêtes à cornes et la viande
se trouvait conséquemment d'une très-mauvaise qualité. On
me porta des plaintes que je transmis à l'autorité supérieure.
Point de changement. Le fournisseur était un abbé. Un beau
jour, on me fit le rapport que pendant la nuit on introduisait
des quartiers de bœuf ou de vache crevés. Le lendemain, je
fis placer à chaque avenue un sous-officier, avec l'ordre de
faire conduire à la place toutes les viandes et denrées qui se
présenteraient pour entrer en ville. On arrêta plusieurs pièces
de bétail coupées par quartiers et on les fit transporter sur la
place où se trouvait le magasin de distribution. Le tout fut
bien gardé par des factionnaires, ayant la consigne de n'y
laisser entrer que le fournisseur et de l'y retenir prisonnier.

Celui-ci vint de très-bonne heure inspecter le produit de la nuit, mais il fut surpris de ne pouvoir sortir. On me fit tout de suite rapport de ce qui s'était passé. J'appelai comme experts un médecin, un chirurgien et un boucher. Chargés d'examiner les viandes, ils déclarèrent qu'elles étaient de mauvaise qualité et provenaient de bestiaux malades ou crevés.

Que faire pour obtenir prompte justice ?

J'appelle le capitaine de grenadiers Gilly, et je lui dis :

— Mon ami, voici ce que je vais faire : en attendant qu'on verbalise, je mettrai l'abbé en prison et lui ferai souhaiter la bienvenue par deux grenadiers, que tu vas mettre en prison avant son arrivée. Dis-leur que si nous sommes contents de la bonne réception qu'ils feront au fournisseur, ils auront une piastre.

— Diable, quelle bonne idée, me répond M. Gilly, puisque nous avons de la peine à nous faire justice, parce que l'abbé est d'une bonne famille du pays et qu'on le craint, eh bien ! c'est la bonne manière de se la rendre sans se compromettre. A présent, laisse-moi faire, je m'en charge.

On conduisit tout de suite en prison deux grenadiers qui avaient pris soin de prendre une paire de souliers bien garnis de clous. Le fournisseur arrive à la prison, on ferme la porte et les grenadiers lui disent :

— Gredin, te voilà prisonnier. Tu n'es dans ce moment pas plus que nous. Il y a assez longtemps que tu nous fais manger de la mauvaise viande. Nous allons te souhaiter la bienvenue.

Ils le saisissent, le couchent sur la paille et le frappent si fort, que le fournisseur pousse des cris et qu'on les entend de toutes parts. Alors, qui est-ce qui est obligé d'aller à son secours ? Le capitaine Gilly, qui fait cesser la savate donnée avec des souliers neufs. Il en était temps, car sans cela l'abbé expirait sous les coups. M. Gilly fait semblant de bien réprimander ses grenadiers, qui lui répondent :

— Ce gueux a assez volé, en nous donnant du mauvais pain, du mauvais vin et la viande de bestiaux crevés.

On a l'air de faire sortir les grenadiers pour les séparer de l'abbé et on les conduit à la salle de police, d'où ils rentrent le soir au quartier. Le lendemain, le capitaine Gilly leur donna la piastre et l'affaire se passa comme je l'avais désiré. On envoya le procès-verbal au quartier-général, où ma plainte resta comme oubliée. Les nombreux parents de l'abbé se présentèrent chez moi avec un certificat du médecin, qui constatait le besoin d'un traitement suivi et son état assez dangereux. Je le relâchai sous caution et à condition qu'il ne sortirait pas de chez lui jusqu'à nouvel ordre. Il passa six semaines au lit et il s'en sera longtemps souvenu. Mais après cette petite opération, toutes les distributions de pain, de vin et de viande furent bonnes.

Pendant ce temps, les 3ᵉ et 4ᵉ bataillons du régiment avaient un service assez fatigant à Naples, où Murat réunit 16-1,700 hommes d'élite pour prendre aux Anglais l'île de Capri. Le 1ᵉʳ régiment suisse fournit la compagnie de grenadiers Camarès et celle de voltigeurs Rey [1]. Le capitaine de Camarès, étant le plus ancien, commanda les deux compagnies. Le lieutenant général Lamarque fut chargé de l'expédition.

La police reçut l'instruction d'ordonner à tous les allumeurs de reverbères de Naples de se réunir à une heure désignée avec leurs échelles, qu'on porta au lieu de l'embarquement. Le général Lamarque fit embarquer dans le plus grand silence son monde avec tous les attirails nécessaires, et mettre à la voile dans la nuit du 3 au 4 octobre.

Arrivé près de l'île de Capri avec un roulis effrayable, on plaça les échelles et l'on monta d'un roc sur l'autre. On gravit les hauteurs malgré tous les obtacles et l'on y fit pri-

---

Ces deux capitaines étaient de Lausanne. C'étaient la compagnie de grenadiers du 3ᵉ bataillon, et celle de voltigeurs du 4ᵉ. Le capitaine Rey, retraité en 1815, vit encore.

sonnier le régiment Royal-Malte, après une vive résistance. Plusieurs officiers de ce corps périrent, entre autres son commandant. On s'empara des forts de Sainte-Barbe et d'Anacapri, et, pour prendre la citadelle de l'île, il fallut monter à bras un obusier, deux pièces de douze, deux de vingt-quatre. On y employa cinquante de nos grenadiers et de nos voltigeurs qui les hissèrent sur le Monte-Solaro, la sommité la plus élevée d'Anacapri, et firent ainsi admirer leur force au général Lamarque.

En attendant le siége de la ville de Capri, une escadre anglaise, sortie du port de Messine [1], cerna l'île, de manière que les Français se trouvèrent à la fois assiégeants et assiégés. Le manque de vivres et de munitions mit le comble à leur situation critique.

Heureusement le vent changea et obligea les Anglais de s'éloigner. Des secours de tout genre arrivèrent, et après treize jours de fatigues et de travaux, la ville et ses forts se rendaient. C'était un beau fait d'armes. L'ordre du jour donné par le roi fit l'éloge de la bravoure et de la bonne contenance de ce petit corps d'armée qui rendait, en si peu de temps, un service aussi éminent. Aussi le ministre de la police Saliceti alla visiter cette île et dit :

— J'y ai trouvé les Français, mais je ne puis croire qu'ils y soient entrés.

Le roi donna six croix de l'ordre des Deux-Siciles par détachement. Le lieutenant Göldlin [2], commandant l'artillerie du régiment, le sous-lieutenant des grenadiers Zgraggen [3] et deux subalternes par compagnie furent décorés [4]. Par déli-

[1] Entre autres troupes, elle avait à bord le régiment suisse de Watteville, au service d'Angleterre.

[2] Il servit plus tard dans l'artillerie de marine napolitaine, puis devint colonel fédéral, et mourut à Lucerne, le 14 novembre 1850.

[3] De Sillenen, canton d'Uri. Il est mort capitaine au service de Hollande.

[4] Entre autres le sergent-major Benziger, des grenadiers.

catesse, les deux capitaines ne crurent pas devoir s'en adjuger, dans l'idée qu'on penserait à eux. Mais on les oublia.

Dans une lettre que mon ami le capitaine Rey m'a écrite du Châlet de la ville de Lausanne, en date du 10 mai 1839, je trouve ce qui suit : « Dans leurs ouvrages sur l'expédition de Capri, les Français font sonner assez haut et désignent tous les corps qui y ont pris part, sans faire mention des Suisses. Je te rappellerai la part très-honorable qu'y a prise notre brave ami Göldlin de Lucerne. Il a même été cité dans l'un de ces ouvrages, mais sans indication de son corps et sous le nom estropié de Goldalon, comme s'étant distingué dans la batterie de brèche, où les canonniers de notre régiment ont joué, sous le feu de toutes les batteries de la place, pendant vingt-quatre heures et à une très-petite distance, si bien que nous y avons porté les échelles. Réunis autour de la brèche, nous étions prêts à monter à l'assaut, quand la place a capitulé. Elle était commandée par le colonel sir Hudson Lowe, plus tard gouverneur de Sainte-Hélène. J'ai donné une des croix destinées à ma compagnie au caporal Blancheret, et l'autre, je ne me rappelle plus à qui.

Le 1er mars 1809, le 1er bataillon quittait Seminara pour rentrer au camp della Corona.

Le camp avait été gardé tout l'hiver par un détachement de cinquante hommes, commandés par un capitaine, un lieutenant ou sous-lieutenant, fournis par le bataillon cantonné à Seminara et relevés tous les cinq jours. Enfin le camp et nos baraques furent assez bien conservés et nous trouvâmes le tout dans un état passable. Seulement nos baraques s'étaient peuplées de gros rats et d'une quantité de souris. Je crois que toutes celles de la plaine s'y étaient réfugiées, si bien que nos vivres et même nos habillements n'étaient plus en sûreté. Tout était dévoré par ces nouveaux hôtes.

Le 7, les Anglais et les Siciliens sortirent du port de Messine avec une flottille de dix chaloupes canonnières et d'autant de bâtiments légers pour venir s'emparer de plusieurs vaisseaux marchands richement chargés d'huile, de soie, de vin et d'autres objets destinés à Naples. Ces bâtiments se trouvaient en partie tirés à terre, d'autres amarrés et à l'ancre, et tous attendaient un vent favorable pour quitter les eaux de Gioja, entre Palmi et Nicotera, à six milles du camp.

On envoya ma compagnie protéger ce convoi. J'eus le temps de faire élever des petits retranchement avec fossés, par les marins et mes voltigeurs, le plus près possible du rivage. J'y plaçai une partie de ma compagnie, j'en embusquai une autre sur un petit monticule caché derrière le roc, et, avec le tiers qui me restait, je pris position derrière le grand magasin ou la douane de Gioja. Chaque homme avait reçu l'ordre de ne faire feu que lorsque les chaloupes et les bâtiments légers seraient arrivés assez près de terre pour pouvoir débarquer leurs marins et la troupe, chargée de faciliter leur opération : un coup de fusil devait servir de signal.

La flottille arrive, se met en bataille et ouvre une forte canonnade pour éloigner la troupe protectrice des bâtiments marchands. Les Anglais et les Siciliens embarquent ensuite une partie de leur monde pour venir à terre amarrer les vaisseaux marchands et les emmener à la remorque. Ils arrivent à terre et commencent leur opération. Le coup de fusil convenu part. Tous les voltigeurs commencent un feu de file bien nourri. Anglais et Siciliens, surpris d'une pareille réception, se rembarquent et reprennent le large en laissant sur le rivage sept morts, dont un enseigne de marine. Ils ont beaucoup de blessés, d'après les cris et les plaintes que nous entendons. Les Siciliens poussent leur cri de détresse : Madonna, santa madonna !

Deux pièces de canon arrivent de Monteleone avec un détachement de chasseurs à cheval et le général Partouneaux, alors commandant en chef les deux Calabres. Ce secours arrive trop tard, car l'ennemi a déjà opéré sa retraite à bord de la flottille. Après nous avoir canonné pendant plus d'une heure, les Anglo-Siciliens virent de bord et regagnent Messine.

J'eus dans cette affaire trois hommes tués, dont le caporal Augstmann et deux voltigeurs ; le sergent Wintz et quatorze hommes assez grièvement blessés. Trois furent amputés d'un bras. Mon brave caporal Müller, de Saint-Gall, eut la jambe droite emportée par un boulet de vingt-quatre. Comme je me trouvais à côté de lui, je reçus entre le genou et le gras de la jambe gauche une forte contusion qui me fit horriblement souffrir. J'en boitai pendant plus de quatre mois, et, chose assez étonnante, je n'eus point de plaie et ne perdis pas de sang, mais j'eus une forte enflure. Je perdis mes trois amputés malgré tous les soins, et mes autres blessés se rétablirent assez promptement.

Malgré mes souffrances, j'invitai le général Partouneaux et sa suite à se rafraichir pour ne pas dire dîner, car il était tard. Je trouvai chez le régisseur de la princesse de Gioja des œufs, du fromage et un vin que le général trouva si bon qu'il en acheta pour son quartier-général de Monteleone. Après ce frugal repas, il eut la bonté de nous faire un beau compliment dans un ordre du jour sur notre conduite, et de me dire :

— Rösselet, je ne vous oublierai pas dans mon rapport.

Il regagna Monteleone et nous retournâmes au camp.

Pour que les blessés fussent mieux soignés, il m'ordonna de les envoyer à son quartier-général pour les avoir sous les yeux, ce qui s'exécuta immédiatement. Pour moi, je fus soigné par mon ami, notre chirurgien-major [1]. Après avoir passé vingt jours dans ma baraque, je pus en sortir et recommencer mon service, mais non sans boiter.

Nous eûmes souvent de petites affaires de ce genre, soit avec les Anglais, soit avec les Siciliens, mais aucune de bien remarquable.

[1] M. Heumann, de Sarnen (Unterwalden).

Comptant sur une révolte qui devait éclater à Naples, les Anglais rassemblèrent une flotte, destinée à porter 15-16,000 hommes de troupes[1], commandés par le lieutenant-général Stuart et le prince héréditaire de Naples.

Le 1er mai, les bataillons Dufresne et Scheuchzer (1er et 3e) reçurent l'ordre d'aller rejoindre à Naples les bataillons Burkhardt et Dulliker (2e et 4e).

Le 5, le 1er bataillon se mit en route, le 6 le 3e, en passant par Seminara, Rosarno, Monteleone, Nicastro, Cosenza, Castrovillari, Lagonegro et Salerne. Le 1er fut cantonné à la Cava, le 3e à Nocera. Le 20, le lieutenant Moret, jeune, brave, joli et bon officier, qui avait de la fortune et avait été décoré au siége de Cotrone, se brûla la cervelle à la Cava. On le trouva dans sa chambre étendu sur le carreau, son pistolet à ses côtés. On n'a pas su la cause de ce triste événement.

Le 27, on nous appelait à Naples pour prendre part à la revue du roi Murat, avec nos quatre bataillons réunis. Les deux bataillons, arrivant des Calabres, furent complétés dès leur arrivée à leurs cantonnements et on leur distribua l'habillement qui leur était dû. On eut le temps de se reposer et de se mettre en état de paraître aussi avantageusement que les deux bataillons stationnés à Naples.

Aussi le 1er régiment suisse fut admiré par le roi, les généraux français et napolitains et par tous les spectateurs civils et militaires, tant pour la beauté des hommes, que pour leur tenue belle et martiale et son effectif, qui était de 4357 hommes présents, les officiers non compris. Notre respectable colonel Raguettli reçut compliment sur compliment au sujet de son beau et bon régiment. Malheureusement, ce bel effectif ne se soutint pas longtemps.

C'est à cette époque aussi que le roi demanda le régiment à

---

[1] Comme troupes suisses, le régiment de Watteville et ses chasseurs qui, avec ceux de Roll, faisaient partie du 2e bataillon léger, commandé par le lieutenant-colonel Fischer, de Berne.

l'empereur Napoléon pour son service, et que, heureusement pour nous, ce passage ne fut pas accordé [1].

En attendant, la flotte anglaise, partie de Messine dans le courant de juin, arrivait dès le 24 dans les parages de Naples, en face des îles de Capri, d'Ischia et de Procida.

Comme ces deux dernières n'avaient que de faibles garnisons, les Anglo-Siciliens y débarquèrent une grande partie de leurs troupes et s'emparèrent en deux jours des forts d'Ischia et de Procida [2].

Le roi réunit une portion de son armée sur le Monte Barbaro, au-dessus de Pozzuoli, après avoir laissé de fortes garnisons dans les forts de Naples, et il plaça le 1er régiment suisse comme avant-garde entre le camp du Monte Barbaro et le rivage de la mer, en face des îles d'Ischia et de Procida.

Entre la flotte ennemie, dont une partie était à l'ancre et dont l'autre louvoyait dans le golfe en menaçant d'opérer une descente, nous eûmes le poste d'honneur, que nous payâmes cher, comme on va le voir.

Le régiment fut réparti entre les lacs de Licola, d'Averno et de Fusaro, la mer Morte, le Monte di Procida, Baja, Sant'-Anna, Grotta Dragonara, Torre di Gavota, les quatre chemins, l'ancien Cumes, dont il ne reste plus que quelques ruines, et surtout à l'Arco Felice, l'endroit le plus malsain [3].

Les Anglo-Siciliens débarquèrent plusieurs fois une partie de leur monde. Ils furent toujours repoussés avec perte par notre régiment, et au bout de quarante jours, ne pouvant compter sur aucun succès, ils renoncèrent à leur entreprise, rembarquèrent leurs troupes de terre et leurs marins, évacuèrent les îles et leurs forts et remirent à la voile pour la Sicile. Cette expédition leur coûta d'énormes sommes d'argent et la perte d'un millier d'hommes, sans aucun résultat.

[1] L'auteur était dans l'erreur. Le roi Joseph avait conclu une capitulation le 27 décembre 1807 ; mais Murat ne l'ayant pas ratifiée, Napoléon déclara, en septembre 1808, vouloir conserver le régiment à son service.

[2] Du 25 au 30 juin.

[3] Les trois premiers bataillons furent réunis dans la brigade Digonnet, le 4e garda l'île de Capri.

Leur départ fut un bonheur pour nous, car si la flotte était restée quinze jours de plus dans ces parages, avec l'intention ou la menace d'un débarquement général, le régiment était totalement détruit par les fièvres malignes et l'air pestiféré de ces contrées.

Notre perte par les armes s'élevait à un sous-officier, quinze grenadiers et voltigeurs tués; le capitaine de grenadiers Gilly[1], son lieutenant Pingoud[2], trois sous-officiers et vingt-huit soldats assez grièvement blessés, dont cinq furent amputés. Nous eûmes encore d'autres hommes assez légèrement blessés.

Mais un fait pénible à raconter, c'est que, dans moins de six semaines nous perdîmes 779 hommes enlevés par la malaria. Les hommes les plus forts et les plus robustes en furent les premières victimes, et voici qui est encore plus difficile à croire.

Le capitaine Donats, son lieutenant Heffti, son sous-lieutenant Figgi[3] et sa compagnie furent détachés au poste de l'Arco-Felice.

Tous périrent, à l'exception d'un ancien et brave soldat, qui, sorti de l'hôpital, fut mis en subsistance dans une autre compagnie. Le sergent-major lui fit le compte de ses deniers d'hôpital. Ce malheureux alla dans une cantine, dépensa à peu près tout son avoir et dit :

— Je ne puis survivre à mes camarades.

Il rentra au quartier, chargea son fusil et se brûla la cervelle.

Par ce fatal événement, toute la compagnie avait cessé d'exister.

Le 29 août, le régiment quitta la ville de Pozzuoli, où il

[1] De Lucerne.

[2] De Morges.

[3] M. Donats, originaire de Sils, aux Grisons, était né à Valence, en Piémont; M. Heffti était de Hätzigen, canton de Glaris; et M. Figgi, de Betschwanden, dans le même canton. Tous trois avaient combattu à Trafalgar.

s'était retiré depuis le départ de la flotte anglaise. Le 1er bataillon fut détaché aux îles d'Ischia et de Procida. On me nomma commandant d'armes de la seconde, sous les ordres du colonel du génie Montemajor. Les deux autres bataillons furent appelés à Naples, pour occuper les forts Neuf, de l'OEuf et Saint-Elme, s'y reposer et s'y refaire ; car notre régiment était le seul qui eût souffert dans les opérations contre l'ennemi. Les autres corps, campés sur le Monte-Barbaro, lieu sain, malgré les grandes chaleurs, n'eurent presque pas de malades.

Mon lieutenant Scheubli fut détaché avec vingt-cinq hommes de l'île de Procida à celle de Nisida, qui n'a qu'une lieue de tour et appartenait à un seul propriétaire.

L'île de Procida a environ trois lieues de circonférence, et pour chef-lieu la petite ville du même nom, assez jolie, bien fortifiée, bâtie sur une pointe élevée et fort escarpée du côté de la mer. Très-fertile et très-peuplée, l'île a 4,000 habitants.

L'île d'Ischia a six lieues de tour et contient d'agréables vallées qui produisent des fruits excellents, des collines délicieuses qui fournissent des vins exquis, et enfin de jolis jardins. On y trouve toute sorte de mines, des bains chauds et des étuves. La ville d'Ischia a un évêque et une très-bonne forteresse bâtie sur un rocher à pic. L'île et la ville sont assez peuplées[1].

Nous y avions quatre compagnies du 1er bataillon, c'est-à-dire le demi-bataillon de droite et l'état-major ; le demi-bataillon de gauche était dans l'île de Procida, à l'exception des vingt-cinq hommes détachés à Nisida.

Nous nous trouvions bien, à la réserve du pain, qui était d'une très-mauvaise qualité. Le colonel Montemajor, commandant les trois îles, ainsi que celles de Ponza, résidait à Naples. Je lui fais mon rapport. Pas de changement. Rece-

---

[1] Environ 24,000 habitants.

vant toujours des plaintes à ce sujet, je me décide à prendre trois pains dans le magasin du munitionnaire, en les choisissant au hasard, l'un à droite, l'autre à gauche, le troisième au milieu du tas. Je les ouvre et les coupe en deux pour en vérifier la qualité, effectivement très-mauvaise. Ce pain était fait avec des farines échauffées et n'avait pas le poids voulu. J'en fais des reproches au fournisseur, qui cherche à s'excuser, en me disant qu'on lui envoyait ces farines de Naples. Je ficelle les trois pains en présence du munitionnaire et j'y appose mon sceau. J'envoie un pain au colonel Montemajor, avec ma plainte, un autre au général commandant la place de Naples, avec un rapport, et le troisième à l'inspecteur ordonnateur en chef de la division, avec mes observations.

On me répond qu'on va prendre les mesures nécessaires pour faire cesser cet abus.

Quinze jours se passent sans apporter d'amélioration ni de changement.

Le jour de la distribution, l'adjudant m'apporte une plainte du capitaine chargé de cette opération. Il me vient alors l'idée d'employer le remède administré à l'abbé fournisseur de Seminara.

Je demande à l'adjudant :

— Avons-nous du monde en prison ?

— Oui, capitaine.

— Allez à la caserne, prenez un soldat de confiance; dites-lui que vous allez le conduire en prison, où il ne restera que le temps nécessaire pour donner avec les autres prisonniers une bonne savate au fournisseur. Envoyez ensuite un caporal et quatre hommes chercher le munitionnaire et le conduire en prison. Ne vous en éloignez pas, afin de mettre le holà quand vous croirez que le fournisseur aura reçu son compte.

Tout cela s'exécute immédiatement.

Le syndic de la ville et un adjoint viennent me trouver et

me porter plainte des mauvais traitements qu'a subis leur parent, le munitionnaire. Je fais l'étonné. Ils me prient de laisser sortir le fournisseur et de mitiger sa peine dans celle des arrêts à domicile. Ils me promettent qu'à l'avenir le pain sera meilleur et que je n'entendrai plus de plainte au sujet de quelque denrée que ce puisse être.

A cette condition, je le fais ramener chez lui, en lui infligeant les arrêts jusqu'à nouvel ordre.

Je m'attendais à des reproches de la part des autorités de Naples. Au lieu de cela, tout se passa dans le plus profond silence. Pour mieux dire, on ne voulut pas donner suite à l'affaire, dans la crainte de compromettre d'autres personnes. Le fournisseur garda longtemps le lit, on changea les farines, le pain devint excellent et eut le poids voulu par les règlements. A force de sollicitations et de prières, je rendis au bout d'un mois la liberté au munitionnaire, qui ne put en profiter que longtemps après. C'en est encore un qui a dû se rappeler le succès de ses rapines. Quant à moi, j'eus le plaisir de ne plus entendre de plainte.

Comme commandant d'armes de l'île de Procida, j'avais le droit de pêche, surtout de celle faite de nuit, à la lumière ou au flambeau. Cette pêche me rapportait 16 rottoli (32 livres poids de Naples) de poisson, que les pêcheurs m'apportaient tous les matins. J'en faisais trois parts : une pour les officiers de marine, une pour ceux d'artillerie, une pour la pension des officiers du bataillon. Souvent, je faisais un cadeau au capitaine du génie, qui vivait en famille. Quand la pêche était bonne, les pêcheurs m'apportaient, outre mes 32 livres, des poissons de prix, que j'envoyais à Naples, soit à ma famille, soit à mon colonel, soit à mes camarades qui habitaient la capitale.

A la fin, nous étions heureux dans cette île, où nous avions du bon pain, du bon poisson et surtout des vins exquis.

Notre 4ᵐᵉ bataillon avait donc été envoyé en garnison à

l'île de Capri. Il y vécut tranquille, ayant un service plutôt doux que pénible, mais étant désagréablement placé à l'endroit de la société. Les denrées y sont moins abondantes qu'aux îles d'Ischia et de Procida. Capri a moins de ressources et est plus éloignée du continent; elle se trouve à 8-9 lieues de Naples, mais les communications avec cette ville sont souvent et même longtemps interrompues parle vent. La ville de Capri, chef-lieu de l'île, a un évêché, dont une partie du revenu consiste dans le droit de chasse. La chasse est considérable à l'époque du passage des cailles, des bécasses et d'autres oiseaux. Il est inouï quelle quantité d'oiseaux de toute espèce on y prend dans des filets, que les habitants ont l'art de tendre dans les lieux de passage.

Ce bataillon n'est pas sorti de cette île sans un accident fâcheux. M. Stadtmann[1], sous-lieutenant de la compagnie de grenadiers Zingg, se brûla la cervelle d'un coup de pistolet, sans qu'on ait jamais appris pourquoi. C'était un bon et beau jeune homme et un brave officier. Tous ses camarades l'ont regretté.

Le 1er février 1810, nous quittions les îles pour Naples, où nous restâmes jusqu'au 6 mai, jour de notre départ pour les Calabres. On y dirigea les 1er et 2me bataillons par Nola, Avellino, Bagnolo, Muro, Bella, Potenza. Nous franchîmes les montagnes par un vent de scirocco et une chaleur inexprimable. Aussi, des deux bataillons à peine 350 hommes arrivèrent en bon état à Calvello, lieu de l'étape. Les habitants de ce bourg et de cette contrée prirent l'épouvante au nom de Suisses et s'enfuirent dans les lieux les plus escarpés. Nous n'y trouvâmes que les syndics et des vieillards. Notre colonel fit venir de l'eau-de-vie, du vin, du pain et du fromage pour ceux qui n'avaient pu suivre et envoya des montures pour les plus faibles. Tout le monde arriva dans la soirée et nous séjournâmes heureusement dans ce bourg. Les

---

[1] Il était de Bâle, et mourut le 1er septembre.

habitants y étant rentrés le soir et revenus de leur terreur panique, nous furent d'un grand secours. Tous nos gens se rétablirent et le surlendemain nous nous remîmes en marche pour San-Chirico, Rocca Imperiale, Trebisacce, Cassano, Castrovillari et Cosenza.

De Cosenza, on disloqua les 1er et 2me bataillons dans la Calabre Citérieure. On laissa dans cette ville l'état-major et les deux compagnies de grenadiers et l'on échelonna les compagnies du centre sur la route de Naples à Reggio, de Castrovillari à Nicastro, qui constitue une distance de trente milles (deux milles à la lieue). Ce service était pernicieux, à cause des fatigantes escortes de jour et de nuit, des fréquentes affaires avec les bandes, du passage des montagnes dans les vallées, de celui des rivières souvent assez profondes dans les temps de pluie, et de celui du bon air dans les lieux les plus malsains. Il en résulta beaucoup de maladies dangereuses et la perte de bien des hommes.

Je fus détaché avec deux compagnies de voltigeurs pour parcourir les montagnes de la Sila. Figline, San-Giovanni in Fiore, Sopra-Campo di Manna, Cerenzia, Strongoli, Umbriatico, Campana, Bocchigliero, Cropolati, Longobuco, Aleparto, Polvereto, San-Pietro, Lappano, Acquafredda, Menneto et Spezzano faisaient partie de mon commandement, non compris les hameaux dépendants de ces petites villes et de ces villages, dont les habitants, d'origine albanaise, sont tous bergers.

J'avais deux missions à remplir à la fois.

La première consistait à faire rentrer les contributions en numéraire, à faire vérifier en ma présence le cadastre que les receveurs avaient dressé à la hâte et avec assez de partialité chez un peuple qui n'en avait jamais entendu parler du temps des anciens rois de Naples. Le gouvernement voulait des fonds et demandait une soumission parfaite à des populations accoutumées à des franchises et exemptions, surtout de cette nature. C'était une commission bien délicate pour un officier, que celle de lever les contributions par la force.

La seconde mission était de dissoudre les bandes, qui étaient nombreuses, car presque tout ce qui était dans le cas de porter les armes était en campagne.

Voici deux exemples, qui démontreront à quel peuple j'avais à faire.

Le premier fait datait de quelque temps avant notre arrivée dans cette contrée, refuge habituel des brigands. Une compagnie de voltigeurs du 29ᵉ régiment de ligne français fut massacrée par la bande du chef Francatripa. Cet homme lui avait tendu un piège, en la recevant comme commandant la garde civique du village de Li Parenti. Il lui offre des rafraîchissements et accueille les officiers dans une maison située sur une place. La troupe forme les faisceaux. Au moment où elle se livrait au repos et se rafraîchissait, on tire un coup de fusil. Les trois officiers sont tués, des décharges partent de toutes les maisons donnant sur la place et coupent toute retraite aux soldats, dont sept seulement parviennent à s'échapper.

Voici l'autre exemple.

Les habitants étaient tellement divisés par des opinions politiques ou d'autres causes, que leurs contestations et démêlés ne se terminaient que par la voie des armes, tant la vengeance est monstrueuse chez ce peuple, qui, plus féroce qu'humain, la regarde comme un article de religion. Ce qui le prouve, c'est que si le Calabrais rencontre son ennemi sortant de l'église, il l'assassine à la porte de cet édifice. La mère conserve les vêtements de son mari ou de ses parents, les montre à ses enfants quand ils sont arrivés à l'âge de l'adolescence, et leur dit :

— A la première occasion, vous tirerez vengeance de l'offense et du sang versé du père ou des parents.

Or, deux familles, l'une de Cropolati, l'autre de Longobuco, en étaient venues à se haïr au point qu'elles firent serment de ne finir que quand l'une ou l'autre serait exterminée.

Voici donc un fait que je décris tel qu'il m'a été raconté par des vieillards dignes de foi.

Assistée d'autres malheureux, l'une des deux familles enleva l'autre et l'emmena dans une forêt. Ces gens égorgèrent le mari et l'étendirent à terre. Ils couchèrent sa femme sur ce cadavre tout chaud et ensanglanté, la violèrent et la massacrèrent. Ils poignardèrent le fils et le déposèrent sur sa mère, puis ils prirent la sœur, l'étendirent à son tour sur son frère, la violèrent aussi et la firent périr.

Cet acte de cruauté fut appelé *l'affaire du canapé*.

Quelque temps après, ces cannibales se réunirent pour se féliciter de leur victoire. Un de ces scélérats eut le malheur de dire qu'une telle était enceinte du fils. Ils prirent la résolution de la faire périr. Ils l'enlevèrent, lui ouvrirent le ventre, et en tirèrent l'enfant qu'ils coupèrent par morceaux.

Ainsi finit cette famille, victime d'une pareille atrocité.

Mais une partie de mon monde et des gardes civiques de la contrée furent chargés de poursuivre ces cannibales. On en prit sept, qu'on traduisit devant la commission militaire. Toute la population alla déposer contre eux. Le procès fut court ; on les condamna vingt-quatre heures après à être pendus sur le théâtre même de leur crime, et exposés à la vindicte publique. Pendus sans nœud coulant et lapidés par les femmes et les enfants, ces scélérats n'expirèrent que fort tard dans la nuit et devinrent la proie des oiseaux.

Dans la crainte d'être envoyés avec les autorités et les premiers propriétaires à Cosenza, sous bonne escorte, les receveurs firent presque des prodiges dans leurs opérations et avec le secours de la bourse des plus riches habitants. Ils purent envoyer ainsi les sommes demandées au receveur général à ce chef-lieu de la province.

Les bandes, dissoutes par la terreur et l'exemple de l'exécution qu'on vient de lire, gagnèrent les environs de Rossano et de Cassano, sur les côtes du golfe de Tarente. Cela me fit aussi changer de direction.

Je reçus l'ordre de me rendre à Cassano, centre de mon nouveau commandement, qui s'étendait depuis Rossetto jusqu'à Rossano, distance de trente milles ou d'à peu près quinze lieues. Outre les deux petites villes de Rossano et de Cassano, j'avais dix-neuf villages. Je m'établis au château du duc de Cassano, qui domine cette petite ville d'environ cinq mille habitants. J'avais à poursuivre les bandes ou les brigands qui s'étaient établis dans les forêts et marais de la contrée, surtout entre les torrents du Crati et du Coscile. Ces lieux étaient presque impénétrables dans les temps de pluie. Nous étions presque toujours en course, soit à droite soit à gauche, obligés de passer les torrents souvent à gué et d'autres fois sur de hautes charrettes à deux roues traînées par des buffles.

A force de courses, nous parvenons à cerner les bandits entre la forêt et ces deux torrents. Je fais venir la garde civique des environs pour les entourer, de manière à les empêcher de communiquer avec personne et de recevoir leur subsistance. Je voulais les obliger par la faim à se rendre. Aucun d'eux ne se présentant, je finis par faire une battue avec une partie de mon monde et j'emploie le reste à garder les avenues. Nous n'en prenons que vingt-sept, parmi lesquels le fameux chef Il Boja. Nous en trouvons plusieurs morts dans la forêt. Afin de savoir de quoi ils avaient pu subsister et de connaître la cause de leur décès, un médecin et un chirurgien en ouvrent quelques-uns et trouvent dans leur estomac une espèce de prune, moins grosse qu'une noisette, et produite par une sorte d'épine noire assez élevée. Ils n'avaient pu digérer cet aliment, devenu la cause de leur mort. Une autre partie de ces bandits put s'évader et le duché se trouva purgé.

Je fis garrotter et conduire tous ces malheureux sous bonne escorte à Cosenza, où, quelque temps après, on les condamna à être pendus et exposés à la vindicte publique.

Je renvoyai les gardes civiques dans leurs foyers, et rentrai avec mes voltigeurs dans la jolie ville de Cassano. Nous fûmes très bien accueillis par les habitants et moi particulièrement par le duc de Serra. Celui-ci, ayant appris les services que j'avais rendus pendant le siége de Cotrone, en empêchant la dévastation et le pillage d'une de leurs grandes propriétés et en leur sauvant beaucoup de bétail, de chevaux, etc., écrivit à Naples au duc de Cassano, son frère, qui lui répondit de me remettre une lettre de remerciements et de me faire cadeau d'un bon cheval de son haras, que j'amenai en Suisse en 1815.

Je reçus l'ordre de quitter les beaux environs de cette ville, qui sont bien fertiles en tout et contiennent des eaux thermales. Dans les propriétés du duc, on prépare du jus de réglisse, dont la racine croît dans ce pays sans culture et que l'on tire au mois de novembre.

Nous quittâmes avec regret les habitants, la ville, le château et la riante plaine de ce duché, et nous nous rendîmes dans le district d'Ajello, sur les bords de la Méditerranée. C'est une jolie petite ville avec un beau château appartenant au baron de ce nom, et où je fus logé.

J'avais dans mon arrondissement la ville d'Amantea, avec son château assez fortifié par la nature et bâti sur un roc escarpé qui en rend l'abord difficile. En 1806 et 1807, on avait été obligé d'en faire le siége et on avait perdu assez de monde. Amantea est sur le bord de la mer, près du torrent du Lago. J'avais encore Castiglione, ville moins considérable et située un peu au-dessus de la mer; ensuite, plus dans l'intérieur, Belmonte, Savuto, Martorano, Nocera. Les habitants de ce pays étaient assez portés à la révolte et soutenus par les bandes qui communiquaient avec la Sicile par Amantea, leur lieu de débarquement.

J'avais pour mission de les faire rentrer dans l'ordre, de poursuivre les instigateurs, de les arrêter et de les envoyer à la commission militaire. De là, comme ailleurs, des courses continuelles.

9

Un soir qu'au château d'Ajello je causais avec donna Luisa, fille aînée du baron, qui tricotait, j'aperçus à sa ceinture un joli porte-aiguille bien façonné. Je le tirai et que vis-je ? Un stilet fin et bien ouvragé. Je ne sus que penser d'une femme portant une pareille arme. Je la rendis sans dire mot. Elle la replaça avec soin à son côté droit et se remit à tricoter, comme si de rien n'était.

Je passai une nuit au château de Castiglione. Le soir, en m'entretenant avec une cousine de donna Luisa, je lui parlai du stilet.

— Capitaine, me dit-elle, tâchez de lui enlever cette arme, afin de l'empêcher de faire un acte de vengeance. Voici ce que c'est. Ma cousine a reçu un affront d'un fils de bonne maison du pays (qu'elle ne me nomma point). Elle a fait serment de le poignarder à la première rencontre. Je sais qu'elle a de l'amitié pour vous. Elle travaille même pour vous (ce que j'ignorais). Tâchez de nous rendre ce service. Elle n'osera pas vous le refuser, si vous lui en faites la demande.

Je promis de faire mon possible pour l'obtenir.

A mon retour à Ajello, je n'eus rien de plus pressé que de chercher à remplir ma promesse. Je saisis un moment où je me trouvais seul avec donna Luisa, et je lui dis :

— Vous m'avez souvent dit que je faisais mal de sortir sans armes, qu'il pouvait arriver quelque accident fâcheux pour moi et votre famille, et qu'il y avait souvent dans la ville des hommes capables de me nuire. Eh bien, votre porte-aiguille serait une bonne défense. Ayez l'obligeance de m'en faire cadeau. Ce serait pour moi un souvenir précieux.

Elle se mit à pleurer en me répondant :

— Capitaine, vous êtes mon ami. Disposez de tout ce que j'ai, même de ma personne, mais ne me faites pas une demande que je ne puis vous accorder. C'est à regret que je vous la refuse. Mais, hélas ! j'ai fait serment de conserver ce porte-aiguille jusqu'à....

Elle se tut un instant et reprit :

— Et de le porter sur moi, comme vous le savez.

Si je cite ce fait, c'est pour faire connaître l'importance du serment chez une Calabraise.

En attendant, nous faisions des arrestations, nous prenions des ôtages dans les familles suspectes, et nous les dirigions sur Cosenza. Enfin nous parvenions à rétablir la tranquillité dans cette partie du pays.

Je reçus l'ordre de me rendre avec ma troupe au Pizzo, petite ville qui a un port peu sûr et peu étendu, puis un château appartenant au duc de l'Infantado, prince espagnol, qui était un des plus grands propriétaire de la Calabre Ultérieure et seigneur de cette ville et de plusieurs grands villages et hameaux. Son régisseur ou représentant avait le titre de gouverneur et une garde de vingt-cinq hommes, espèce de gendarmerie faisant la police de la ville et des localités appartenant au duc.

Je pris donc congé de la famille du baron d'Ajello et de donna Luisa. Celle-ci me remit, dans un petit paquet, deux paires de gants et une bourse en soie qu'elle avait tricotées pendant mon séjour dans le district.

— Voilà, me dit-elle, un souvenir de moi.

Pour me rendre à mon nouveau poste, j'eus pour instruction de prendre par l'intérieur et les montagnes. Je passai par Martorano, Gemigliano, Lamato, Marcellinara et Girifaleo. Ce dernier grand village est situé dans la partie la plus élevée du pays et jouit d'une des plus belles vues, celle des mers Méditerranée et Ionienne. Je continuai ma route par Francavilla et la Rocca.

Je pris le commandement de la petite place du Pizzo, qui est à deux lieues de Monteleone. Un service tranquille nous y donna le temps de nous y reposer, ce dont nous avions grand besoin, puis de réparer notre habillement, notre armement et notre chaussure, et enfin de nous préparer à d'autres fatigues. Nous eûmes aussi le plaisir de nous être rapprochés d'une partie des nôtres, qui se trouvaient à Monteleone, particulièrement de l'état-major et de l'administration du corps, qui s'empressèrent de nous faire parvenir tous les effets auxquels nous avions droit.

Enfin, j'eus le temps de tout remettre dans le meilleur état possible avant l'arrivée du roi, qui nous était annoncée.

Le 25 juillet, dans l'après-midi, j'allai à l'écurie voir mes chevaux, surtout le jeune, que j'avais reçu du duc de Cassano. Je les vis trembler comme s'ils avaient la fièvre. Je m'aperçus en même temps que la porte de l'écurie faisait un mouvement et j'entendis un bruit sourd comme celui d'une voiture roulant sous une voûte. Le gouverneur du château, ne sachant où j'étais, m'envoya chercher. Un domestique me trouva et me dit :

— Que faites-vous là pendant le tremblement de terre ? Le gouverneur vous fait chercher partout. Vous devez monter sur la terrasse du château, qui est en face du Stromboli.

Je m'y rendis aussitôt et le gouverneur me fit une espèce de réprimande de ce que j'étais resté dans le château pendant le tremblement de terre.

A peine achevait-il de me parler que nous ressentons trois secousses successives, puis une détonation aussi forte que si cent coups de canon étaient partis à la fois. Au même instant nous voyons l'éruption sortant triangulairement du cratère du Stromboli, qui vomissait un torrent de lave enflammée de toute sorte de couleurs, et coulant bien avant dans la mer avant de s'éteindre.

C'était en grand l'effet d'une fonderie de fer et d'autres métaux. L'éruption dura soixante-douze heures et fut un beau mais terrible spectacle. Quoique le Pizzo fût à vingt lieues du Stromboli, nous sentîmes la secousse et la détonation, comme si nous avions été au pied du volcan, dont la forme est celle d'un pain de sucre.

Le 31 juillet, vers les quatre heures de relevée, le roi de Naples arrive au Pizzo sur une espèce de gondole, bien pavoisée et escortée par des chaloupes canonnières et d'autres bâtiments légers armés. Je me rends sur le port avec ma troupe pour lui rendre les honneurs et recevoir ses ordres. Il débarque, reçoit le syndic, les autorités civiles et accepte leurs compliments et félicitations. Ensuite il vient à nous, nous passe en revue et me remercie en me disant :

— Je suis content de vous ainsi que de votre belle et bonne troupe. J'ai été bien aise de vous voir dans une aussi bonne tenue.

Puis il monte à cheval et part immédiatement pour Monteleone, où il s'arrête plusieurs jours.

Au commencement d'août, il réunit au camp de Campo, au-dessus de Villa-San-Giovanni et de Reggio, 15-16,000 hommes de toutes armes, composant trois divisions. Le lieutenant-général Grenier est chef de l'état-major. Les lieutenants-généraux Partouneaux et Lamarque commandent deux divisions fortes, de 10-11,000 Français, et le lieutenant-général Cavaignac la troisième composée de 4-5,000 Napolitains. Le roi prend le commandement en chef de cette armée.

Le 1er régiment suisse fait partie de la division Partouneaux et quitte Monteleone et ses environs pour se rendre au camp.[1]

L'artillerie, ses attirails, les munitions et les vivres nécessaires à l'expédition depuis longtemps projetée contre la Sicile sont transportés par mer, escortés par des chaloupes canonnières, des avisos et d'autres bâtiments légers, côtoyant tous la terre aussi près que possible. Les Anglais suivent ces flottilles, endommagent par leurs boulets les bâtiments qui s'écartent et les prennent. Aussi emploie-t-on des troupes pour protéger depuis la côte tous ces navires.

Depuis le camp et les batteries, il est beau de voir ces flottilles françaises venir se mettre sous la protection des fortins et d'assister à ces engagements entre les Français et les Anglais.

Je quitte, non sans regret, le Pizzo, où nous étions parfaitement bien avec les autorités et les habitants, particulière-

---

[1] C'est-à-dire, les deux premiers bataillons et les compagnies d'élite des 3e et 4e.

ment avec le gouverneur du château, qui veut bien garder mon jeune cheval jusqu'au retour de l'expédition.

J'ai l'ordre de suivre la côte pour protéger les convois. C'est une route assez scabreuse, montant et descendant continuellement et souvent d'un rocher à l'autre. Nous passons par Tropea, jolie petite ville bâtie sur une langue de terrre fort étroite au bord de la mer, dans un pays fertile et bien cultivé.

De là, nous gagnons le cap Vaticano, Soppolo, Nicotera, petite ville également au bord de la mer, et Gioja, où nous avons encore une petite affaire. Les Anglais étant venus prendre une partie de nos barques pour les emmener à la remorque, quelques coups de canon d'une de nos batteries et une courte fusillade les obligent à prendre le large et à abandonner les embarcations qu'ils ont amarrées. J'ai deux voltigeurs légèrement blessés.

Nous passons encore par Palmi, Bagnara, fort jolie ville, avec titre de duché et au bord de la mer, Scilla qui, avec sa forteresse bâtie sur un rocher très-escarpé, appartenait au prince de ce nom et qui est pour ainsi dire située dans le détroit de Messine, presqu'en face de la tour du Faro. Toutes ces villes et surtout la dernière ont beaucoup souffert du tremblement de terre du 5 février 1783, par lequel 1,200 personnes périrent en se croyant en sûreté sur le rivage, où elles s'étaient réfugiées.

J'arrive à Campo, et, ma mission finie, je reçois l'ordre de m'établir à Villa San-Giovanni, sous les ordres du maréchal-de-camp Steemann, qui commandait la côte de Scilla à Reggio. On m'installe comme commandant d'armes, avec deux batteries de côte sous mes ordres. Le régiment est au camp [1].

On occupe les troupes à des théories, à tirer au blanc, à manœuvrer; on les exerce à s'embarquer, à débarquer, et à prendre position le plus lestement possible.

---

[1] A part les 3e et 4e bataillons, dont l'un était à Naples, l'autre à Capri, puis l'artillerie qui se trouvait à Bagnara.

Dans cet intervalle, une partie de la garde royale napolitaine et d'autres troupes arrivent comme corps de réserve, ce qui porte l'armée à 24-25,000 hommes.

Le passage des officiers isolés ou commandants de détachements étant considérable, la pension des officiers stationnés était, comme je l'ai déjà dit, chez le commandant d'armes. Ceux qui étaient en passage venaient se rafraichir ou prendre un repas, ce qui nous obligeait d'avoir toujours table ouverte, un baril de vin, du pain, du fromage, du jambon ou du saucisson, à toutes les heures à la disposition des visiteurs, qui étaient les bienvenus. Ceux de corps entiers faisaient faire leur soupe par des soldats, qui arrivaient avec leur avant-garde. Pendant près d'un mois, les deux piastres de supplément ne suffirent plus et le général Steemann m'en accorda trente de gratification.

Les troupes de terre et de mer une fois bien organisées, le roi les réunit le 15 septembre dans la plaine en face de Messine et les y passa en revue en présence de toute la flotte anglaise, qui ne chercha nullement à nous inquiéter. Après la revue, il témoigna aux chefs de corps, et ensuite dans un ordre du jour, sa satisfaction de la tenue martiale et de la bonne discipline des troupes de toutes armes, puis les corps regagnèrent le camp et leurs cantonnements.

Le 17 au soir, le roi, son état-major, sa garde et les deux divisions françaises se réunissent au mouillage de Porto del Pezzo, où toute la flottille était rassemblée. La division napolitaine Cavaignac s'embarque dans l'anse de Pentimele, sur la droite de Reggio, met à la voile vers les dix heures du soir, et aborde en Sicile entre deux et trois heures du matin, en face de Santo Steffano, Galati et Pezzolo. Un bataillon du 22e d'infanterie légère et un des chasseurs de royal Corse débarquent et prennent position sur un terrain élevé. Dans l'intervalle de ce mouvement, le vent et le courant changent à l'avantage des Anglais, dont l'escadre peut sortir du port de Messine, ce qui empêche la continuation du débarquement

et barre le passage du détroit. Ce contre-temps oblige la flottille, qui portait le reste de la division Cavaignac, de regagner
son point de départ et d'abandonner ces deux bataillons qui
se rendent prisonniers après une assez longue résistance. Les
divisions Partouneaux et Lamarque, qui devaient débarquer
sur la gauche de Messine, c'est-à-dire, entre cette ville et le
Faro, ont à peine mis à la voile que le courant et le vent
contraire les forcent aussi de virer de bord et de regagner le
Porto del Pezzo.

Contrarié par le temps, le vent et les courants qui était
extrèmement forts, le roi ordonne, le 18, le débarquement
de toutes les troupes et le ralliement des deux flotilles.

Ainsi se termina cette expédition, qui avait eu un double
but; celui de réunir à la couronne de Murat la Sicile, cette
ile vaste, belle et fertile, la plus grande de la Méditerranée,
avec ses quatre-vingt-trois lieues de long sur cinquante de
large, sa population de plus d'un million et demi, et ses nombreuses villes; ensuite, d'opérer une diversion contre les armées de l'Angleterre et de ses alliés.

Le 19, la plus grande partie des troupes repartirent pour
Naples. Le mouvement commença par la garde et les régiments rentrèrent successivement dans leurs garnisons ou dans
leurs cantonnements.

Le roi quitta Reggio dans la nuit du 20 au 21, pour éviter
la grande chaleur. Arrivé à Monteleone, le 22, il s'embarqua
le 26 au Pizzo pour regagner sa capitale.

La marche des troupes fut dirigée autant que possible le
long des côtes, pour protéger les convois envoyés par mer et
attaqués journellement par les Anglais. Jusqu'au 29 septembre, il y eut chaque jour des combats plus ou moins sérieux
entre les flottes française et anglaise; souvent nos batteries de
terre furent obligées de faire feu pour éloigner les Anglais
qui venaient prendre nos navires et les emmenaient à la remorque.

Le 1er régiment suisse rentra au camp de Campo pour observer les mouvements de l'armée anglaise, qui aurait pu tenter quelque débarquement de troupes sur nos côtes. De ce camp, qui était très-élevé, on découvrait le détroit, le Faro et la ville de Messine, de manière que nous pouvions voir toutes les opérations de l'ennemi.

Le chevalier Rieti, commandant la flottille anglaise, m'avait procuré pour seize piastres une bonne lunette d'approche, que je possède encore. Au moyen de cet instrument, je voyais l'ennemi manœuvrer, défiler à la parade, exercer et faire l'appel. Envoyé souvent à Messine comme parlementaire, j'avais fait la connaissance de cet officier, homme charmant et très-serviable. Par son entremise, nous obtenions une quantité de choses nécessaires, qui nous manquaient en Calabre, comme du nankin, de la percale, d'autres étoffes et même du quinquina, qui était très-précieux pour nos malades. Il me procura six livres de quinine en bouteille, pour le corps d'officiers et vingt-cinq livres de quinquina ordinaire pour la troupe, à vingt-quatre francs la livre.

Je le répète, le chevalier de Rieti fut, en dehors des combats, très-obligeant et souvent nous nous vimes comme parlementaires, uniquement pour échanger les journaux et recevoir les objets ou les commissions.

Le 26 octobre, à la tombée de la nuit, les Anglais firent sortir de Messine une flottille assez considérable pour opérer une descente sur nos rivages. Ils passèrent toute la nuit à canonner de droite et de gauche, à lancer des obus et d'autres projectiles incendiaires. Mais ils trouvèrent partout de la résistance et une bonne contenance ; ils ne purent débarquer, et, le 27 à la pointe du jour, ils commencèrent leur retraite.

Me trouvant dans une de mes batteries, je vois flotter quelque chose de noir. Je dis au cannonnier pointeur :

— Voyez, je crois que c'est une chaloupe canonnière. Tirez un coup à mitraille. Elle est à votre portée. La mitraille fera son effet.

Le coup part et nous entendons des cris horribles, des lamentations et des gémissements en anglais et en italien.

C'était malheureusement le navire monté par le chevalier de Rieti, qui fut aussi dangereusement blessé et mourut. J'en fus ainsi et à mon vif regret la cause innocente.

Les Anglais prirent le large et regagnèrent Messine, après avoir, à ce que je crois, perdu assez de monde.

Nous eûmes une vivandière et deux mulets de notre attelage d'artillerie volante tués, deux canonniers et sept voltigeurs légèrement blessés.

A part cette échauffourée fâcheuse et inutile pour les Anglais, nous passâmes tranquillement tout le mois d'octobre et une partie de novembre au camp et sur la côte, occupés à des exercices d'automne, à des promenades militaires, à des inspections et appels. C'était pour tenir la troupe en haleine, puis le véritable moyen de maintenir une bonne discipline, de lier le soldat à ses devoirs et à ses drapeaux, et de l'attacher à ses officiers. Pour ces derniers, c'était la meilleure manière d'apprendre à connaître leurs inférieurs. L'officier qui voit fréquemment sa troupe, acquiert la connaissance de la manière dont il peut le mieux employer ses hommes.

A la fin de novembre, les Anglais et les Siciliens débarquèrent sur les côtes de Gioja, de Rosarno et de Sant'-Eufemia. Des partisans, avec leurs bandes, gagnèrent les plaines voisines, entourées de rivières et de forêts, et se répandirent sur différents points des deux Calabres.

Un berger de Platiani, village habité par des Albanais d'origine, se mit en campagne avec d'autres sur la Sila. Sous le nom de roi des montagnes, il devint en peu de temps redoutable par son audace et sa cruauté, et porta la terreur dans la province et dans tous les lieux de son passage. Les forces de ce scélérat étaient peu connues, car il paraissait parfois avec plus ou moins d'hommes et levait des contributions en argent, vivres, etc., pour plus de monde qu'il n'en avait, afin de paraître plus formidable. Il enlevait des membres des familles les plus aisées pour les rançonner bien cher.

Les bandes de Francatripa, de Parafanti et de Scarolla,

qui avaient été dispersées , se recrutèrent et devinrent plus redoutables que jamais , ce qui annonça un hiver fatigant et orageux. Et il le fut, comme on le verra.

Le 1er décembre, le régiment quitta son camp. Une partie en fut stationnée le long de la côte , depuis le Pizzo jusqu'au cap Spartivento, et en occupa les villes et les villages les plus considérables. Une autre parcourut l'Aspromonte, puis la côte depuis le cap Spartivento jusqu'à Gerace, Castel Vetere et Squillace. Il fallait maintenir l'ordre et la tranquillité chez un peuple prêt à se soulever contre l'autorité, et surtout chez les montagnards passionnés pour le brigandage. On établit l'état-major à Monteleone, les voltigeurs avec moi à Maida, Sant'-Eufemia, Nicastro et Taverna. Nous parcourions le littoral jusqu'à l'Amantea , et depuis Nicastro les différentes montagues de la Sila. Nous étions presque constamment en colonne mobile, même par les plus mauvais temps d'hiver.

A l'instigation des chefs de bande nommés plus haut , une grande partie des habitants des Calabres se mit aussi en campagne, cherchant à soulever le pays.

Pour en finir, le Roi envoya , dans le courant de janvier 1814 , le lieutenant-général Manhès et deux maréchaux-de-camp , dont j'ai oublié les noms , tous trois généraux au service de Naples, munis de pleins-pouvoirs ou avec carte blanche : mesure terrible et violente, mais jugée bien nécessaire.

C'est ici que je suis obligé de dépeindre l'arbitraire du pouvoir absolu des généraux et des commissions militaires, les énormités et les horreurs qui se sont commises pendant les mois de janvier, de février, de mars et d'avril. Leur description fera frémir l'âme la plus dure , et l'on comprendra facilement ce qu'ont dû souffrir le spectateur sensible et l'acteur innocent chargé d'exécuter les ordres.

Le dirai-je, afin de rendre justice à la vérité des faits?

Plus de cinq mille personnes de tout âge furent arrêtées par ordre supérieur.

Le général disait :

« Pour éteindre le feu des bandes, il faut agir avec toute la rigueur possible et mettre l'humanité de côté dans une pareille opération. »

Le général Manhès fit prendre des ôtages et emprisonner aïeul, aïeule, père, mère, même les parents jusqu'au quatrième degré inclusivement. Un ôtage, qui s'évadait, était considéré comme complice. On mettait le séquestre sur ses biens, qui répondaient des crimes et vols commis. Or, ces ôtages étaient toujours pris parmi les autorités et les plus riches habitants.

C'est par ces moyens atroces et ces rigueurs qu'on parvint à purger le pays de ces bandes destructrices, à diminuer les crimes et le brigandage et à rétablir l'ordre chez un peuple adonné à ce genre de vie.

Tous ces ôtages et les brigands, qu'on prit, formèrent ce nombre de plus de cinq mille hommes, vieillards, femmes et enfants.

En attendant leur jugement, tous ces gens furent renfermés dans des églises et des couvents. Les malfaiteurs furent détenus dans les prisons, souvent sans autre nourriture que celle envoyée ou apportée par leurs familles. Mais la plupart d'entre eux étaient hors de la portée de leurs parents. L'entassement de ces malheureux, le manque de subsistance et le mauvais air qu'ils respiraient, occasionnèrent une épidémie dans toutes ces localités.

On a vu et bien vu des femmes donner le sein à leurs enfants, qui sucèrent du sang, d'autres enfants chercher à s'allaiter sur le sein de leur mère morte, des vieillards rester trois jours sans nourriture, si bien qu'il fallut les porter hors de leur prison. On a vu vingt-sept brigands, auxquels on avait promis leur grâce, tous garrottés l'un après l'autre à la même corde, fusillés sur un monticule, du haut duquel les morts entraînèrent les vivants dans un ravin, où l'on fut obligé de les achever l'un après l'autre.

Des témoins oculaires m'ont assuré qu'à Cosenza, vu le

grand nombre des détenus, on en mitrailla sur le bord de la rivière cinq cents, dont cent ou cent cinquante moururent sans avoir été atteints.

Les commissions militaires, établies dans les principales villes des Calabres, étaient aussi pénibles qu'embarrassantes, à cause de l'ignorance de la langue et des fausses accusations, dictées pour la plupart par l'esprit de vengeance et lancées en apparence pour induire les juges en erreur.

Une grande partie des prisonniers périt de misère et succomba à l'épidémie, d'autres furent pendus. On en conduisit à Naples des milliers, dont on fusilla, chemin faisant, les plus mutins. De là, on les transporta dans les îles d'Elbe et de Corse, où, employés aux travaux des routes, ils moururent presque tous de fatigue et de misère.

Dans bien des endroits, faute de bourreaux, on promettait la grâce à l'un des scélérats pour qu'il pendît ses camarades, ou on le contraignait à remplir cette dégoûtante fonction. A Sant'Eufemia, dix-neuf furent pendus par l'un d'eux, qui finit par l'être par un autre de son espèce. On répéta plusieurs fois cette cruauté.

On ne parlait en un mot que d'arrestations, d'emprisonnements, de pendaisons, de fusillades et d'exils.

Enfin, les commissions eurent l'ordre de passer par-dessus les formes, comme si l'on avait le droit de disposer de la conscience des juges.

Je fus nommé président d'une de ces commissions militaires, dont deux de mes officiers étaient membres. J'ordonnai au rapporteur de suivre toutes les formes voulues pour fournir aux juges les moyens d'éclairer leur conscience. Mais cette mesure provoqua fort heureusement mon remplacement et celui de mes officiers par un colonel et deux officiers napolitains.

Cependant, je dois le dire, le général ne m'en voulut pas. Bien au contraire, il me témoigna beaucoup d'amitié et la plus grande confiance. En effet, il me chargea de commissions assez difficiles à remplir et m'envoya avec ma troupe pacifier les endroits les plus agités par les troubles et les passions, qui y étaient terribles, et rétablir autant que possible l'ordre chez ce peuple sauvage, pour ne pas dire féroce.

Cependant les 4mes et 3me bataillons du régiment partaient des environs de Naples le 10 février et le 26 avril, et prenaient par Montefusco, Sant'-Angelo, Ascoli, Barletta, Bari, Tarente, Rocca Imperiale, Rossano, Cotrone, Belcastro, Taverna et Catanzaro.

Ces deux bataillons furent cantonnés dans les environs des trois derniers endroits, et employés en partie à des colonnes mobiles parcourant une grande partie de la Calabre Ultérieure pour soumettre et détruire les bandes ou les brigands, qui avaient repris le dessus et portaient la terreur dans tout le pays.

Raconter les opérations de l'un de nos quatre bataillons, c'est décrire un service pénible, fatigant et dangereux, certaines missions dont un officier était souvent chargé, soit comme président ou membre d'une commission militaire. Ces commissions étaient d'autant plus scabreuses, surtout lors des mesures terribles dont on vient de parler, que les habitants cherchaient tous les moyens possibles pour compromettre un officier, particulièrement celui qui commandait une colonne mobile ou un district. Le Calabrais est fier, fourbe, haineux et très-vindicatif.

Vers la fin d'avril, à force de les poursuivre, et grâce aux sollicitations des parents et des ôtages, on parvint à dompter ces bandits. Les uns se rendirent à condition d'avoir la vie sauve, d'autres furent examinés par les commissions militaires. Ceux qu'elles reconnurent non coupables d'atrocités et de crimes, se virent exilés dans les îles pour travailler aux routes, et ceux qu'on prit les armes à la main furent pendus ou fusillés sans miséricorde. Le plus grand nombre, c'est-à-dire, les femmes, les enfants, les vieillards, enfermés comme ôtages, et les bandits, qu'on n'avait pas encore condamnés, moururent dans les églises, les couvents et les prisons, où ils étaient entassés comme des harengs dans un tonneau. Le nombre de ceux qui moururent ainsi de faim , de misère ou des suites de l'épidémie s'éleva à 5–6,000 dans la Calabre Citérieure, et à un chiffre beaucoup moins considérable dans la Calabre Ultérieure.

Après tant de sang versé et une pareille mortalité, les habitants paisibles purent jouir quelque temps de l'ordre et de la tranquillité, résultats d'une terreur peut-être sans exemple. Les troupes cessèrent leurs courses et rentrèrent dans leurs cantonnements pour se reposer, ce dont elles avaient grand besoin.

A mon grand plaisir, je reçus , le 7 mai , l'ordre de me rendre avec mon monde à Villa San Giovanni, près de Reggio, d'où nous étions partis en décembre pour faire cette horrible guerre. Nous y restâmes tranquilles jusqu'au mois de juillet, époque où nous quittâmes les Calabres.

Le 1er régiment suisse se trouvait pour la première fois réuni dans un camp, à l'exception de 240 canonniers auxiliaires, stationnés depuis 1806 dans les différents forts de Naples et des îles, et des quatre compagnies de voltigeurs qui se trouvaient avec moi à Villa San Giovanni, à une demi-lieue plus haut, sur la côte¹. Le colonel Raguettli voulut faire célébrer cette agréable circonstance par une fête, et assembla son corps d'officiers pour lui en soumettre la proposition , qui fut unanimement agréée avec le plus vif empressement. On regretta seulement que les camarades détachés comme canonniers auxiliaires ne pussent pas participer à cette réunion depuis si longtemps désirée. MM. le commandant de Flue, le capitaine Camarès , les lieutenants Boisot et Pingoud furent chargés d'envoyer les invitations , de recevoir les étrangers et de faire les honneurs ; les capitaines Zingg et Techtermann eurent le département de la décoration du camp ; les capitaines Fleckenstein et Rey celui du gibier ; les capitaines Bezencenet et Jeoffrey celui des vins ; le capitaine Druey et le lieutenant

Corboz celui de la volaille ; les capitaines Weymann et Gross celui des viandes fraîches, des jambons et des saucissons ; le capitaine Magatti et le lieutenant Legler celui des légumes, des fruits et du dessert, et moi celui des poissons et des fleurs. Comme on ne pouvait inviter tous les corps stationnés dans la Calabre Ultérieure, on pria leurs chefs d'envoyer une députation prise dans tous les grades, depuis le colonel jusqu'au simple soldat, pour représenter chaque régiment. On invita de plus les autorités de Catanzaro, chef-lieu de la province, et des villes les plus rapprochées. Naturellement, on n'oublia pas les dames, car sans le beau sexe la fête n'aurait pas été complète, et il nous honora de sa présence.

Quant à moi, craignant de voir le poisson manquer, je fis pêcher le long des rivages de mon commandement. La chose réussit complétement, et l'on m'apporta du poisson de tous côtés. Je crois qu'on n'en avait jamais vu autant de réuni. Pour se défaire du surplus, le colonel fit faire des cadeaux et l'on en distribua à la troupe.

On employa les sapeurs à établir avec des planches de sapin des tables et des bancs destinés au repas des sous-officiers et des soldats, et disposés dans l'allée du camp, qui était composé de deux lignes de baraques. D'adroits soldats s'occupèrent à tendre de grandes marquises, les unes affectées à la réception des invités, les autres devant servir de salles à manger. D'autres soldats firent la cuisine et servirent le diner. Des sous-officiers, chargés de suivre tous ces détails, s'en acquittèrent à la perfection. On garnit l'intérieur des tentes de guirlandes, de couronnes et de festons de fleurs. Mais la partie la plus difficile fut le linge et la vaisselle, qu'on trouva pourtant à Reggio, la ville la plus voisine du camp, et dont les habitants voulurent bien se prêter à nous rendre ce service.

On donna aux sous-officiers et aux soldats du pain, du vin, du jambon, du saucisson et du fromage, le tout en abondance. Les tables des dames et des autorités civiles et militaires furent splendidement servies.

Le canon annonça la fête le matin du jour fixé. La troupe prit les armes, exécuta quelques manœuvres, fut passée en revue et rentra dans les baraques. Chacun s'empressa de recevoir le mieux possible tous les invités. Les dames, les autorités civiles et les officiers de tout grade firent le tour des tables des sous-officiers et des soldats, pour assister à leur repas. A une heure, on vint prévenir que le dîner était servi, et l'on se mit à table. Pendant le dîner, nous eûmes un fort coup de vent, qui, très-heureusement, ne dura pas longtemps et n'endommagea qu'une seule tente, celle de réception. Le repas se passa avec décence, mais sa gaieté sincère fut troublée par un fâcheux accident.

A chaque santé qu'on porta, on tira le canon. Au moment où l'on chargeait une des deux pièces, un artilleur oublia, dans sa gaieté, de tenir avec le doigt la lumière bien bouchée. On bourrait les pièces avec du gazon pour augmenter l'écho. Le coup part, et blesse grièvement les deux servants qui se trouvaient à la bouche du canon. Il fallut les amputer tout de suite, celui de droite du bras gauche, et celui de gauche du bras droit. Notre chirurgien-major Heumann fit immédiatement l'opération, et six semaines après ces deux malheureux étaient rétablis. Le régiment assura à chacun d'eux une pension viagère de cinquante francs par an. Après une canonnade nocturne, échangée plus tard entre la flottille anglaise et nos batteries, le général Partouneaux permit de porter ces deux amputés comme ayant été blessés à cette occasion, ce qui leur valut une bonne retraite.

Sauf ces deux accidents et surtout le dernier, la fête n'aurait rien laissé à désirer. Une excellente musique joua pendant le repas. En un mot, les convives ont été parfaitement contents de la fête. On en a parlé longtemps et toujours avec plaisir. Elle a coûté 2,000 ducats de Naples, à 4 francs 40 centimes le ducat, c'est-à-dire, 8,800 francs de France.

Je ne quitterai pas les deux Calabres sans donner quelques détails sur elles, et avant tout, je raconterai encore un trait caractéristique d'inhumanité calabraise, que j'ai oublié de citer en son lieu.

Nous avions au régiment deux capitaines Gross, dont l'un, de la Neuveville, était fataliste, l'autre, de Martigny, catholique[1].

Or, ce dernier commandait une colonne mobile dans les environs de Policastro. Avec sa compagnie et une de la garde civique, il prit, dans une affaire sérieuse, dix-neuf révoltés les armes à la main, tous dans le cas d'être fusillés sur-le-champ. Parmi ces prisonniers, il s'en trouvait un dont le frère servait dans les rangs de cette garde civique. Ce frère le reconnut et, le croira-t-on? il osa demander au capitaine Gross la permission de le fusiller. M. Gross lui dit : « Malheureux, à quoi penses-tu? Il paraît que tu ne vaux pas mieux que ton frère. Va-t-en : tu es un monstre à mes yeux » Et il le renvoya de sa colonne.

Je pourrais ajouter d'autres faits et d'autres circonstances de ce genre, mais il me semble que j'en ai raconté assez pour donner une idée du naturel et des mœurs des Calabrais. Je ne sais même pas si l'on parviendra de si tôt à civiliser ces montagnards.

Je commencerai par une faible description des Apennins napolitains, que le régiment a parcourus dans toute leur longueur et toute leur largeur. Ils s'étendent depuis le Monte Vellino et de Fiore, au-dessus d'Aquila, jusqu'au Monte Caruso. Le Monte Vellino est la sommité la plus haute et s'élève à 12-1300 toises au-dessus du niveau de la mer. Jusqu'au Monte Caruso, la chaîne a une longueur de 55-60 lieues entre les deux mers. Depuis le Monte Caruso, qui a près de 600 toises d'élévation, les Apennins se divisent en deux branches, dont l'une se termine en Calabre à Montebello, au-dessus du cap dell' Armi, après un parcours de 50 lieues,

---

[1] Passé en 1812 au 6e de ligne français, il fut décoré à Bautzen et tué à Goldberg, le 25 août 1813.

et dont l'autre, s'étendant de Bari à Otranto, sur un espace de 30 lieues, va s'abaissant jusqu'au-dessus du cap de Leuca, dans la mer Ionienne.

La longueur des Calabres est de 160-170 milles napolitains, ou d'à peu près 60 lieues, depuis le village de Rotonda, du côté de la Basilicate, jusqu'à Bova, sur le cap Spartivento. Leur plus grande largeur est de 50-60 milles, depuis Belmonte, du côté du cap Suvero, jusqu'à Ciro, sur le cap dell' Alice. La partie la plus étroite de ce pays a une étendue de 15-16 milles, depuis le golfe de Sant' Eufemia à celui de Squillace.

Cosenza était la capitale de la Calabre Citérieure. Cette ville, grande et assez jolie, avait un bon château et environ 9,000 habitants. C'est une des plus anciennes villes du royaume, la plus considérable des Calabres et la résidence des autorités civiles et militaires. Elle est située dans une plaine très-fertile, arrosée par le Crati, qui en rend l'air très-malsain. Aussi la plus grande partie des habitants va s'établir dans les environs les plus élevés, depuis le 15 mai au 15 octobre, ce qui rend la ville très-déserte dans la saison des grandes chaleurs. A quatre lieues de la Méditerranée, elle est peu commerçante et ne trafique qu'avec l'intérieur. Son territoire produit des grains, de l'huile, d'excellents fruits, du coton, etc.

Catanzaro, la seconde ville des Calabres, était, comme je l'ai déjà dit, la capitale de la Calabre Ultérieure. L'air y est très-sain. La ville est assez commerçante et l'on y fabrique du velours de soie et d'autres étoffes à l'usage du pays. Son territoire, qui descend en pente sur le golfe de Squillace, est des plus fertiles en grains, huile, vin, fruits, denrées qui sont toutes de première qualité. On y cultive le coton et la soie, qui sont d'un grand rapport. Cette contrée laisse fort peu de chose à désirer et procure tout ce qui est nécessaire à l'homme.

Reggio est la troisième ville des Calabres. A la description que nous en avons déjà faite, nous ajoutons que les chaleurs y sont très-supportables, à cause du courant d'air continuel ; que les jardins y sont clos par des haies d'orangers et de citronniers, et qu'à l'époque de la floraison, l'odorat est souvent incommodé. Je répète encore que c'est un séjour charmant, un pays des dieux. C'est tout dire.

Toutes les villes calabraises étaient peu considérables et avaient de 3,000 à 17,000 habitants. Presque toutes se trouvaient situées snr des hauteurs susceptibles de défense, et le sol leur fournissant en général ce qui leur était nécessaire, elles pouvaient se passer pour ainsi dire de leurs voisins.

La continuation de la chaîne des Apennins, qui traverse dans toute sa longueur le centre du royaume de Naples, est en grande partie couronnée par de vastes plateaux, où, en hiver, le froid est très-rigoureux et où la neige séjourne depuis le mois de novembre jusqu'à celui d'avril. Dans la belle saison, on y voit de riants et beaux pâturages, de belles métairies, de beaux villages et hameaux, dont les habitants sont en partie des pâtres d'origine albanaise. Ces lieux charmants sont entourés des plus beaux arbres fruitiers et de très-belles forêts de la plus haute futaie, qui fournissent de beaux et bons bois de charpente et de construction pour la marine. On y trouve en outre d'immenses forêts d'oliviers d'une belle hauteur, des châtaigniers de toute beauté, donnant des châtaignes d'une belle et bonne qualité, qui sont, pour ainsi dire, la principale nourriture des montagnards, comme en Corse. Il y en a tant qu'ils en donnent aux chevaux et aux mulets en guise d'avoine ou d'orge, et qu'ils les font sécher et moudre pour en obtenir du pain. Les fruits de ces montagnes sont délicieux, surtout ceux à pepins et à noyaux, et sont préférables à ceux des plaines, parce qu'ils ont plus de saveur, les grandes chaleurs les faisant mûrir plus tôt.

Les plaines sont inhabitées en été et il n'y reste qu'un petit nombre d'indigents, qui gardent les campagnes et sont enlevés par les fièvres à un âge peu avancé. Très-peu de gens y passent la nuit. Après le lever du soleil, ils descendent des lieux élevés pour cultiver le sol le plus fertile et regagnent leurs habitations avant le coucher de cet astre, pour échapper à l'air pestilentiel provenant des eaux stagnantes qui croupissent dans les bas-fonds. En hiver, les plaines sont un charmant séjour. Aussi les propriétaires quittent alors les hauteurs pour aller jouir d'un second printemps.

Le vent du midi ou d'Afrique, vulgairement nommé le Scirocco, règne souvent dans ces contrées ; il est brûlant à un degré insupportable, surtout la nuit, où il fait l'effet d'une vapeur sortie d'un four.

Comme on le voit, ce pays abonde en bon vin, en huile d'olive, qui se conserve dans des citernes, en grains, en fruits de toute espèce, en soie, en coton, en plante de réglisse, qui croît sans culture, en manne très-estimée. On y voit beaucoup de troupeaux de bêtes à cornes, de moutons et de chèvres, enfin, des buffles, dont la rencontre est dangereuse. Les habitants se servent de saindoux au lieu du beurre, dont ils ne connaissent pas l'usage. Le laitage est employé à faire un fromage appelé caccio-cavallo.

Le pays possède une excellente race de chevaux, bien faits, pleins de vigueur et de feu, de superbes et bons mulets d'une très-haute taille. Ces derniers sont très-utiles dans les montagnes à cause de l'adresse avec laquelle ils passent par les sentiers les plus étroits, et on les emploie au transport des denrées et des marchandises. Leur charge ordinaire est de 2-300 livres, mais peut s'élever à quatre quintaux. Tout se porte en Calabre à dos de mulet et de cheval.

Il y a dans ce pays beaucoup de gibier et de très-bon poisson.

Les plus considérables des rivières ou des torrents des Calabres sont le Crati, le Laino, le Nieto, le Lamato, et l'Angitola.

Comme il n'y avait en Calabre ni grande route, ni pont, les chemins étaient extrêmement fatigants dans les montagnes, surtout en hiver, où ils sont encombrés par la neige, ainsi

que les sentiers, qui longent les précipices les plus profonds.
En été, ils l'étaient dans les plaines ou sur les plages, à cause
du scirocco et du sable, où l'on enfonçait jusqu'à la cheville
du pied. Le sable éblouissait la vue par son brillant et exhalait
des miasmes d'une âcreté très-malfaisante. Des filets d'une
eau croupissante occupaient parfois le lit desséché d'une rivière.

En hiver, ces plaines ont leur désagrément, car, comme je
l'ai dit plus haut, l'homme ne peut sortir de la fange et du
limon; les rivières, qui débordent et inondent le pays, sont
très-dangereuses à l'époque des pluies et de la fonte des
neiges.

Le pays est merveilleusement fertile en tout, mais cette
fertilité est en partie le malheur des habitants. Ils se reposent
sur la nature de ce sol, qui produit pour ainsi dire sans culture, et ils ne font rien pour prévenir le besoin.

De même que le Napolitain, le Calabrais est très-sobre,
surtout pour la boisson. Si vous rencontrez un homme ivre,
vous pouvez croire que c'est un étranger. C'est très-heureux,
car si les habitants de ce pays étaient adonnés au vin, ils
seraient cruels dans l'état d'ivresse. Ce peuple a peu de besoins, et, quoique très-robuste, il est très-paresseux, assez
inconstant et dissimulé; très-bon quand on sait le prendre,
ami fidèle et ennemi dangereux.

Bref, c'est un bon pays, mais un peu habité par des dia-
bles.

Les généraux français, qui ont commandé en chef dans les
Calabres, sont les lieutenant-généraux Reynier, Maurice-Ma-
thieu, Partouneaux et Pacthod. Les trois premiers étaient des
chefs distingués sous tous les rapports. Le quatrième, rempli
de talents, de capacité et très-bon militaire, était immoral au
plus haut degré. C'était au point que ses aides-de-camp n'y
tenaient pas et qu'on voyait souvent de nouvelles figures dans
son état-major.

Le 9 juillet, le colonel Raguettli reçut l'ordre de réunir

son régiment à Reggio. On releva les différents détachements par les troupes napolitaines, et le 12 nous passâmes la revue de départ, au grand plaisir de chacun de nous.

Le 14, le régiment se mit en mouvement et le 4ᵉ bataillon ouvrit la marche, dont les trois autres suivirent successivement l'itinéraire. Il passa par Seminara, Rosarno, Monteleone, Nicastro, Cosenza, Castrovillari, Castelluccio, Lauria, Lagonegro, La Sala, Rapolla, Eboli, Salerne, Torre dell'-Annunziata et Naples, où le régiment ne resta que quelques jours pour un peu se reposer et faire rentrer les canonniers auxiliaires qui, au nombre de deux-cent-quarante hommes, les officiers compris, avaient été employés plus de cinq ans dans les îles d'Ischia, de Procida, de Capri, de Nisida, à Pausilippe et dans les forts de la capitale.

Appelé à faire partie d'un corps d'observation, le régiment fut cantonné dans les environs de Cajazzo, de Ponte Latone, Formicola, Pignataro et Sparanisi[1].

Il en partit le 1ᵉʳ novembre, après avoir beaucoup souffert par les grandes chaleurs, les fatigues et les maladies, depuis le 14 juillet, et laissé plus de trois cents hommes dans les hôpitaux. Presque tous étaient atteints de fièvres malignes, fort peu rejoignirent le régiment, et les autres succombèrent à la contagion.

Le 2, nous nous mettions en marche pour Rome, par Sessa, Mola di Gaéta, Itri, Fondi, Terracine, les marais Pontins, Velletri et Albano. Nous nous arrêtâmes deux jours à Rome pour y prendre le dépôt du régiment, en garnison au château de Saint-Ange.

Nous repartîmes le 15 pour Florence, en passant par Baccano, Monterosi, Ronciglione, Viterbe, Monteliascone, Bolseno, Acquapendente, Ponte Centino, Radicofani, San Quirico, Monteroni et Sienne.

---

[1] C'était le corps d'observation dit de l'Italie méridionale, commandé par le lieutenant-général Grenier.

A Florence, où nous séjournâmes également deux jours, on nous ordonna de nous rendre à Plaisance, par Scarperia, Lojano, Bologne, Modène, Reggio, Parme, Fiorenzuola, et nous arrivâmes le 19 décembre à notre destination.

C'est dans cette ville que le colonel reçut l'ordre de former avec son régiment deux bataillons d'élite et de partir immédiatement avec eux pour la grande armée. Il n'eut que cinq jours pour effectuer son travail et mettre son monde en état de faire une longue route. Il fallait réparer l'habillement, l'équipement et l'armement. A dire vrai, tout cela était toujours bien entretenu ; *vieux soldats, bonnes armes,* et ils appellent leurs armes leurs femmes. Leur amour-propre les portait à en avoir soin.

Ces deux bataillons se composèrent du colonel, de deux chefs de bataillon, de deux adjudants-major, d'un capitaine trésorier, d'un lieutenant officier payeur, du grand juge, du chirurgien-major, d'un aide chirurgien, de deux adjudants, de deux caporaux-tambours, de quatre compagnies de grenadiers et de quatre de voltigeurs, la compagnie à cent-cinquante-un grenadiers ou voltigeurs, ce qui, avec ses officiers, ses sous-officiers et ses deux tambours, donnait un total de cent-septante-un hommes. L'effectif de ces deux bataillons se trouva porté à 1,582 hommes, l'état-major compris.

C'étaient deux bons et beaux bataillons, entièrement composés d'hommes de haute taille, à moustaches et chevrons, militaires éprouvés, faisant honneur à leur nation, j'ose même dire, admirés pour leur bonne conduite, leur discipline, leur air martial et leur belle tenue. Je ne fais pas leur éloge, mais je leur rends la justice qu'ils méritaient. Leur réputation l'a d'ailleurs prouvé.

Ils partirent de Plaisance pour la grande armée, le jour de Noël 1811.

Mais avant de sortir de l'Italie, je dirai que c'est un beau et bon pays, un des plus fertiles de l'Europe. Les saisons y sont assez tempérées et l'air sain, à l'exception des plaines de l'État de l'église, de la Toscane, du Mantouan et du royaume de Naples. Il abonde en blés, bois, huiles, herbages, légumes, riz, soie et coton. Les Italiens sont très-sobres, polis, prudents et spirituels. On trouve en Italie une quantité de belles villes, qui laissent peu de chose à désirer. Il suffit de citer Naples, Rome, Florence et Milan, et pour finir, je crois la Toscane le jardin de l'Italie.

Je reviens à nos deux bataillons, qui marchèrent de Plaisance sur Lodi, Milan, Olgiate, Somma, Sesto-Calende, Arona, Gravellone, Domo d'Ossola. Il passèrent la veille de l'an à Simplon, où il y eut un bal, qui finit au moment du départ pour Briegue. Chacun se sentait heureux de pouvoir passer ce jour de fête dans sa patrie.

Nous fûmes tous très-bien reçus par les moines de l'hospice. Les officiers y trouvèrent à déjeuner, et pour mettre de l'ordre dans le passage, le colonel fit opérer le mouvement par compagnie, en commençant le 1ᵉʳ janvier 1812 à six heures du matin. Les compagnies se succédèrent les unes aux autres, de demi-heure en demi-heure. En arrivant, on passe sous la voûte sur laquelle est bâtie l'hospice, A l'entrée, on avait placé un moine avec un grand vase de vin ; au centre, un second auprès de deux grandes corbeilles remplies de gros morceaux de pain et de fromage ; à la sortie enfin, un troisième, à côté d'un autre grand vase de vin. En passant les uns après les autres, les soldats recevaient un verre de vin en entrant, un morceau de pain et de fromage au milieu, et un second verre de vin en sortant de la voûte. Ainsi, chaque compagnie fut servie dans un instant.

Reconnaissant de cet acte d'hospitalité, le régiment envoya quelque temps après vingt-cinq louis à cette vénérable maison.

De Brigue, on continua la marche par Louëche, Sierre, Martigny, Saint-Maurice, Saint-Gingolph, Evian, Thonon. A Genéve, où nous séjournâmes, nous fûmes parfaitement accueillis par les habitants, qui nous traitèrent comme des frères.

Nos soldats, accoutumés aux vins violents d'Italie, buvaient ceux de Suisse comme si c'était de l'eau. Messieurs les Genevois disaient :

— Chacun de ces hommes est un tonneau de vin, on ne peut les griser.

De Genève, on gagna le fort de l'Écluse, Châtillon, Bourg en Bresse, Lons-le-Saulnier et Besançon.

Le colonel avait permis, à Brigue, à plus de 250 sous-officiers et soldats d'aller voir leurs parents, avec armes et bagages, à la condition de rejoindre le jour que l'on passerait à Besançon. Dix-sept hommes manquèrent à leur promesse pour indisposition, mais ils rejoignirent à Colmar, munis de certificats constatant la cause de leur retard. Cela fait bien leur éloge.

De Besançon, on se dirigea sur Belfort, Cernay, Colmar, Schelestadt et Strasbourg, où l'on arriva le 15 février.

Le 20 de ce mois, nous étions rejoints par l'aigle du régiment, avec un renfort de quatre compagnies du centre et celle d'artillerie, ce qui porta chacun des deux bataillons à six compagnies, et leur force à 64 officiers, 1,862 sous-officiers et soldats, ou 1,923 hommes en tout, l'état-major compris.

Au mois de janvier, le régiment venait de subir la nouvelle organisation de l'infanterie française, dont les bataillons n'étaient que de six compagnies, dont deux d'élite et quatre du centre, ce qui réduisit le corps à dix-huit compagnies, sans compter celle d'artillerie.

Le régiment avait donc le colonel en second, un chef de bataillon, un adjudant-major, quatre sapeurs et quatre prévôts de moins ; les quatre porte-drapeaux étaient remplacés par un porte-aigle, les trois adjoints du trésorier par un capitaine d'habillement, et chaque bataillon avait deux adjudants au lieu d'un. La compagnie d'artillerie eut quatre caporaux de plus. Elle avait ses deux capitaines et son premier lieutenant. Le second manquait.

Les compagnies d'élite et du centre n'avaient plus de second lieutenant, et comptaient 120 simples soldats.

Le régiment avait donc 14 hommes du grand état-major, 40 du petit, 67 d'artillerie et 2,502 des dix-huit compagnies, à 139 hommes. Total, 2,623 hommes.

Telle était sa force, après sa marche de Reggio à Plaisance, où il laissa le 3e bataillon, fort de 700 hommes.

Par suite de cette nouvelle organisation, une grande partie des officiers restèrent sans emploi et rentrèrent dans leurs foyers, les uns avec la retraite, les autres avec le traitement de réforme, en attendant leur rentrée en activité.

Nous eûmes quinze jours de repos, que nous employâmes à nous refaire et à réparer la chaussure et l'habillement. Les officiers remplacèrent l'épée par le sabre, monté en jaune, les épaulettes en argent par d'autres en or. Les grenadiers reçurent des épaulettes écarlate, au lieu de leurs blanches ; on laissa les jaunes aux voltigeurs, et l'on donna aux fusiliers des trèfles de couleur garance comme l'habit, qui eut les boutons jaunes. Enfin, le commandement français prit la place de l'allemand.

Le 1er mars, tout le régiment était présent à la revue de départ, et, à sept heures du matin, nous passions le Rhin et dirigions notre marche sur Kehl, Baden-Baden, Rastadt, Bruchsal, Heilbronn, Mergentheim, Würzburg, Hassfurt, Koburg, Hildburghausen, Ilmenau, Erfurt, Weissenfels, Markraustädt, Merseburg, Halle, Bernburg, Magdeburg, Ziesar, Brandenburg, Pessin, Wustermark, Markau et Nauen.

Nous restâmes cantonnés pendant dix jours dans ces quatre derniers endroits, et nous en profitâmes pour prendre nos effets de campement à Berlin.

Ensuite, on nous dirigea sur Oranienburg, Zehdenick, Prenzlow, Löcknitz et Stettin, où nous trouvâmes les 2e, 3e et 4e régiments suisses, qui nous accueillirent le mieux possible.

C'était aussi la première fois que nous voyions autant de Suisses réunis. Nous nous fêtâmes de part et d'autre, et le surlendemain de notre arrivée, on rassembla les quatre régiments hors de la ville pour les passer en revue et les faire manœuvrer. Elle offrait un beau coup d'œil, cette division de quatre régiments suisses, qui cherchaient à rivaliser entre eux et à se disputer la palme pour la tenue, surtout pour le personnel, pour la précision des mouvements et des manœuvres, et, je dois le dire, le tout était beau. Les généraux en ont témoigné leur satisfaction quant à l'ensemble, et l'ordre du jour l'a constatée.

Sans déprécier les trois autres régiments, le premier les surpassait par sa conduite exemplaire, sa bonne discipline, la beauté des hommes, puis ce que leur air et leur tenue avaient de martial. Cette vérité a été démontrée par les éloges faits par les autorités civiles et militaires et les ordres du jour des différentes armées dont le régiment a fait partie, et cela dans presque toutes les occasions. En peu de mots, c'était un corps d'élite, composé de soldats rompus à la guerre comme à la fatigue.

Nous continuâmes notre marche de Stettin sur Marienburg par Stargard, Falkenburg, Neu-Stettin, Schlochau, Konitz, Tuchel, Junkershof, Neuenburg et Mewe, où nous passâmes la Vistule.

On nous cantonna dans les environs de Marienwerder, de Stuhm et de Marienburg, et ce fut dans cette dernière ville qu'on nous incorpora dans le second corps d'armée, commandé par le maréchal Oudinot, duc de Reggio.

Or, voici la composition de ce corps :

INFANTERIE.

Divisions.	Brigades.	Régiments.	Bataillons.
Comte Legrand	Maison	29e léger	4
	Albert	19e et 56e de ligne	8
	Moreau	128e id., 3e portugais	5
Comte Verdier	Vivier	11e léger, 2e de ligne	8
	Pouget	37e et 124e de ligne	7
Comte Merle	Amey	4e suisse, 3e croate	7
	Candras	1er et 2e suisses	5
	Coutard	3e suisse, 123e de ligne	6

CAVALERIE.

Divisions.	Brigades.	Régiments.	Escadrons.
	Castex	23e et 24e chasseurs	12
	Corbinau	7e et 20e chasseurs, 8e chevau-légers polonais	8
Comte Doumerc	Lhéritier et Berkheim	4e, 7e, 14e cuirassiers, 3e chevau-légers tirés du 3e corps de réserve de cavalerie	16

C'était une force de cinquante bataillons et de trente-six escadrons ou de 42,000 hommes, sans compter l'artillerie, le génie, les pontonniers, la gendarmerie et tout ce qui dépendait d'un corps d'armée.

Le général Dulauloy commandait l'artillerie.

Le maréchal réunit son corps d'armée dans la plaine de Mewe, où il le passa en revue et où il le fit manœuvrer, après quoi il le renvoya dans ses cantonnements, pour y prendre du repos et se préparer à de plus grandes fatigues.

Le 2e corps se mit en mouvement par division et par brigade, pour se porter sur Kreuzburg par Preussisch-Mark, Preussisch-Holland et Braunsberg. Dans les environs de Kreuzburg, le commandant de chaque cantonnement reçut l'ordre de prendre tout ce qu'il y avait de mieux en chevaux et bêtes à cornes, puis des grains, de la farine, du riz et des légumes secs. Outre quatre-vingts cartouches, chaque homme dut porter pour huit jours de vivres. On ordonna enfin d'enlever tout ce qu'il y avait de mieux dans le pays, en ne laissant aux pauvres que les yeux pour pleurer et des expressions pour nous maudire. Je laisse à juger quelle mission ce devait être pour tout officier délicat et humain.

C'est ainsi que je fus obligé de prendre, parce qu'ils étaient les meilleurs, les chevaux et les bœufs d'une veuve, qui les avait empruntés pour labourer et ensemencer ses terres, et qui avait été incendiée quelque temps avant notre arrivée. Cependant j'amenai cette malheureuse au quartier-général, et par mes vives remontrances, j'eus le bonheur de les lui faire rendre.

Les divisions se mirent en mouvement sur Insterburg, où l'empereur les passa en revue, et où il nomma notre brave colonel chevalier de la Légion d'honneur.

De cette ville, les divisions prirent la route de Gumbinnen et après des marches et des contre-marches, nous arrivâmes à Stallupöhnen, Wilkowiski, Pilwiski, Woywery, Passery, d'où nous gagnâmes la grande forêt et la ferme de Negariski, que nous laissâmes sur notre gauche et où l'empereur établit son quartier-général. Cette position était assise sur une hauteur de la rive gauche du Niemen, et à trois lieues de Kowno.

Le 23, on jeta trois ponts sur le fleuve près du village de Poniemen, et le 24 au matin, nous passions sur la rive russe. C'est en descendant cette hauteur, qu'on vit serpenter toutes ces belles et formidables colonnes, qui franchirent les trois ponts. Rien de plus majestueux que le défilé de ces troupes, et que l'ordre régnant dans cette marche. 200,000 hommes, plus de 25,000 chevaux et un train d'artillerie considérable mirent trois jours à franchir ce fleuve, qui, sur ce point, a 60-80 toises de largeur[1]. Rien de plus beau que l'aspect de

---

[1] Le 2e corps passa avec la garde, les 1er et 3e corps et ceux de cavalerie de Nansouty et Montbrun (1er et 2e) sous Murat.

cette artillerie, de cette cavalerie et de cette infanterie, qui rivalisaient entre elles de discipline et de tenue. C'était un coup d'œil admirable, surtout lorsque les troupes surgissant comme d'un ravin, se formaient et se déployaient sur la rive droite, d'où chaque corps d'armée prit sa direction.

La garde impériale et notre corps d'armée marchèrent sur Kowno, où la première entra et que nous longeâmes en la laissant sur notre gauche.

On nous dirigea sur Wiliapola, Janowo et Wilkomir.

Dans ces cinq premières journées, nous éprouvâmes une perte considérable en hommes et en chevaux ; celle de notre corps d'armée à lui seul s'éleva à plus de 1,500 chevaux de cavalerie et du train, sans compter ceux des bagages de l'infanterie. Cette circonstance fut amenée par le plus horrible orage qu'on eût vu de mémoire d'homme. Le tonnerre, des nuages lourds, noirs et enflammés, s'amoncelèrent sur nous, puis à une chaleur extrême et même insupportable succéda subitement un froid désagréable, causé par la pluie, la grêle et le vent. On manqua de tout dans les bivouacs établis au milieu des seigles à hauteur d'homme. Routes et champs furent inondés de toutes parts. Or, on peut se figurer l'effet qu'un pareil temps doit produire sur des hommes passant la nuit sans abri, sans feu, avec une mauvaise nourriture et pour ainsi dire entre deux eaux. Il en résulta des diarrhées, qui enlevèrent beaucoup d'hommes, et cette maladie se propage assez facilement dans une armée. Les chevaux, exposés à une pluie froide et nourris de seigles verts, périrent inévitablement.

Ce fut entre Wiliapola, près de Skornli et de Janowo, que nous passâmes la Wilia, où le capitaine de voltigeurs Besse[1] se noya en se baignant.

Nous continuâmes notre marche par Lukjany, Wilkomir, Schemicky, Uzany, Antolepty, Kalkunen et nous arrivâmes

____

[1] De Sainte-Croix, canton de Vaud. C'était le 27 juin.

le 13 juillet sur la Duna, en face de Dünaburg, qu'on tâta et que les Russes avaient fortifiée. Trois compagnies de voltigeurs firent une petite attaque sur cette place.

De Kowno à Dünaburg, il n'y avait eu que de petits combats partiels entre notre avant-garde et l'arrière-garde russe. Plusieurs fois, pendant cette marche, on avait pris position, croyant que l'ennemi accepterait une bataille. Mais au fur et à mesure que nous avancions, les Russes nous cédaient le terrain, presque toujours sans coup férir.

De Dunaburg, nous remontâmes la Duna par la rive gauche, et l'ennemi par la rive droite. Nous passâmes par Lauzen, Born et Druja, où le général Wittgenstein aperçut de la rive droite notre avant-garde de cavalerie légère qui occupait cette ville. Pendant la nuit, il fit passer le fleuve par un de ses corps, qui surprit la brigade, la sabra en partie et la repoussa [1], après quoi Wittgenstein rappela son monde sur la rive droite. C'est toujours ce qui arrive, quand on garde un poste avec trop de sécurité.

De Druja, on nous dirigea sur Drissa, où nous trouvâmes le fameux camp retranché dont l'établissement avait tant coûté aux Russes, et qui pouvait contenir 20-25,000 hommes. On l'avait très-bien fortifié, et muni de blockhaus et de fortins faits avec des madriers. On y trouva des râteliers couverts pour abriter les armes et des casemates pour hommes et magasins. L'ennemi nous abandonnait là une fameuse tête de pont sans brûler une amorce et en mettant le feu partout pour ne rien nous laisser.

Après avoir rasé les ouvrages, Oudinot marcha sur Polotzk et laissa notre division à Disna, où elle passa la Duna pour se porter par Losowka sur Siwoschina.

Pendant ce temps, le maréchal Oudinot portait les divisions Legrand et Verdier en avant sur Sebej pour chercher

---

[1] Elle appartenait à la division Sébastiani et cette surprise eut lieu dans la nuit du 14 au 15.

celui du général Wittgenstein. La division Merle resta sur la Drissa, près du gué de Siwoszina. L'infanterie de Legrand, la cavalerie de Castex et l'artillerie légère d'Aubry s'avancèrent jusqu'à Kliastitzi, sur la route d'Osweja.

Le 30, les Russes et les Français se rencontrèrent inopinément entre ce village et Jakoubowo. Le choc fut vif mais court et la nuit fit cesser le combat, pendant lequel Oudinot était rejoint par les divisions Verdier et Doumerc. Le maréchal s'était trouvé engagé avec la seule division Legrand dans une gorge étroite, environnée de bois et de collines.

Le 31, cette position resserrée en face de l'ennemi fut la cause d'un revers et d'une perte assez considérable. Car, dans sa marche rétrograde sur Oboiarszina, les Français eurent beaucoup de morts, de blessés et de prisonniers et perdirent des bagages et des chevaux.

Le 1er août, le général Wittgenstein fit passer la Drissa à un corps de 12,000 hommes, pour poursuivre les colonnes françaises. Oudinot, ayant réuni ses divisions, s'élança avec celles de Legrand et de Verdier, l'artillerie et la cavalerie de Doumerc sur les Russes, qu'il renversa à son tour, après les avoir surpris. Le général Koulnief qui commandait ce corps, fut tué. D'après les rapports, les Français perdirent, dans ces deux affaires, environ 10,000 hommes hors de combat, dont 3,000 prisonniers, et une partie des bagages de la division Legrand. Le perte des Russes s'éleva à 4,300 morts, blessés et prisonniers et huit pièces de canon. Grande perte sans résultat, car les deux partis se retirèrent chacun de son côté pour se refaire.

Oudinot reprit, le 2, le chemin de son camp devant Polozk et Wittgenstein retourna à Rasitzi.

On resta tranquille, sauf quelques escarmouches d'avant-postes et de détachements allant aux vivres et aux fourrages. En effet, nous manquions de tout et surtout de pain et de sel. Les campagnes et les villages étaient pillés et ravagés, une partie des moissons coupées pour nourrir les chevaux. Il fallait se battre et passer la ligne de l'ennemi pour chercher autant que possible la subsistance la plus nécessaire aux hommes et aux chevaux. Telle était notre position au mois d'août, et je laisse à juger de ce qui nous attendait en hiver. Nous perdions conséquemment beaucoup d'hommes, qui s'exposaient et étaient faits prisonniers, ou succombaient à la dyssenterie plus ou moins violente qui, chez beaucoup, se compliquait de la nostalgie. Il n'en pouvait guère être autrement. La nourriture du soldat était de la viande, que l'on se procurait assez facilement en raison du transport et des troupeaux de bœufs ou de vaches que les régiments faisaient suivre, parquer et garder par des petits détachements commandés par un officier. Le soldat n'avait ni pain, ni sel, ni légumes, ni solde. La boisson consistait souvent en très-mauvaise eau.

Le 6 août, le 6e corps d'armée, commandé par le général Gouvion Saint-Cyr, arrivait à Polotzk, affaibli déjà de plus de la moitié, sans avoir encore combattu, et on le réunissait devant cette ville.

L'arrivée de ces troupes augmenta la disette. On manquait aussi de grains, de moulins et de fours, car les Russes avaient tout détruit.

Nous sortimes du camp, assis entre Polotzk et le village de Gamzelowo, pour gagner les environs de Lozowka et de Remiki, où il y eut une affaire,

Un escadron du 7e de cuirassiers passa la Drissa, dont l'artillerie russe coupa le pont aussitôt après, ce qui nous empêcha de secourir notre cavalerie et de poursuivre l'ennemi qui la fit prisonnière. Les lieutenants Dortu et Thomann [1], de notre régiment, qui s'étaient trop avancés, tombèrent aussi entre les mains des Russes. Le général Amey [2],

---

[1] Le premier de Nyon, le second de Soleure.

[2] Fribourgeois de naissance, il est mort général de division en retraite à Strasbourg le 15-16 novembre 1850.

commandant la 1re brigade de notre division, eut un cheval tué sous lui par un boulet.

Nous revînmes ensuite au camp de Gamzelowo.

Ayant complété son armée, Wittgenstein attaqua, le 17, les positions devant Polotzk, pour s'emparer de cette place et de son pont. La bataille fut vive et acharnée. Les Russes échouèrent et conservèrent cependant leur position. Oudinot fut blessé, et l'on fit de part et d'autre des pertes considérables.

Le général Saint-Cyr remplaça le maréchal dans son commandement et le lendemain il réunit le second corps au sien. Après avoir fait des démonstrations de retraite, il rallia les combattants et en forma trois colonnes d'attaque.

Le 18, à cinq heures de l'après-midi, le comte Wittgenstein fut attaqué et surpris, sa gauche enfoncée, son centre mis en fuite. Il abandonna près de mille prisonniers, huit pièces de canon, un champ de bataille jonché de morts et de blessés, et renonça à l'offensive. Mais lorsqu'on croyait n'avoir plus qu'à poursuivre, tout pensa être perdu.

Un escadron des chevaliers-gardes russes, qui se trouvait en colonne serrée et masqué par un petit bois, déboucha tout d'un coup, se déploya et fit une brillante charge sur une de nos colonnes. La brigade chargée de la soutenir s'avança, mais ne put résister à ce choc inattendu, tourna le dos et s'enfuit en désordre, si bien que notre brigade, composée des 1er et 2e suisses, qui était en réserve, ne put tirer un coup de fusil dans la crainte d'atteindre nos troupes qui arrivaient sur nous, pêle-mêle avec les Russes. Nous enragions de rester l'arme au bras, sans pouvoir agir, car fusils et baïonnettes étaient criblés par la mitraille ennemie. Heureusement pour nous, les coups portaient trop haut, car nous nous trouvions placés entre l'ennemi et un ravin, encore par imprudence et faute de nous être fait bien éclairer.

Un mouvement prompt rétablit cette malheureuse affaire. Il fut exécuté par notre 4e régiment de cuirassiers et quelques compagnies de voltigeurs, entre autres celles du 3e régiment suisse. Ces troupes prirent l'ennemi en flanc et mirent fin à cette échauffourée. Les Russes disparurent dans les bois, laissant sur le champ de bataille des morts, des blessés, des prisonniers, les canons qu'ils nous avaient pris et huit des leurs. La nuit fit cesser ce combat.

Notre perte fut considérable et consista en deux généraux, plusieurs colonels et beaucoup d'officiers et de soldats blessés et tués. Le général Saint-Cyr reçut à cette occasion le bâton de maréchal et l'empereur mit à sa disposition un grand nombre de croix. Quant aux places vacantes, on les donna aux plus méritants.

Le lendemain 19, Saint-Cyr fit poursuivre les Russes, mais uniquement pour éclairer leur retraite et constater sa victoire. Ce furent les voltigeurs du régiment, sous mon commandement, et un escadron du 20e chasseurs à cheval qu'il chargea de cette opération. Ils poussèrent les Russes jusqu'à la Chapelle, petit hameau situé dans les bois, sur la route de Pétersbourg, à deux lieues de Polotzk. Dans cette reconnaissance, nous eûmes quinze blessés, dont neuf voltigeurs et six chasseurs, et en outre un cheval tué.

Depuis les affaires des 17, 18 et 19 août, nous restâmes sur la rive droite de la Duna, maîtres de Polotzk et du camp assis dans la plaine en avant de cette place. Ce camp était plutôt un village ; on s'y était établi dans de fortes et bonnes baraques, construites de manière à se garantir du froid, car on comptait y passer l'hiver.

La distance entre les deux armées pouvait être de neuf werstes. Pendant près de deux mois, elles ne se firent qu'une guerre de partisans. Nous n'avions d'autre but que celui de nous étendre dans le pays pour y chercher des vivres. Or, cette guerre-là était tout à l'avantage des Russes, à cause de notre ignorance du pays, des lieux et de la langue. On s'aventurait et l'on était trahi par les habitants. Tout contribuait à notre perte. Enfin ces échecs, la faim et les maladies nous affaiblirent de moitié. Ce n'était pourtant pas faute de précautions, car le maréchal Saint-Cyr avait divisé le pays en deux arrondissements et adjugé la rive droite de la Duna au 2ᵉ corps, la gauche au 6ᵉ. Mais, le pays épuisé, il fallut dépasser les limites, puis se jeter sur le territoire occupé par l'ennemi et dont Wittgenstein faisait, de son côté, enlever grains, fourrages, bestiaux par les réquisitions ou par la force, ce qui occasionna souvent de petits combats partiels.

Nous eûmes une revue de rigueur le 15 septembre, époque de l'incorporation du 6ᵉ corps dans le 2ᵉ. Réunis en un seul corps, tous deux formèrent un effectif d'à peu près 20-21,000 hommes de toutes armes.

Les pertes de notre régiment, que je vais indiquer, pourront donner une idée de celles des autres troupes de cette portion de la grande armée.

Le 1ᵉʳ mars, en passant le Rhin, le régiment avait un effectif de 1,927 hommes présents sous les armes. Le 15 septembre, il n'en comptait plus que 1,063. Il en avait donc perdu 864, dont la plupart par les fatigues, les maladies et les petits détachements envoyés à la recherche des vivres.

A proportion de leur force, la perte des régiments français fut plus considérable que celle des régiments suisses, particulièrement celle de ceux qui prirent plus ou moins part aux grands combats livrés avant le 15 septembre.

Les grains, farines et fourrages, qu'on se procura, furent emmagasinés pour servir de subsistance dans la saison plus avancée. Aussi, comme on le verra plus tard, les Russes profitèrent de ce que nous ne pûmes pas détruire par le feu, au moment de notre retraite.

Le 10 octobre, je reçus l'ordre de partir avec deux officiers et cent-vingt sous-officiers et soldats, choisis par moi dans tout le régiment, afin de chercher des vivres pour la division, triste, pénible et dangereuse mission, surtout pour un officier délicat. J'avais l'ordre formel de prendre grains, farines, fourrages, bestiaux, sel, légumes, en un mot, tout ce qui pouvait servir à l'entretien des hommes et des chevaux. Il fallut donc marcher et prendre les mesures nécessaire pour remplir cette commission désagréable, franchir nos limites, s'éloigner du corps d'armée, pénétrer dans le pays.

Que faire, pour ne pas détruire et ruiner un propriétaire, un hameau, un village ?

Je résolus de passer la Drissa et de me porter avec mon détachement dans le cercle ou canton de Dworischtschy et Torny, à peu près à cent werstes de Polotzk.

J'eus le bonheur de trouver un château entre ces deux endroits. C'était la résidence du gouverneur du district. Ayant fait éclairer ses environs entourés de bois et d'étangs, je m'avançai sur cette belle et grande habitation, la fis cerner et demandai à parler au gouverneur, qui se présenta tout de suite.

C'était un vieillard respectable, beau, grand, bien fait, à cheveux blancs et à barbe blanche. Il me demanda en russe ce que voulais. Comme je ne pouvais pas m'expliquer, il me fit signe d'attendre et appela un interprète, ancien officier de hussards, parlant le français et l'allemand.

Je lui donnai connaissance de ma mission et lui fis lire mon ordre, en lui disant que j'aurais déjà pu exécuter ma commission, mais que n'ayant pas voulu le faire d'une manière arbitraire et causer la ruine d'un hameau ou d'un village, je venais avec confiance prier M. le gouverneur de m'aider à remplir le plus exactement possible ma mission, au moyen de réquisitions faites par lui, et j'ajoutai que, suivant moi, c'était la manière la plus sage de ménager le pays et les habitants.

L'interprète, qui était un major, rendit compte au gouverneur de mon plan et de mes procédés, qui furent parfaitement approuvés, même avec reconnaissance. Ce vénérable vieillard me fit répondre que je devais être parfaitement tranquille et qu'il se chargeait de la besogne. Il logea mon monde, auquel il fit immédiatement distribuer des vivres ; il eut grand soin de nous tous et enfin il donna ses ordres.

Le lendemain, de très-bonne heure, on nous amena septante bœufs et vaches, quelques veaux, vingt-cinq sacs de farine et d'avoine, du sel, du tabac et même un peu de savon. Le lieutenant Hammer partit avec quarante hommes, et ce premier convoi atteignit très-heureusement le camp.

Le surlendemain, je fis partir le sous-lieutenant Favre avec un second convoi, composé de 65 bœufs et vaches, quelques veaux et moutons, 24 sacs de farine, plusieurs d'avoine, du fourrage pour le général et notre colonel. Il arriva encore fort heureusement.

Le troisième jour, je devais partir à mon tour avec le dernier et le meilleur convoi de bestiaux, de farine, de sel, de quelques jambons, de tabac et de plusieurs sacs de pois, lentilles et haricots.

Mais quelle fut ma surprise, lorsque, vers les deux heures du matin, le gouverneur vint avec le major me réveiller en me disant : — Levez-vous bien vite, vous êtes cernés par la colonne russe du général-major Beguiczef, qui arrive de Weliki-Luki. Mais soyez tranquille et ne vous inquiétez pas. Votre conduite a été trop belle et trop loyale envers ma personne et les habitants de mon gouvernement pour que je vous laisse faire prisonnier avec vos gens. Je vous donnerai deux guides pour vous conduire par des sentiers à travers les bois et les marais jusqu'aux avant-postes français.

Le gouverneur fit distribuer du pain et de l'eau-de-vie à mon détachement, qui était encore de 40 hommes. Je pris congé de lui, ainsi que du major, et nous nous embrassâmes de cœur et d'âme, avec les larmes aux yeux. En me donnant la main, le premier m'assura de nouveau que je n'avais qu'à suivre mes guides, munis de ses instructions.

Nous nous mettons en route, tout en regrettant de laisser notre convoi aux Russes, et nous prenons un sentier. J'ai pris soin de faire marcher un guide à la tête de ma troupe et l'autre entre les deux derniers hommes, parce qu'il faut cheminer un à un. Il pleuvait terriblement depuis la veille. Nous longeons la lisière du bois à travers les marais pour éviter les Russes, que nous entendons parler.

Nous marchons toute la journée dans des chemins étroits et difficiles, parfois dans l'eau jusqu'aux genoux. A la nuit tombante, nous atteignons la rive gauche de la Drissa, en face et à trois werstes de Tschunisy. La rivière a débordé de toutes parts et il n'y a pas de pont. Ne connaissant ni le pays, ni la profondeur de la rivière, les guides perdent la tête et déclarent que la crue des eaux les empêche de reconnaître le passage. Je veux sonder la rivière, mais mes hommes me disent : — Ce n'est pas à vous, capitaine, à vous hasarder.

Le voltigeur Wolfensberger, mon homme de confiance, monte sur mon cheval, s'élance dans la Drissa, trouve un passage à peu près à hauteur d'homme et revient.

Je me remets en selle, en ordonnant au sergent de grenadiers Kneubühler, qui a cinq pieds onze pouces, de prendre la queue de mon cheval, avec trois des plus grands grenadiers. Nous formons une chaîne pour faire passer les plus petits, entre autres les guides tout tremblants, et ayant de l'eau jusqu'au menton. Tenant les armes en l'air et les gibernes sur les têtes, nous avons le bonheur de passer la rivière sans perte ni accident, tous fort-aises de l'avoir entre nous et les Russes, ce qui nous tranquillise. Sans savoir où nous sommes, nous faisons à peu près deux werstes, harassés de fatigue et mouillés jusqu'aux os. Par une nuit sombre, j'établis notre bivouac. Aidés de nos guides, qui trouvent par hasard du bois sec, nous allumons, non sans peine, de grands feux.

C'est ainsi que nous passons la nuit du 17 au 18, et que nous attendons le jour avec impatience.

A la pointe du jour, nous nous remettons en marche. A peine avons-nous fait une bonne werste, qu'à la sortie du bois, nous arrivons sur la route de Newel à Polotzk. Nous entendons du bruit et aussitôt après le cri de : Qui vive !

Heureux instant! C'est le colonel Dugeon, qui fait une reconnaissance avec 50–60 hommes de son régiment, le 7ᵉ cuirassiers. Il me reconnaît tout de suite. Je lui rends compte de la position des Russes et de ma mission. Il me dit : — Vous êtes tous bien fatigués.

Il nous fait donner un petit baril de bonne eau-de-vie, dont nous buvons chacun un petit verre. Je renvoie mes guides, en donnant à chacun d'eux un rouble (environ 4 francs 50 centimes). Ils veulent embrasser mes genoux, je m'y oppose en leur donnant la main et nous nous séparons tous contents.

Nous continuons notre route sur Polotzk et notre camp, où nous arrivons entre huit et neuf heures du matin. Le régiment est sous les armes pour se porter en avant et prendre part à la mémorable bataille livrée le 18 devant cette ville. Tout le monde est ravi de nous revoir, car on nous croyait prisonniers. Le colonel nous fait donner un peu de pain et d'eau-de-vie, et nous allons prendre nos rangs. Le capitaine Gross, auquel on avait déjà donné ma compagnie, retourne à la sienne, qui était une du centre. Le colonel me dit : — Rösselet, j'ai pensé à vous. Vous prendrez la compagnie de grenadiers du capitaine Gilly[1], qui a été tué dans la mêlée d'hier au soir.

Le 17, le régiment, étant aux avant-postes, avait eu avec l'avant-garde du comte Wittgenstein un engagement sérieux, qui commença à la tombée de la nuit et dura à peu près deux heures. Le dernier choc fut terrible et les deux partis finirent par se mêler et se battre à l'arme blanche. Enfin, on se retira de part et d'autre avec beaucoup de pertes et sans aucun succès. Outre le brave capitaine Gilly, le capitaine Druey[2] reçut une blessure et en mourut, les lieutenants Pfander[3] et

[1] De Lucerne.
[2] De Faoug, canton de Vaud.
[3] De Belp, canton de Berne.

Hunziger[1] furent également atteints. On regretta les deux capitaines et l'on perdit beaucoup de sous-officiers et de soldats.

Je ne dois pas omettre que, le 16, le capitaine Druey était arrivé avec un renfort de 3 officiers, de 150 sous-officiers et soldats, du tambour-major et de 36 musiciens, en tout 191 hommes.

Quoique comptant dès ce jour aux grenadiers, je pris part à la bataille à la tête de ma compagnie de voltigeurs, qu'il me coûtait de quitter.

La bataille du 18 s'engagea donc entre dix et onze heures du matin, où les Russes[2] commencèrent à déboucher par la grande forêt du côté de La Chapelle, qui masquait leurs mouvements. Ils placèrent leur grosse artillerie et leurs chasseurs sur la ligne. Les tirailleurs russes et les voltigeurs de notre régiment commencèrent le combat. Les derniers firent bonne contenance, en conservant leur position et leur ligne de bataille jusque vers les trois heures, moment où les Russes sortirent en masse de la forêt et déployèrent leurs nombreuses et fortes colonnes.

Alors nos voltigeurs forment la colonne d'attaque et opèrent un changement de direction à gauche, en faisant place aux grenadiers du régiment qui se mettent aussi en colonne d'attaque.

L'attaque est générale. Les Russes sont occupés sur tous les points par les divisions françaises et les Bavarois, commandés par le général comte de Wrède. Si l'attaque fut impétueuse, je puis dire que la résistance fut opiniâtre. Le régiment se déploie, fait des feux de peloton, marche en avant, fait halte, recommence un feu de file qu'il cesse, pour faire demi-tour et se retirer au pas ordinaire. Il s'arrête encore, fait face en tête, recommence le feu, se retire de nouveau, fait encore volte-face et finit par un feu de file presqu'à

[1] De Bâle.
[2] Le corps du prince Jachwill.

bout portant. Ce feu bien nourri éclaircit les rangs des Russes et les force d'opérer une retraite momentanée.

Dans cet intervalle, notre régiment et le 2ᵉ suisse s'élancent avec ardeur au-devant des colonnes ennemies, qui reviennent à la charge. On croise la baïonnette, et la mêlée qui s'ensuit, est aussi sanglante que prompte. Les colonnes culbutées se replient de nouveau et reviennent avec plus de force, car elles sont contenues et soutenues par leur cavalerie qui se trouve en seconde ligne. Les Russes s'avancent avec leur milice en masse, ce qui fait que tous nos coups portent, et si ce n'est pas au premier rang, c'est au deuxième, etc. Nos deux régiments, ne pouvant soutenir longtemps un choc aussi impétueux, reçoivent l'ordre d'opérer leur retraite, ce qu'ils font à l'admiration des deux armées, au pas ordinaire et sans perdre leur bonne contenance.

Tandis qu'ils exécutent ce mouvement par échelons, ils sont chargés par la cavalerie. Ils n'ont que le temps de former les colonnes d'attaque, font volte-face et chargent à leur tour cette cavalerie; ils la refoulent en désordre et avec de grandes pertes sur son infanterie. C'est dans cette affaire que les voltigeurs de notre régiment ont à lutter à coups de fusil et de baïonnette avec le régiment des chevaliers-gardes, qui a pu s'en rappeler.

Le 4ᵉ suisse et le 3ᵉ croate composaient, comme on l'a vu, la première brigade de notre division et se trouvaient sur notre gauche. Ils font aussi d'admirables efforts dans leur attaque et leur défense.

Dans la charge des chevaliers-gardes, je reçois en moins d'une demi-heure deux coups de feu, le premier à la partie supérieure du bras gauche, près de l'épaule; l'autre dans le gras de la jambe gauche. Comme je ne puis pas repasser la Polota, le général Merle m'envoie son aide-de-camp, qui me prend en croupe.

J'ai mon lieutenant Kobelt tué, ainsi que deux sous-officiers trois caporaux, dix voltigeurs, sans compter dix-sept blessés grièvement.

Cette bataille, digne de mémoire, ne finit qu'une heure après le coucher du soleil, et, de même que le combat de la veille, elle a fait honneur à tous les Suisses qui y prirent part. Faire leur éloge, c'est dire qu'ils ont tous payé de leurs personnes, qu'ils ont été admirés par le maréchal, l'armée et l'ennemi lui-même. On a entendu dire :

— Diable, comme ils y vont ! Ils manœuvrent, en combattant, comme à une parade.

D'ailleurs, l'histoire en a parlé, puis le tableau des tués et des blessés est là pour le démontrer.

Encore un fait que je ne veux pas omettre. Le capitaine Gross fit prisonnier, dans cette affaire, un capitaine russe, qui, lui ayant déjà remis son épée, vit venir les siens à son secours et se révolta contre lui. Une lutte s'engage entre ces deux hommes, qui, à peu près de même force, se prennent corps à corps. Le capitaine Gross, ne voulant pas se servir de son épée contre son adversaire, en devient presque la victime. Cependant il emmène le Russe, malgré sa vive résistance. Un boulet tue sept grenadiers et blesse grièvement ce capitaine.

Dans cette bataille, le chef de bataillon Dulliker, le capitaine Boisot, les lieutenants Kobelt et Lombardet [1] furent tués ; les capitaines de Camarès, Bezencenet, Pingoud et moi, l'adjudant-major Müllener, les lieutenants Gerber, Probst, Penasse, Tschientschy, les sous-lieutenants Zellweger, Schweitzer et Fürst, Castelberg, Geiger, Dittlinger, blessés ; Uffleger fait prisonnier. La perte en sous-officiers et soldats put s'évaluer en proportion de celle en officiers et fut considérable dans tous les grades ; car les

---

[1] Ces officiers étaient, le premier de Lucerne, le second de Lausanne, le troisième de Saint-Gall, le quatrième d'Orbe.

journées des 17 et 18 réduisirent notre effectif de plus de la moitié.

Je ne crois pas que jamais champ de bataille ait été plus jonché de morts et de blessés.

Le général comte Wittgenstein, ayant voulu enlever de vive force notre position et la ville de Polotzk, avait inutilement employé ses forces et ses moyens dans les différentes attaques qu'il dirigea sur notre ligne et sur toutes les divisions de notre corps d'armée. Les Russes se retirèrent de tous côtés dans les bois d'où ils étaient sortis le matin avant l'engagement. Enfin, 16-17,000 Français sous le maréchal Saint-Cyr tinrent en échec plus de 45,000 Russes et les obligèrent de reprendre leurs positions de la veille. Les Russes eurent six généraux et 11-12,000 hommes de tous grades tués ou mis hors de combat. Nous eûmes parmi les blessés le maréchal Saint-Cyr.

La nuit suivante fut tranquille, et, le 19 au matin, les blessés passèrent sur la rive gauche de la Duna, à l'ancien Polotzk, qui est en face du nouveau, et où il y avait une ambulance. Ils y reçurent autant que possible les premiers soins, car on manquait même des choses les plus nécessaires. On les dirigea sur les derrières. Les uns prirent la route d'Uszacz et de Borisow, les autres celle de Prosoeky et de Glubokoë. Les premiers devaient gagner Minsk, les derniers Wilna, et tous éviter les Russes, qui s'avançaient de toutes parts pour couper la retraite aux Français.

Dans la matinée du 19, les divisions françaises mettent, même sans en avoir reçu l'ordre, le feu à leur camp, où sont consumés tous les effets et les armes des hommes mis hors de combat. Cet incendie donne l'éveil aux Russes, qui reforment leurs colonnes d'attaque, reviennent à la charge vers les quatre heures et attaquent la partie de la division Merle composée du 123me de ligne, des 1er et 2me suisses et du 3me croate, sous les ordres du brave colonel Fleury, qui est tué dans cette affaire. L'attaque est vive et acharnée,

car les Cosaques, placés derrière les cohortes de milices
pour les talonner, les font avancer jusqu'à bout portant. Mais
les Russes sont culbutés à la première décharge et repoussés
à la baïonnette.

Ce fait d'armes fit honneur à la division, aux Suisses et
aux colonels Raguettli et Castella.

Une forte et épaisse brume avance la nuit et favorise la
retraite que le maréchal Saint-Cyr a ordonnée. L'artillerie
commence le mouvement. Vers minuit, le colonel d'Affry
fait avec son régiment, le 4ᵐᵉ suisse, une sortie, attaque et
culbute à coups de baïonnette, sur le pont de la Polota, une
colonne russe, dont il fait un carnage effroyable. Cette circonstance facilite aussi la retraite.

Le 20, vers deux heures du matin, les divisions Maison
et Merle commencent à évacuer la place. Les autres corps
ont déjà opéré leur mouvement. Les 3ᵐᵉˢ et 4ᵐᵉˢ régiments
suisses sortent les derniers, tiennent ferme et couvrent pied
à pied la retraite au milieu des flammes. Cette retraite
s'opère avec beaucoup d'ordre, mais avec des pertes considérables, car la ville est tellement embrasée que les combattants y voient comme en plein jour.

C'est entre trois et quatre heures du matin que les Russes
pénètrent dans les ruines de Polotzk. Comme on a eu la précaution de détruire les deux ponts de la Duna, ils ne peuvent
nous poursuivre, ce qui nous donne le temps de nous reconnaître et de nous refaire autant que possible. Tout le
monde est exténué, soit de fatigue soit par des blessures.
Chacun cherche à se reposer.

Mais quel repos! surtout pour nous, pauvres blessés, sur
une terre humide, sans bois, sans feu, sans nourriture et
mal vêtus, par un froid déjà très-sensible.

C'est le 21 que nous nous éloignons de la Duna pour nous
retirer sur Uszacz et Smoliantzy par différentes routes. Cette
marche sur plusieurs points est le vrai moyen de trouver
plus facilement des vivres, dont nous avions grand besoin,

de conserver l'ensemble et d'éviter les confusions qui arrivent souvent lorsqu'on est poursuivi par l'ennemi, surtout quand il est le plus fort.

Le second corps comptait encore 14,000 combattants, mais les régiments étaient tellement affaiblis par les journées des 17, 18 et 19, qu'ils ne représentaient plus que des bataillons et des escadrons. En revanche, Wittgenstein pouvait avoir, sans exagérer, 38-39,000 hommes, dont beaucoup de cavalerie, et sans compter les renforts qu'il recevait tous les jours.

Nous nous retirâmes sur trois colonnes et dans le meilleur ordre possible, afin d'éviter une affaire sérieuse, ce qui n'empêcha pas notre arrière-garde d'avoir de temps en temps de petits combats avec l'avant-garde ennemie.

Blessé à Polotzk, le maréchal Saint-Cyr remit le commandement de son armée au général Legrand et se retira le 23. Legrand fut remplacé le lendemain par le général Merle, qui garda le commandement jusqu'au retour du maréchal Oudinot.

C'est le 24 que, ne pouvant plus suivre le corps d'armée, je fus obligé, comme tous les blessés, d'errer sans carte, sans guides, sans connaissance du pays, souvent sans routes, à travers les forêts et les marais, afin de ne pas tomber entre les mains des Russes. On nous dirigea sur Borisow et Minsk, où l'on croyait trouver secours et sûreté. A trois lieues de Minsk, nous apprîmes que cette ville était occupée par l'ennemi. Nous fûmes obligés de rétrograder et de venir repasser le pont de Borisow, qu'on brûla le lendemain. Nous nous portâmes sur Wilna par Zembian, Kamen, Smorgoni et Oszmiana. Après avoir erré près d'un mois et parcouru plus de cent lieues, nous crûmes trouver à Wilna les ressources nécessaires à notre position. Pour la plupart d'entre nous, on y leva le premier appareil, et à peine était-ce fait que nous fûmes obligés de repartir pour Kowno, où nous arrivâmes pêle-mêle avec la grande armée, par un froid de 20–28 degrés.

On comprendra maintenant que le récit des faits d'armes accomplis par le régiment pendant mon absence, depuis le 24 octobre jusqu'à la fin de décembre, reposera sur les rapdorts authentiques de mes camarades, qui ont eu le bonheur de finir cette funeste campagne.

Du 25 au 26, notre corps arrivait dans les environs d'Uszacz, les 27 et 28 à Koschky et Czereja, contrée environnée d'étangs ou de lacs et très-marécageuse. Le 30, nous atteignions Csaniki, Nemirowo et Makowje. Ce fut dans ces parages que le neuvième corps, commandé par le maréchal Victor, duc de Bellune, arrivant de Smolensk et de Witepsk, venait d'opérer la veille sa jonction avec le deuxième, et que le 31 ces deux corps eurent une affaire avec l'armée de Wittgenstein. Le choc fut vif, l'action longue, la nuit sépara les combattants et l'on perdit beaucoup de monde des deux côtés. Les Français manœuvrèrent de droite et de gauche avec une partie de leurs forces pour masquer et ralentir leur retraite. Ces mouvements embarrassèrent les Russes et favorisèrent la marche rétrograde des Français sur Dworitcki, Swiada, Krasnoluki et différents autres endroits d'un pays fangeux et humide. Une partie des deux armées s'y rencontra, mais l'engagement ne fut pas sérieux.

On manœuvra sur différents points, et l'on se retrouva le lendemain dans la position qu'on avait occupée la veille. On marcha dans tous les sens pour tromper et occuper l'ennemi, qui nous était de beaucoup supérieur en forces, particulièrement en cavalerie; cela nous fit gagner du temps et favorisa l'arrivée de la grande armée, qui revenait de Moscou et de Smolensk, et que nous attendions avec impatience.

Le deuxième corps prit la direction de Borisow, où, à force de marches et de contre-marches, il arriva le 25 novembre. Le maréchal Oudinot, qui en avait repris le commandement, venait de rallier la veille d'autres troupes à son corps, et, si je ne me trompe, c'étaient des Polonais[1] ; il attaqua l'ennemi, fit beaucoup de prisonniers et lui enleva une partie de ses bagages[2]. C'est dans ces environs que nous vîmes arriver d'Orsza la grande armée. Mais quelle fut notre surprise en la revoyant en partie sans armes, sans vêtements, manquant de tout, même d'ensemble, en déroute complète, marchant pêle-mêle, hommes, chevaux et chariots. C'était une confusion à ne pas s'en faire une idée.

Nous nous étions bien trompés en comptant reprendre l'offensive et la revanche, cependant le deuxième corps pouvait avoir encore 7–8,000 hommes, de toutes armes, en ordre, bien armés et en état de donner un bon coup de main, ce qu'il a prouvé plus tard.

Voici maintenant la relation de mon ami, le capitaine Rey, sur le passage et les combats de la Bérézina :

« Ce que je puis te dire, mon ami, de nos dernières affaires de la campagne de Russie est peu de chose, car je n'ai à traiter que les opérations de deux journées. Mais au moins les faits en sont encore entièrement présents à mon esprit et resteront toujours gravés dans ma mémoire.

» Après l'arrivée de notre division à Borisow et la rupture de ce pont par les Russes, nous reçûmes subitement et au milieu de la nuit[3] l'ordre de partir, avec l'injonction de faire marcher notre troupe dans le plus grand ordre et le plus profond silence, les rangs serrés et sans permettre à personne de s'écarter sous aucun prétexte.

» Arrivés au jour au petit village de Studianka, nous prîmes position sur une petite éminence qui dominait d'assez près la Bérézina. L'artillerie s'y établit avec nous, et l'on renouvela l'injonction de ne laisser personne s'éloigner.

[1] La division Dombrowski et le détachement du général Bronikowski.

[2] C'était la division Pahlen II, peu avant Lambert. A la suite de ce combat, elle fut obligée d'évacuer Borisow dont elle coupa le pont.

[3] Du 23 au 26 novembre.

» Il y avait là des tas de planches autour de quelques maisons. Dans la matinée, le bruit circula que l'empereur était
auprès de la rivière, et, malgré la défense expresse de quitter
notre troupe, vu que d'un moment à l'autre nous pouvions
recevoir l'ordre d'opérer un mouvement, je ne pus résister à
la curiosité de voir de près le grand homme dans la conjonc-
ture où nous nous trouvions.

» Me faufilant le long des rangs, je gagnai le bas de la position, et, arrivé au bord de l'eau, je l'aperçus de fort près,
adossé contre des chevalets, qui se trouvaient sur la rive, les
bras croisés, dans sa capote, silencieux, n'ayant pas l'air de
s'occuper de ce qui se passait autour de lui, fixant seulement
de temps en temps ses regards sur les pontonniers, qu'il avait
en face et à quelques pas de lui, dans la rivière parfois jusqu'au cou et parmi les glaçons, occupés à ajuster des chevalets, qu'ils paraissaient avoir beaucoup de peine à assujettir
au fond, tandis que d'autres plaçaient des planches sur eux
à mesure qu'ils étaient fixés. Les seules paroles, que j'ai en-
tendues sortir de la bouche de l'empereur pendant un assez
long espace de temps, étaient une allocution faite d'un ton
d'humeur et d'impatience au chef chargé de la direction des
travaux. Il lui faisait observer que cela allait trop lentement.
Mais le premier lui répondit avec vivacité et assurance, en lui
montrant la position de ses gens, plongés depuis longtemps
dans ces flots glacés sans avoir quoi que ce fût pour se forti-
fier et se restaurer, position en effet horrible à voir. L'empereur, sans rien répliquer, reprit sa première attitude, avec
son air taciturne, pensif et soucieux.

» Je rejoignis ma troupe, je passai encore un certain temps
dans cette position et nous reçûmes de nouveau plusieurs
injonctions de tenir nos gens réunis et prêts à marcher.

» Tout d'un coup, un bruit s'éleva du côté de la rivière, et
je vis un détachement s'engager sur le pont, aux cris de
« Vive l'empereur ! »

» Au même instant, nous reçûmes l'ordre du départ et nous

nous trouvâmes nous-mêmes dans un moment à l'entrée du pont, de ce frêle pont, où je revis Napoléon dans la position où je l'avais laissé, avec sa même taciturnité, son même air pensif et ne faisant pas la moindre attention à nous, quoique nous répétions tous, en arrivant près de lui, les mêmes vivats, dont il n'avait pas l'air de se soucier le moins du monde[1].

» Nous parvînmes à la rive opposée, d'où les avant-postes ennemis avaient été délogés par quelques coups de fusil et s'étaient immédiatement repliés. Nous prîmes position et bivouaquâmes dans la neige jusqu'au lendemain.

» Le matin venu[2], nous reçûmes l'ordre de nous porter en avant sur la chaussée, qui conduit à Borisow et qui traverse sur ce point une forêt. Les Russes, ayant dès lors pu présumer que le passage s'effectuerait sur ce point, y avaient jeté des forces considérables[3] de l'armée de Moldavie et leur artillerie balayait tout ce qui se présentait sur la route. Nous fûmes obligés de nous jeter de côté dans la forêt, tandis que notre artillerie s'établit sur la route pour riposter à celle de l'ennemi.

» Ce fut là que s'engagea pour toute la journée le combat le plus acharné[4].

» Nous nous déployâmes alors, malgré toutes les difficultés que présentait l'état de la forêt[5], et, en poussant en avant, nous rencontrâmes bientôt l'ennemi.

» Ici se passa un fait assez plaisant.

» Des Cosaques, poussant une reconnaissance jusqu'à nous, se trouvèrent tout-à-coup fort près d'un de nos jeunes sous-lieutenants, dont le nom m'échappe dans ce moment, et qui était lancé en tirailleur. Un de ces cavaliers piqua des deux

---

[1] C'était le 26 à une heure après midi. Oudinot avait environ 7,000 hommes, y compris les divisions Dombrowski et Doumerc.

[2] Le 27.

[3] C'étaient la division Tschaplitz et l'avant-garde de Pahlen II.

[4] Le 28.

[5] C'est la forêt de Stakow.

et fondit sur lui. Avant que nous eussions le temps de faire feu, il le prit par le collet de sa capote pour l'entraîner, quand, au même instant, un second cosaque, voulant avoir part à cette capture, arriva aussi à toute bride et saisit le sous-lieutenant, mais de l'autre côté. Le dernier se trouva donc à peu près suspendu entre les deux cavaliers. Mais, grâce à l'ampleur de ses manches, il put en sortir l'un de ses bras après l'autre et se dégager en se débattant, puis, tandis que ses deux antagonistes se disputaient son vêtement, il détala et vint se réunir à nous, qui avancions à son secours. Il en fut quitte pour la perte de sa capote, qui n'aurait pas laissé que d'être bien sensible à cause de la rigueur du froid, si, peu après, le champ de bataille n'avait offert assez de manteaux inutiles.

» En effet, le combat s'engageait avec toujours plus de vigueur. C'est là que notre brave chef de bataillon Blattmann[1], qui paraissait pour la première fois sur le champ de bataille avec les épaulettes de ce grade et la Légion-d'Honneur gagnée à Polotzk, fut renversé sans vie à côté de moi par une balle dans la poitrine. Les Russes firent sur ce point tous leurs efforts pour nous refouler en arrière et venir empêcher le passage des ponts, qui s'opérait derrière nous, tandis que nous les tenions en échec.

» Nos rangs s'éclaircissant continuellement, on fit avancer du renfort.

» C'est alors qu'arriva, pour nous soutenir, la légion de la Vistule, beau corps, bien équipé, paraissant assez fort sans que j'aie pu l'évaluer, et troupe fraîche. Cela nous fit tenir ferme dans notre position, mais il paraît que l'ennemi, bien convaincu alors que les attaques dirigées sur les autres points n'étaient que de fausses attaques, dirigea incessamment toutes ses forces sur le point où nous nous trouvions, et chercha à l'enfoncer; on lança un escadron de cuirassiers, commandé

____

[1] D'Ober-Egeri, canton de Zug.

par le général Doumerc[1]. Cet escadron, quoique assez faible, défila sur notre aile gauche et s'engagea dans la forêt, où il fit une charge brillante, de laquelle nous le vîmes revenir, peu de temps après, chassant devant lui une masse de Russes, qu'on a évalués dans le moment même à environ 5000 hommes, mais les ayant tous vu défiler auprès de nous, je crois ce nombre un peu exagéré[2]. Quoi qu'il en soit, je vois toujours ce brave chef, revenant tout glorieux à la tête de sa troupe et de ses prisonniers, se frappant à grands coups la poitrine et disant énergiquement :

» — F.... on ne charge pas comme cela dans une forêt !

» Cette charge, belle et fructueuse, semblait devoir nous ôter l'ennemi de dessus les bras, et en effet le feu se ralentit pour quelques instants. Mais il reprit ensuite une nouvelle intensité, qui annonçait l'arrivée de renforts à nos adversaires[3]. Nous nous affaiblissions à vue d'œil, sans cependant céder du terrain.

» L'adjudant-major Huber, s'avançant vers moi, me dit :

» — Capitaine, je crois que si nous faisions une charge vigoureuse à la baïonnette, nous parviendrions à les éloigner et ne perdrions pas autant de monde.

» Cette idée me paraissant juste, je lui répondis :

» — Eh bien, je vais faire marcher. Veillez à ce qu'on avance partout également, pour ne pas rompre notre ligne et courir le risque d'être enveloppé.

» Puis, me mettant à la tête, je fis exécuter la charge, qui eut le succès auquel nous nous attendions. Blessé d'abord, mais peu grièvement, je reçus un peu plus tard un second

---

[1] Cette division ne comptait plus effectivement que 500 chevaux. Il était près de dix heures du matin. Oudinot, blessé de nouveau, venait de remettre le commandement à Ney, qui l'avait renforcé, et qui le fut à son tour par la garde et Poniatowski.

[2] Il était de de 1,500 hommes.

[3] Les généraux Tschaplitz et Pahlen étaient renforcés par huit régiments d'infanterie, sous les ordres du général Sabanief.

coup de feu, qui, me fracassant l'épaule droite, m'obligea enfin de me retirer et de cesser de battre moi-même la charge, ce que j'avais fait pour enlever mon monde et suppléer aux tambours, qui avaient été tués.

» A mon insu et durant ma captivité en Russie, mes camarades ont cru devoir, par sentiment de justice, publier ce petit épisode dans les journaux. Ils ignoraient sans doute la part qu'y avait prise l'adjudant-major Huber. Mu par le même sentiment, j'ai cru devoir rétablir le fait et rendre justice à qui de droit.

» Dès ce moment, j'ai ignoré ce qui s'est passé, à l'exception de la mort de notre général de brigade Candras, qui doit avoir été tué peu après que j'ai été blessé[1]. La position fut ainsi conservée tout le jour, car je ne me retirai que sur le soir. Je ne puis donc rien te dire du passage des débris de l'armée, qui s'opérait bien en arrière de nous, tandis que nous contenions les Russes. Mais ce que je puis t'assurer, c'est que de cet instant datèrent pour moi les plus mauvais moments de la campagne.

» Je passai huit jours dans l'état où je me trouvais sans pouvoir être pansé, je marchai jour et nuit jusqu'à ce que je tombai entre les mains de l'ennemi, et comme tu le penses bien, ma situation ne s'améliora pas.

» Je te fais grâce de la suite pour ne pas t'ennuyer davantage, car voilà bien des longueurs, mais elles ont été causées en partie parce que ce narré a été interrompu à plusieurs reprises par mes affaires. J'avais d'abord l'intention de te l'adresser dans les derniers jours de décembre.

» Lausanne, le 3 février 1839.

» Ton affectionné ami,

» Rey. »

---

[1] Le seul général français qui soit tombé dans cette journée.

Les journées du 27 et du 28 avaient donc été glorieuses pour le deuxième corps, qui sut défendre et protéger les ponts et le passage, en s'assurant de la route de Zembin et en repoussant l'ennemi vers Borisow.

C'est dans ces combats mémorables que les Suisses eurent encore l'occasion de se faire remarquer par la bravoure de leur défense et de leurs attaques. Trois fois repoussés, ils revinrent trois fois à la charge avec le 7me régiment de cuirassiers. Après cette glorieuse affaire, qui ne finit qu'à la nuit, on bivouaqua et six feux suffirent au 1er régiment suisse.

Le 29, un ordre du jour devait être lu à tous les régiments du deuxième corps. Le maréchal Ney y témoignait sa satisfaction de l'inappréciable conduite des officiers, sous-officiers et soldats dans ces glorieux combats, où tous se se distinguèrent de la manière la plus admirable et payèrent de leurs personnes. A cet effet, le 1er régiment fut rassemblé comme tous les autres. Il ne comptait plus que 42 files ou 126 hommes, y compris quelques hommes légèrement blessés.

Outre M. Blattmann, tué sur place, le chef de bataillon Zingg[1] mourut de blessure, ainsi que le capitaine Grivat[2], le lieutenant Tschudi[3], les sous-lieutenants Vanier, Ruggia et l'adjudant Schneider. Le capitaine Rey, les sous-lieutenants Raguettli, Roi et l'adjudant Gruner étaient blessés.

Les pertes en sous-officiers et en soldats ont été en proportion de celles des officiers.

Le 29 encore, on prit la route de Wilna par Zembin, Kamen, Pleschnitzy, Molodeczno, Smorgoni, Oszmiana. Cette retraite, exécutée sous les ordres du maréchal Ney, ne se fit

[1] Né à Coni, et originaire de Möriken, canton d'Argovie.

[2] D'Orbe, canton de Vaud.

[3] Fils du maréchal de camp Charles-Sébastien Tschudi, mort en 1815, retiré du service de Naples.

pas sans combat , car tous les jours on fut aux prises avec l'ennemi. Tant qu'on conserva de l'ensemble, et malgré le petit nombre de combattants, on fit bonne contenance pour défendre le bivouac ou le gîte.

Mais, chose incompréhensible : de toutes les belles actions qui eurent lieu de Studianka à Wilna, pas une ne fut récompensée. C'est peut-être la dislocation des corps qui en a été la cause.

Dans la journée du 30, le froid augmenta d'une manière extraordinaire. Du 5 décembre au 6, le thermomètre descendit de 20 à 24 degrés au-dessous de zéro, et c'est par un froid plus rigoureux encore qu'on arriva à Wilna[1], où il y avait des vivres. Mais l'encombrement y fut si énorme que les distributions ne purent se faire en règle et qu'en peu de temps tous les magasins se trouvèrent dévastés. Ce qui augmenta la confusion, fut l'arrivée de l'ennemi, qui entra pêle-mêle avec nous dans la place. Il fallut l'évacuer sans perdre de temps, et par un froid de 28 degrés, qui fort heureusement ne dura que 36-40 heures.

Il est facile d'imaginer l'effet qu'un froid pareil dut produire sur des hommes affamés, mal vêtus et harassés de fatigue. Une grande partie de ces malheureux eurent des membres gelés ou moururent sur les routes et aux bivouacs, brûlés d'un côté, gelés de l'autre.

On a vu des hommes gelés, dans toutes les positions imaginables, surtout dans Kowno, où l'horreur fut à son comble. Dans cette ville, comme à Wilna, on dévasta les magasins, on défonça les tonneaux de vin et d'eau-de-vie dans les caves, où une quantité de malheureux périrent. Les maisons, les granges et les écuries se trouvaient remplies de morts, les rues en étaient jonchées.

Ce ne fut qu'à Kowno que je parvins à rejoindre le régiment ou plutôt ses débris.

[1] Le 9.

De cette ville, on se retira dans différentes directions, soit par la rive gauche du Niemen , Tilsit et Kœnigsberg, soit sur Schirwind , Gumbinnen et Königsberg. Une grande partie gagna Rastenburg, Guttstadt et Marienwerder.

A Marienburg , j'organisai des débris du régiment un détachement composé de 10 officiers et de 85 sous-officiers et soldats, presque tous impotents, à figures méconnaissables et déguenillés à faire peur au plus hardi . Nous restâmes dans cette ville jusqu'au 1er janvier 1813. Sans nous tirer de la misère, ce petit séjour et le repos nous firent du bien.

Le régiment n'ayant pas été soldé de toute la campagne, je fis des démarches pour obtenir un à-compte de ce qui nous était dû. Je me rendis donc chez le payeur-général de notre corps d'armée, que je trouvai chez lui , fort bien assis sur une chaise, sa chemise à la main et occupé à tuer la vermine. Je le priai de nous faire quelque avance sur notre solde arriérée, et je n'oublierai jamais ni son occupation ni sa réponse.

— Capitaine, me dit-il , je sais qu'il est beaucoup dû à votre brave régiment. Je n'ai malheureusement pas le sou. Si vous pouvez me procurer vingt-cinq louis, je vous promets de vous en rendre cinquante avant un mois.

Le 31 décembre, je reçus l'ordre de partir le lendemain avec mon monde pour Cüstrin , en passant par Dirschau , Schöneck, Konitz, Jastrow, Deutsch Krone, Woldenberg et Landsberg.

Nous passâmes quinze jours à Cüstrin , où arrivèrent deux détachements du régiment, commandés, l'un par le capitaine Joss , le lieutenant Jost et composé de 107 sous-officiers et soldats ; l'autre, sous les ordres du lieutenant Scheubli et du sous-lieutenant Müller , et fort de 84 sous-officiers et soldats.

Le premier de ces détachements, parti de Plaisance au commencement de septembre pour nous rejoindre en Russie, avait été arrêté à Thorn et employé au service de cette place.

Le second n'avait également quitté Plaisance, où notre dépôt était commandé par le colonel Réal de Chapelle, qu'à la fin d'octobre et on l'avait retenu à Cüstrin, où celui du capitaine Joss eut ordre de le rejoindre depuis Thorn.

A Cüstrin, le maréchal Ney s'occupa à organiser des compagnies, des bataillons et des escadrons de troupes de toutes armes, pour la défense de la place. Il y comprit deux compagnies de notre régiment, savoir les deux détachements Joss et Scheubli, puis 43 sous-officiers et soldats en état de faire un service actif et pris sur les 85 hommes revenus de Russie avec moi. Cela forma un effectif de quatre officiers et de 234 combattants, qui restèrent dans cette forteresse.

Le 24 janvier, on me donna l'ordre de me rendre à Berlin avec le reste de mon monde et l'aigle du régiment. Je me mis en route le 25, avec mon détachement, composé de dix officiers, moi compris, 42 sous-officiers et soldats, tous éclopés et hors d'état de servir activement.

Dix officiers étaient restés gravement malades, ainsi que plusieurs sous-officiers et soldats, dans les hôpitaux de Königsberg, de Marienburg et de Cüstrin.

Nous passâmes par Seelow, Müncheberg, Vogelsdorf, et nous restâmes deux jours à Berlin, d'où l'on nous dirigea sur Magdeburg par Charlottenburg, Brandenburg, Ziesar, Hohenziatz. A Magdebourg, nous séjournâmes, fûmes passés en revue le lendemain, et l'inspecteur nous fit payer un faible à-compte sur notre solde arriérée.

Nous avons ainsi passé six mois sans qu'aucune distribution de vivres ait été faite dans les règles voulues, pendant lesquels on a vécu de la viande de bœuf et de vache distribuée chaque matin, non par l'administration de l'armée, mais par les régiments, qui avaient des troupeaux à leur suite et des soldats, bouchers de profession, abattant tous les jours le bétail nécessaire à la subsistance de la troupe. On donnait même, dans les derniers temps, une livre par homme et par jour, et, suivant la fatigue, jusqu'à deux, pour maintenir ces troupeaux au même nombre et en avoir en réserve. Tous les corps employaient le même moyen, mais c'était de la rapine. Quand nous pouvions avoir du blé, du seigle, de l'orge ou de l'avoine, nous étions réduits, faute de moulin, à les piler entre deux pierres et à faire de cette mauvaise farine des galettes cuites sous les cendres. D'autres grillaient les grains dans un poêle, après quoi ils les faisaient bouillir. C'était la meilleure manière de tirer parti du grain.

De Magdeburg, on nous envoya à Halberstadt par Wanzleben et Hadmersleben. Nous y restâmes plusieurs jours ; les habitants nous y accueillirent fort bien et nous traitèrent comme si nous étions leurs enfants. Nous eûmes le temps de nous reposer, de nous refaire, de nous restaurer et de quitter nos guenilles pour nous nipper de notre mieux, avec les fonds que nous avions obtenus à Magdeburg.

Ayant reçu l'ordre de nous rendre à Mayence, nous quittâmes à regret Halberstadt, en conservant un doux souvenir de tous les bienfaits de ses habitants.

Nous prîmes par Hasselfelde, Nordhausen, Sondershausen, Weissensee, Sömmerda, Erfurt, Gotha, Salzungen, Marbach, Steinau, Hanau et Francfort.

A notre arrivée à Mayence, on nous ordonna d'en repartir le lendemain pour Metz, où nous devions trouver le dépôt du régiment arrivé de Plaisance. Nous passâmes par Kreutznach, Alzey, Kaiserslautern, Homburg, Saarbrück, Saint-Avold. Mais en sortant de Mayence, nous rencontrâmes un convoi de chevaux de remonte, qui y entrait. Le premier cheval rua et me frappa, à la tête du détachement, d'un coup de pied dans le flanc gauche entre les côtes et la hanche. Cela me renversa, puis en me relevant avec peine et à l'aide d'autres personnes, je dis :

— Voilà ce qui s'appelle faire naufrage au port.

Car mes blessures ne s'étaient pas encore cicatrisées. Heureusement, j'en fus quitte pour une forte contusion et une grosse fièvre, qui dura cinq jours ; mais, malgré cet accident, je continuai ma route avec mon monde.

Le 6 mars 1813, à neuf heures et demie, nous arrivâmes enfin à Metz. Le colonel Réal de Chapelle, commandant les restes du régiment, vint au-devant de nous avec les officiers, les sous-officiers et les soldats disponibles ce jour-là. Reçus par eux comme des frères, nous fîmes notre entrée par la porte et la rue d'Allemagne. Il était triste de voir les femmes de ce quartier sortir de leurs maisons pour assister au passage de 10 officiers et de 49 hommes, dont sept avaient rejoint le détachement pendant la route. Tout ce monde était plus ou moins éclopé et formait un petit peloton, ayant au centre l'aigle du régiment, éclopée elle-même, puisqu'un éclat d'obus lui avait enlevé une aile à la bataille du 18 octobre devant Polotzk.

Ces femmes pleuraient comme des Madeleines. Elles pensaient, je crois, voir arriver leurs parents, qui faisaient partie de la grande armée, dans le même état que nous. Nous étions au comble de la joie, et ce jour, fêté par nous, restera gravé dans notre mémoire.

Me voilà donc à la fin de cette campagne qui, je puis le dire, a été funeste à presque toutes les nations de l'Europe, puisqu'elles y ont plus ou moins contribué et souffert. La France, surtout, y a perdu la plus belle et la plus nombreuse armée qui ait peut-être existé.

Je vais tracer maintenant les pertes du régiment dans cette guerre.

Des 67 officiers qui l'ont faite, le capitaine Besse s'est noyé dans la Wilia; les chefs de bataillon Dulliker et Blattmann, le capitaine Gilly, les lieutenants Boisot, Lombardet et Kobelt ont été tués.

Le chef de bataillon Zingg[1], les capitaines Bezencenet[2], Druey, Grivat, Pingoud[3], les lieutenants Probst, Tschientschy[4], Zellweger et Fürst; les sous-lieutenants Vanier, Cas-

---

[1] Le 8 décembre.
[2] Le 24 octobre, à Lepel.
[3] Pris à Gumbinnen le 17 décembre.
[4] A Wirsitz, près Marienwerder, le 14 janvier 1813.

telberg, Tschudi, Ruggia et l'adjudant Schneider sont morts des suites de leurs blessures.

Le colonel Raguettli[1], les capitaines Burnand et Fehr, les lieutenants Tobler (quartier-maître), Finsler,[2] Ganty[3] sont morts de fatigue.

Les capitaines de Camarès[4], Rey, les sous-lieutenants Roy, Geiger[5], Dittlinger et l'adjudant Gruner ont été blessés et faits prisonniers. Parmi eux, le capitaine Rey et l'adjudant Gruner ont été atteints deux fois.

Le capitaine Gerber et moi, les lieutenants Müllener (adjudant-major), les deux derniers à double, Penasse, Schweitzer, Pfander, Hunziger et le sous-lieutenant Raguettli ont été blessés; les lieutenants Stettler, Thomann, Dortu, Uffleger[6] ont été faits prisonniers sans être blessés.

L'adjudant-major Huber, le capitaine quartier-maître Brunner, le chirurgien-major Heumann, le chirurgien aide-major Suter, le grand-juge Minar, les capitaines Gross, de Jeoffrey, Magatti, les lieutenants Michaud, Manthe, Leutziger, Lambert, Legler, Sitz, Mühlimann, Sprüngli, Barlement, les sous-lieutenants Kaa (porte-drapeau), Favre, Hammer, sont rentrés au corps à différentes époques, non sans avoir beaucoup souffert des privations et du froid.

Dans cette dernière liste ne sont pas compris le chef de bataillon Scheuchzer et le lieutenant Ebersold, qui ne firent que paraître en Russie et dont le premier rentra au dépôt pour cause de maladie. On n'y a pas compté non plus le capitaine Joss, les lieutenants Scheubli, Jost et le sous-lieu-

---

[1] Le colonel Raguettli, les capitaines Grivat, Druey, Burnand, Fehr, Rey; les lieutenants Probst, Tobler, Zellweger; les sous-lieutenants Vanier, Castelberg, Tschudi, Ruggia, Roy, Dittlinger, furent pris à Wilna le 10 décemb.

[2] Pris à Kowno le 14 décembre.

[3] Mort à Wilna le 23 novembre.

[4] Pris à Minsk le 18 novembre.

[5] Pris à Polotzk le 20 octobre.

[6] Pris à Polotzk le 18 octobre.

tenant Müller, restés à Cüstrin jusqu'à la capitulation, conclue le 7 mars 1814. De ces quatre officiers et de leurs 225 sous-officiers et soldats, il n'est rentré à Metz que les officiers et 39 sous-officiers et soldats; 33 hommes étaient morts par les armes, les autres du typhus et du scorbut.

Il est pénible de décrire la perte de tant de braves, morts sur le champ de bataille ou de faim, de froid, des maladies épidémiques et de toutes les misères imaginables, et c'est non sans regret et avec le cœur attendri que j'en donnerai ici l'état numérique.

Sont entrés en Russie et en Allemagne :

Le colonel et huit compagnies d'élite : 44 officiers, y compris les deux adjudants, 1,338 grenadiers et voltigeurs; total : 1,382.

Cinq compagnies du centre et une d'artillerie : 15 officiers (dont trois d'artillerie), 64 artilleurs, 462 fusiliers; total : 541.

Le 16 octobre :

Un détachement du centre : 4 officiers, 192 fusiliers; total : 196.

Le 14 décembre :

Deux détachements du centre : 4 officiers, 187 fusiliers; total : 191.

Total général : 67 officiers; 64 artilleurs; 1,338 grenadiers et voltigeurs; 844 fusiliers : 2,310 h.

Sont rentrés au corps :

Avant la fin de la campagne : 2 officiers. — Avec moi, 10 officiers, 49 sous-officiers et soldats. — Avec le capitaine Joss, 4 officiers, 39 sous-officiers et soldats. — Sortants des hôpitaux et prisonniers de guerre, 28 officiers, 245 sous-officiers et soldats. — Total : 377 hommes, dont 44 officiers.

Le régiment a donc perdu 27 officiers, 1,906 sous-officiers et soldats, et en tout 1933 hommes.

Durant la campagne, les capitaines Blattmann et Zingg passèrent chefs de bataillon; les lieutenants Manthe, Gerber,

Leutziger, Stettler, Probst, capitaines ; les sous-lieutenants Barlement, Castelberg, Minar, Favre, Hammer, lieutenants, l'adjudant Schneider, les sergents-majors Müllener et Matzinger, les sergents Joly et Graff, sous-lieutenants.

Cette promotion eut lieu le 19 novembre, à la suite des journées des 17, 18 et 19 octobre. Il en fut de même des décorations de la Légion-d'Honneur, excepté pour le colonel, que nous avons vu récompenser à la revue d'Insterburg.

Les autres décorés ont été :

L'adjudant-major Huber, moi, les capitaines Camarès, Bezencenet, Gross, Grivat, les lieutenants Legler, Schweitzer, le sous-lieutenant Raguettli, les sergents-majors Bornand et Hirschy et le sergent Nicole.

Avant de quitter tout à fait le théâtre de cette guerre, je vais encore essayer de donner une description de la Lithuanie, de la Pologne et de la Russie blanche, ainsi que de la manière dont nous y avons subsisté.

La Lithuanie est un grand pays, qui jadis a appartenu à la Pologne. Cette province est en partie excellente et fertile, surtout en grains et en fourrages. Elle ne produit pas de vin, est très-giboyeuse et a des rivières très-poissonneuses. Elle est arrosée par le Dniepr, la Duna, le Niémen, le Pripec et le Bug, et elle est presque toute en plaine. Les Lithuaniens sont, comme les Polonais, robustes, de taille médiocre, braves, ont l'esprit assez militaire, sont grands mangeurs et grands buveurs et parlent en général le latin et l'esclavon.

La Russie blanche comprend Nowogrodek, Minsk, Mstislawl, Witepsk et Polotzk. Elle s'étend jusqu'au delà de la Duna et de la Polota. Les habitants sont en partie des serfs, qui se vendent avec les terres, et ceux de la Lithuanie sont encore plus malheureux que les Polonais. Cependant, on aura de la peine à croire que, malgré leur esclavage, ils ont l'air heureux et gais, parce qu'ils ne connaissent rien d'autre. Comme ils sont très-paresseux, les propriétaires, pour les obliger de travailler, ne leur donnent que le strict nécessaire à la vie, et les aliments les plus grossiers, en grains, légumes, etc. Leurs habitations se construisent avec des pièces de bois posées, pour ainsi dire, sans charpente les unes sur les autres. Les ouvertures ou fentes en sont calfeutrées avec de la mousse. Pour donner du jour à ces maisons, on y pratique des espèces de sabords, qui s'ouvrent et se ferment au moyen de coulisses ou de rainures. On n'y trouve pas de meubles et rarement un grabat. Un four, établi au milieu de l'habitation, sert à faire le pain ainsi que la cuisine et à chauffer. Au-dessus de ce four est une espèce de lit de camp, composé de planches réunies ensemble, et où l'on couche pêle-mêle. Quand on chauffe le four, la vapeur est si forte dans la chambre, qu'il faut se coucher sur les bancs qui l'entourent, ou ouvrir les sabords pour ne pas étouffer. Il faut avoir habité ces tristes demeures pour en avoir une idée. Je passe le reste sous silence. Ce peuple, quoique assez paresseux, observe peu les fêtes, et dit qu'il faut manger le dimanche comme les autres jours.

En Pologne, comme en Lithuanie, les villages sont d'une effroyable saleté. Les maisons de paysans contiennent une chambre ou espèce d'écurie assez vaste pour y loger la famille et les bestiaux. Le quart de la pièce est occupé par un grand poële, qui sert de lit, où père, mère, fille, gendre, couchent ensemble sur la paille et où tout se passe à peu près comme dans une tanière de lapins.

Dans les châteaux, vous trouvez, pour ainsi dire, tout ce qui est nécessaire à la vie de l'homme et de la société, jusqu'à une bibliothèque et à la politesse, enfin tout ce qui peut donner de l'aisance et de l'agrément à une famille distinguée, qui, vivant isolée dans le village ou le hameau, ne peut, à cause du très-mauvais état des chemins, visiter ses voisins qu'en été ou quand il gèle très-fort.

Excepté dans les villes, il n'existe ni boucher ni boulanger. C'est le seigneur qui a chez lui tout ce qui sert à la vie animale. Un bœuf qu'on tue, procure de la viande fraîche pour quelques jours et du salé pour plus ou moins de temps, suivant le nombre de personnes qui composent la famille. Le pain entre pour peu dans la nourriture de ces gens, dont les mets sont des pâtes et des farines, surtout en hiver. Leur boisson consiste dans une assez mauvaise bière, mais dans les grandes maisons ou les châteaux, on trouve du très-bon vin, des liqueurs, etc.

De même qu'en Lithuanie, le paysan est très-malheureux, mais, heureusement pour lui, sans le savoir. Il travaille toute l'année pour son seigneur.

Le pays est en grande partie très-fertile en grains de toute espèce. Malgré cela, le paysan mange fort peu de pain, pour ne pas dire point. Sa nourriture se compose de pommes de terre, de laitage, de millet, de légumes, de choux, etc. Les trois quarts de l'année, le peuple est vêtu de peaux de mouton, dont il tourne le poil en dedans dans les plus grands froids d'hiver. Par les grandes chaleurs, qui ne durent guère plus de deux mois, les vêtements des hommes sont en toile grise et consistent en un large pantalon et une espèce de chemise ou de blouse. Les femmes portent une sorte de pelisse en forme de chemise fermée au cou et aussi en peau de mouton ou en toile grise. La chaussure des deux sexes est une espèce de sabots. Ces gens ont fort peu de linge. Aussi le soldat français ne trouvait pas dans ce pays, comme en Allemagne, de quoi changer de chemise ou de souliers, en déposant le vieux et en prenant le neuf. C'est tout au plus s'ils ont trois chemises par personne. La malpropreté engendre chez eux la vermine et les maladies, ce qui ne les empêche pas d'arriver à un âge très-avancé. Quoique indolents, ces paysans deviennent des soldats très-propres et surtout très-braves et d'excellents cavaliers, mais je crois que les Polonais surpassent les Lithuaniens dans la partie militaire.

En guise d'éclairage dans leurs veillées, ces gens se servent d'une espèce de lattes de bois gras ou de sapin, qu'ils brûlent l'une après l'autre.

Les chevaux, qu'ils appellent konia, sont petits, mais excellents, très-agiles et se nourrissent de tout ce qu'on leur donne, même de mauvaise paille.

Vous rencontrez dans les châteaux des intendants ou régisseurs, qui ont reçu de l'éducation, parlent plusieurs langues et sont ordinairement d'anciens militaires.

Le paysan se courbe toujours jusqu'à terre, quand il parle à son seigneur ou à l'intendant ou à tout homme mieux vêtu que lui. Les juifs font presque seuls le commerce et sont tout, aubergistes, marchands, tailleurs, cordonniers; ils excercent enfin toutes les professions.

En fait de châteaux, il y en a de beaux, mais beaucoup de seigneurs ont de moins belles demeures. Quelquefois, au bout d'une longue avenue de baraques ou de cabanes qu'on appelle des maisons, on aperçoit un château ou une maison plus ou moins grande et assez propre. Cette habitation paraît superbe à côté des autres. Presque toutes n'ont qu'un rez-de-chaussée élevé de deux ou de trois marches, surmonté d'un grenier. La porte d'entrée s'ouvre sur un corridor qui traverse la maison. Plusieurs portes donnent sur ce corridor. A droite est la salle à manger, à gauche le salon, dans le fond se trouvent deux, trois ou quatre chambres à coucher. Chaque pièce a un plancher de bois de sapin. Elle est assez proprement meublée et garnie d'un poële qui se chauffe en dehors. Les fenêtres sont à doubles châssis vitrés pour garantir du froid.

Dans tous les villages, on trouve la maison du juif. C'est l'auberge, mais quelle auberge! Vous n'y trouvez que de la petite bière, de la mauvaise eau-de-vie, et une espèce de pâte qu'on appelle du pain. Ces maisons sont comme leurs habitants, dégoûtantes par leur sâleté.

Les routes ne sont ni ferrées, ni pavées, et à peine tracées à travers les forêts. Lors du dégel, ce sont des marais et des boues qu'il est presque impossible de franchir, et souvent des hommes s'y sont noyés. Quand elles sont trop mauvaises,

on met en travers des morceaux de bois, qu'on coupe
de la même longueur et qu'on serre autant que possible les
uns contre les autres. Aussi quel passage, surtout pour les
chevaux !

Maintenant je dépeindrai de mon mieux notre manière de
vivre dans ce pays. Ce sera très-facile, car, comme je l'ai
déjà dit, depuis notre passage du Niémen, nous n'avons reçu
ni solde, ni distribution régulière, et cela dans un pays dé-
vasté autant que possible par les Russes, qui, en l'abandon-
nant, enlevaient tous les vivres, même le matériel, enfin tout
ce qui pouvait nous servir. Le reste fut en grande partie détruit et brûlé. On mangea une partie des moissons en verdure. En entrant dans ces vastes plaines, et au lieu de ménager le peu qui restait, on pillait, on ravageait, on brûlait,
sans penser aux besoins dans le cas d'une retraite forcée, qui
eut lieu six mois plus tard et nous a obligés de traverser une
seconde fois un pays détruit par les armées française et
russe.

Chaque soir, on prenait position et l'on établissait le bivouac. Une partie des hommes allait aux vivres et aux fourrages à plusieurs lieues sur les côtés, souvent sans rien ramener, ni rapporter, ou peu de chose, soit en bestiaux, soit
en grains. soit en légumes, enfin, en tout ce qui pouvait
servir d'aliment. Tout, même ce qui n'était qu'à moitié mûr,
était bon pour le moment. Mais les suites en ont été fâcheu-
ses. Cela engendra la dyssenterie dans les corps et causa une
grande perte en hommes et en chevaux, sans compter celle
en soldats pris par les cosaques ou les paysans, qui leur faisaient payer bien cher le métier de maraudeur.

Qu'on se figure la situation des troupes dans les mois de
juillet et d'août et ce qu'elle pouvait être en septembre, octobre, novembre et décembre. Car la misère était alors arrivée à son comble.

Le peu qu'on eut, on l'obtint par les contributions forcées si
on ne le vola pas dans les villes, villages, hameaux ou pro-

priétés isolées. Ce que je n'ai jamais pu comprendre, ce sont la docilité et la soumission de la troupe, qui mourait de faim en gardant et en respectant les magasins d'approvisionnements sans y toucher, et en prévoyant même, comme les officiers, que ces provisions finiraient par être brûlées ou par tomber entre les mains de l'ennemi. Tant que la terre ne fut pas couverte de neige, les régiments vécurent de leurs troupeaux. Mais à la fin les bestiaux, ne trouvant plus à brouter, périrent. C'est alors que la misère et les maladies se firent sentir à des hommes sans nourriture, sans vêtements et par un froid de 15 à 28 degrés. Je préfère me taire. Le lecteur pourra se le figurer.

Nos stations comme bivouacs et camps étaient une grande calamité pour les habitants, et les haltes, qui étaient de courte durée, faisaient déjà bien du mal. Une brigade ou une division prenait position dans un pré ou un champ. Une heure de repos sur l'emplacement et les environs coûtait la récolte. Bivouaquait-on sur un terrain prêt à recueillir le foin ou les grains, au lieu de faire faucher l'emplacement nécessaire pour en tirer parti comme fourrage des chevaux et des bestiaux, on foulait tout en un clin d'œil. Ce manque de précaution était la perte des propriétaires et de l'armée. Il en était de même des bivouacs près des forêts, qui causaient aussi de très-grands dommages. Mais ceux établis près d'un village et loin d'un bois étaient encore plus préjudiciables. Car les soldats enlevaient vivres, fourrages, paille, bois, démontaient les maisons pour en prendre les planches et en faire des abris. Dans les lieux voisins des camps, les villages et les hameaux changeaient de place, c'est-à-dire qu'on démolissait les maisons pour en faire des baraques.

Voilà l'effet que produit une armée sans administration, ni vivres, ni solde.

M. Réal de Chapelle, jusqu'alors colonel en second, avait été nommé colonel commandant du régiment en remplace-

ment de M. Raguettli, pris et mort près de Wilna, à la fin de
la campagne de Russie.

Le 15 avril, il reçut du ministre de la guerre l'ordre de
former un bataillon de guerre et d'en faire partir au fur et à
mesure les compagnies pour Utrecht, en Hollande. On commença par compléter la compagnie de grenadiers et celle de
voltigeurs. Je pris le commandement de la première, M.
Segesser celui de la dernière, et j'eus en même temps celui
de toutes les deux, bien que mes blessures ne fussent pas
encore tout à fait cicatrisées.

Le 23, je me mis en marche avec elles. Chacune était
forte de cent-vingt-cinq hommes en tout. Je passai par Thionville, Luxembourg, Trèves, Bittburg, Prüm, Stadtkill, Cologne, où l'on m'embarqua pour Nimègue. De cette ville, je
marchai sur Utrecht par Rheenen.

Après avoir fait les visites de cérémonie au général et aux
autorités civiles, je m'occupai de l'emplacement nécessaire
pour loger le bataillon. Dans cet intervalle, les compagnies
du centre arrivèrent et le bataillon fut organisé de la manière
suivante.

Il eut son chef de bataillon, son adjudant-major, son officier payeur, son chirurgien, ses deux adjudants, son tambour-maître, six capitaines, six lieutenants, six sous-lieutenants, six sergents-majors, trente sergents et fourriers, quarante-huit caporaux, douze tambours, six-cent-trente-six
grenadiers, voltigeurs et fusiliers ; en tout, sept-cent-cinquante-
sept hommes.

On l'incorpora dans la division du général baron Amey,
sous les ordres du général comte Molitor, qui avait son
quartier-général à Amsterdam. On s'occupa beaucoup de
l'instruction de la troupe, en faisant théorie sur les divers
services et écoles.

Le 12 août, on appela notre bataillon à Amsterdam pour
assister à une revue et à une manœuvre qui eurent lieu en
présence du gouverneur-général de la Hollande Lebrun, le
15, jour de la fête de l'empereur.

Le 18, il reprit le chemin d'Utrecht, où il resta jusqu'au 1er septembre, jour du départ de la division pour la Westphalie[1].

Notre bataillon prit la direction de Minden, par Amersfort, Deventer, Almelo, Bentheim, Rheine, Ibbenbühren, Osnabrück, Melle, Herfort.

Nous restâmes à Minden jusqu'au 9 octobre, car le 8 nous eûmes l'ordre de descendre le Weser pour nous rendre à Brême, par Nienburg.

Arrivés le 10 au soir à notre destination, nous eûmes à peine le temps de nous établir et de prendre connaissance de cette ville et de ses environs, en cas d'attaque de la part de l'ennemi, qui se trouvait sur l'Elbe et dans la contrée de Hambourg, tandis que le préfet et les autorités civiles et militaires le croyaient également à plus de vingt lieues. Le colonel Thuillier, commandant de la place, crut avoir le temps de se mettre en mesure, de demander des secours et des munitions.

Cependant une partie du corps volant, commandé par le général-major russe baron Tettenborn, arrivait en poste, tout entier monté sur des chars, et cernait immédiatement la ville du côté d'Hambourg, en attendant l'artillerie qui ne tarda pas à arriver, ainsi que le reste de ses troupes, composé d'infanterie, de cavalerie, de Cosaques et d'un bataillon de chasseurs prussiens[2].

Nous étions seuls dans Brême avec un dépôt de chasseurs à cheval, composé de trois officiers, de quelques maréchaux-de-logis et brigadiers, d'un trompette, le reste des chasseurs

---

[1] Le colonel Abyberg, du 2e suisse, commandait une demi-brigade, composée des premiers bataillons du 1er, 2e, 3e et 4e régiments.

[2] Ce corps était fort de 2,200 hommes, dont 800 Cosaques, 440 chevaux du corps franc de Lützow, 550 tirailleurs d'élite de l'infanterie de Lützow, 1 bataillon prussien formé des volontaires de Berlin, et de 4 pièces anséatiques. La prise de Brême devait, sous le rapport stratégique, enlever à Davoust, alors à Hambourg, sa dernière communication avec la France.

presque tous recrues, le tout au nombre de 55-60 cavaliers [1].
Voilà ce qui devait défendre une place de 30,000 habitants,
dont les bourgeois et la populace étaient indisposés contre les
Français et peu favorables à notre cause. Il y avait en outre
deux pièces de quatre, avec peu de coups à tirer. Nous
n'avions pas d'autres munitions que celles de nos gibernes,
savoir 80 cartouches par homme.

Le colonel Thuillier fit sortir le capitaine Segesser avec sa
compagnie de voltigeurs et 45 chasseurs à cheval, pour reconnaître et repousser l'ennemi. Le bataillon de chasseurs
prussiens, des Cosaques et d'autres troupes cherchèrent à
les cerner entre les dunes du Weser et la route de Hambourg.
Les chasseurs à cheval lâchèrent pied et rentrèrent en désordre dans la ville. En passant devant un de nos postes
avancés, le capitaine, qui les commandait, dit :

— Mordez avec de pareils hommes, il y a de quoi perdre
son honneur.

Mais il faut tout dire : c'étaient des jeunes gens qui voyaient
l'ennemi pour la première fois, qui savaient à peine se tenir
sur leurs chevaux, qui étaient jeunes et nouveaux.

Nos voltigeurs, entourés, font bonne contenance et une
vive résistance, mais ils succombent sous le nombre. Le capitaine Segesser est grièvement blessé. Terrassé, il tire de sa
ceinture les deux pistolets qu'il portait, et tue dans la mêlée
deux Cosaques à bout portant. D'autres tombent sur lui et
le taillent en pièces. A l'exception du lieutenant Favre, d'un
sous-officier et de neuf voltigeurs, qui rentrent sains et
saufs, sur 97, sortis de la place, 86 sont tués, grièvement
blessés et faits prisonniers.

Le sous-lieutenant Müllener, le sergent Delapierre, un caporal et 25 voltigeurs, qui étaient fort heureusement de

---

[1] Ce dépôt était fort de 200 chevaux, dont 50 en état de faire le service.
Il y avait en outre un détachement de 54 recrues du 4ᵉ suisse, sous le lieutenant Landolt, 60 douaniers à cheval, 450 convalescents et une douzaine
de bouches à feu de différents calibres.

garde à la barrière, ne prirent pas part à cette malheureuse sortie. La compagnie se vit ainsi réduite à 39 hommes, deux officiers compris.

Cependant les chasseurs prussiens et les Cosaques poursuivent le lieutenant Favre et ses dix hommes et veulent entrer pêle-mêle avec eux dans la place. Le sergent Delapierre commandait un petit poste en avant de la barrière et avait bien placé son monde, composé de huit voltigeurs. Il fait faire feu à bout portant sur les assaillants, dont plusieurs sont tués et grièvement blessés. Cette décharge inattendue fait faire volte-face à l'ennemi et donne à ce poste le temps de se retirer et de fermer la barrière.

Dans cet intervalle, j'arrive avec ma compagnie de grenadiers, d'un autre poste qui a aussi été menacé, et où m'a relevé une compagnie du centre. Par une fusillade vive et bien soutenue, j'ai le bonheur de faire rétrograder les assaillans jusque hors de portée, et je défends la porte de Hambourg jusqu'à la reddition de la place. C'est à mes côtés que le brave colonel Thuillier est tué.

L'affaire, commencée le 13 au matin, continua jusqu'au 15. Dans ces différentes actions, le lieutenant d'artillerie fut tué et le sous-lieutenant Müllener prit le commandement des deux pièces de canon de quatre, les seules que nous eussions, et les fit servir par nos grenadiers jusqu'à l'épuisement des munitions. On tint avec persévérance et fermeté sur tous les points attaqués, et l'on sauva la place d'un assaut dont elle était menacée. C'est seulement après avoir brûlé toutes les cartouches, qu'on fut réduit à se défendre à la baïonnette et qu'on capitula dans la matinée du 15.

Capitulation de la ville et place de Brême.

« Entre nous, soussignés, d'une part, le lieutenant-colonel de Pfuel, chef de l'état-major du corps d'armée commandé par M. le général Tettenborn, et muni de ses pleins-pouvoirs;

de l'autre part, le major de Vaillant, commandant d'armes à Bremen, et autorisé par le conseil de guerre de la place à entrer en négociations pour la reddition de la place sur des bases honorables ; vérification faite des pouvoirs de M. le lieutenant-colonel de Pfuel, il a été convenu ce qui suit, savoir :

» 1. La ville de Bremen et ses faubourgs seront rendus à M. le général Tettenborn, aujourd'hui 15 octobre, à dix heures du matin.

» 2. La porte dite Osterthor sera rendue aux troupes russes aussitôt que M. le lieutenant de Vielcastel aura rapporté la présente convention ratifiée par M. le général Tettenborn.

» 3. La garnison, comme elle est composée, retournera au-delà du Rhin avec les honneurs militaires et sera libre dès le moment de son passage.

» 4. Les officiers emmèneront les chevaux et effets que le gouvernement français leur attribue. Les gendarmes emmèneront aussi les leurs, parce qu'ils leur appartiennent. Les chevaux de troupe seront rendus aux troupes russes.

» 5. Il sera fourni aux corps, ainsi qu'aux officiers et administrateurs, les moyens de transporter à Bassum les bagages, caisses, archives, à eux appartenant.

» 6. Les caisses de tout genre, magasins, objets de contrebande, enfin tout ce qui appartient au gouvernement français, sera remis dans le jour à un officier russe.

» 7. Les malades seront regardés comme appartenant à la garnison et traités comme elle. Les traitements médicaux leur seront administrés comme aux troupes russes, traitées dans les mêmes hôpitaux. Ils seront dirigés sur la France avec des passeports en règle, à fur et mesure de leur guérison. Un employé français restera attaché au service de l'hôpital, pour constater l'état civil, et toute protection lui sera accordée.

» 8. Les canons, munitions et armes à feu, autres que

celles en service entre les mains des soldats , seront remises aux troupes russes.

» 9. La garnison quittera la ville vieille aujourd'hui 15, se portera dans la ville neuve, occupera la porte Bontethor et partira demain 16, aussitôt que les moyens de transport qui lui sont nécessaires seront réunis.

» 10. Un détachement de troupes russes accompagnera la garnison, ainsi que tout ce qui en fait partie, jusqu'à Bassum.

» 11. La présente convention , dûment ratifiée , sera reconnue par tout autre corps d'armée , ou portion de corps , qu'elle pourra rencontrer sur sa route, et vice-versà.

» 12. Toutes les archives de tous les fonctionnaires seront respectées et conservées , lorsqu'ils ne pourront les emporter avec eux.

» 13. Aucun magistrat , aucun fonctionnaire civil, restant à Bremen , ne pourra être inquiété pour le fait de sa conduite politique et antérieure.

» 14. Les propriétés des particuliers et des Français compris dans la présente capitulation , seront respectées.

» Bremen , le 15 octobre 1813.

» Le major DE VAILLANT.

» Le lieutenant-colonel et chef de l'état
» major du général de Tettenborn,

» DE PFUEL.

» Ratifié :

» Le général-major baron DE TETTENBORN. »

Cette capitulation était très-honorable pour la petite garnison de Brême , qui obtenait ainsi l'avantage de franchir le Rhin avec les honneurs de la guerre, armes et bagages, et de pouvoir le repasser le lendemain pour reprendre l'offensive. Il faut dire aussi que le général Tettenborn tenait à être maitre de la place le plus tôt possible, pour avoir le libre passage du Weser.

Le chef de bataillon Dufresne ayant été blessé, je pris le commandement du bataillon. La reddition de la ville commença le 15, à onze heures du matin, par la porte de Hambourg. Je fis mettre tout le bataillon en grande tenue et je le réunis sur le rempart le plus rapproché. Je demandai au général Tettenborn s'il voulait voir le bataillon. Sur sa réponse qu'il le verrait avec plaisir, je fis ouvrir les rangs. En passant entre le premier et le second, je lui demandai encore s'il voulait inspecter l'intérieur des gibernes, et il me répondit :

— Je sais que vous avez consommé toutes vos munitions pour votre belle défense. Vous êtes des braves. J'ai eu grand plaisir à vous voir.

Comme le Weser partage la ville en deux parties, nous eûmes la rive gauche pour passer la nuit ; et, pour éviter le contact réciproque, nous établîmes de part et d'autre un poste sur le pont.

L'ennemi avoua lui-même une perte considérable, et cependant, comme nous avions besoin de ménager nos munitions, j'avais ordonné à la troupe de ne tirer qu'à coup sûr. Elle fut donc le résultat de cet avis, de la bonne position prise par nos gens et de l'adresse de leur tir.

Outre le capitaine Segesser, le lieutenant Schweitzer et le sergent-major des grenadiers avaient été tués ; tous trois de vaillants militaires. Outre le chef de bataillon Dufresne, les capitaines Danielis et Weyermann avaient été blessés, et dans la place, dix-sept sous-officiers et soldats tués, quarante-neuf blessés, tous dangereusement. Avec onze malades, que nous fûmes obligés de laisser à l'hôpital de Brême, tous étaient hors d'état d'être transportés et fort peu d'entre eux purent rejoindre le régiment.

Le total de nos pertes fut donc de six morts et de cent-soixante-deux blessés. Dans ces différentes actions et depuis notre départ d'Utrecht, nous avions eu deux-cent-treize sous-officiers et soldats malades, mis hors de combat ou tués.

Le préfet, les autorités françaises, les employés de l'administration et les douaniers du département dont Brême était le chef-lieu, se mirent en route le 16 au matin, protégés par notre bataillon jusqu'à Osnabrück, où se trouvait la division du général Carra Saint-Cyr. Nous passâmes par Brinkum, Bassum, Barnsdorf, Diepholz et Bohmte.

D'Osnabrück, nous continuâmes notre marche par Lengerich, Münster, Dülmen, Haltern, Schermbeck jusqu'à Wesel, notre destination.

Le premier jour de notre retraite fut le plus pénible. On voyait hommes, femmes, enfants, fuyant tous à pied par une pluie battante, sur une route mal entretenue. Même des dames en robes de soie, à bas et souliers fins, marchaient dans une fange de terre grasse, portant ce qu'elles avaient pu sauver de plus précieux, argent et bijoux. Cela faisait pitié de les voir dans cet équipage, d'autant plus que nous fûmes obligés de les pousser et de les forcer de marcher, car tout ce qui restait en arrière était pris et dépouillé par une nuée de Cosaques, qui nous suivait à une distance de cinq à six cents pas.

Le grenadier Michel voit une dame, qui marchait à la queue de la colonne, déposer un paquet dans le fossé de la route et à quelques pas de là se jeter à terre, n'en pouvant plus de fatigue. Il retourne, sans craindre le danger d'être pris, ramasse le paquet, qui était très-lourd et contenait des bijoux, de l'argenterie, un peu d'argent et de l'or, puis il revient, relève cette dame, lui donne le bras et la ramène.

A la vue de ce beau trait, j'arrête la colonne et il en est temps. J'envoie des grenadiers à leur secours. Les Cosaques, voyant ce mouvement, s'arrêtent aussi et les laissent cheminer tranquillement. Michel, assisté par ses camarades, conduit la dame au bras jusqu'au gîte. Plus morte que vive, elle vent lui abandonner son petit trésor, mais il le refuse et accepte seulement cent francs qu'elle l'oblige de recevoir comme une faible marque de sa reconnaissance.

Le préfet apprit cette action et promit de faire récompenser ce brave grenadier. qu'il voulut voir, mais la promesse ne se réalisa pas. Je pense qne la suite des événements en a été la cause.

Arrivé à Brinkum, j'envoyai au préfet une garde de vingt-cinq hommes, commandés par un officier, et je pris les dispositions nécessaires pour la sûreté des autorités et de la troupe, en établissant des postes surtout aux issues donnant sur la route de Brème, afin de tenir les Cosaques à une distance respectable de nous. Je fis mettre en réquisition des chevaux et des voitures pour le transport des autorités, des femmes et des enfants rentrant en France.

Tous les soirs ce fut la même chose pour le service et les réquisitions jusqu'à notre arrivée à Osnabrück, où l'on nous délivra de ce pénible service et de tous ces malheureux qui nous avaient donné beaucoup de peines et d'embarras.

Les généraux et les troupes stationnés à Osnabrück, à Münster et à Wesel, nous accueillirent à bras ouverts et nous félicitèrent de notre bonne contenance à Brème et pendant notre retraite. Mais ici, je ne passerai pas sous silence l'ingratitude du préfet, qui. en arrivant à Osnabrück, où il était hors de danger et trouvant des chevaux de poste à sa disposition, nous quitta sans nous voir ni nous remercier des soins que nous avions pris pour la sûreté de sa personne et pour ce qui pouvait lui être agréable ainsi qu'à ses subalternes pendant les cinq jours qu'ils voyagèrent avec nous. Cet oubli, comme nous l'avons pensé, ne pouvait provenir que de son empressement à rentrer en France, car il nous recommanda aux généraux et à l'empereur, comme on le verra plus tard. Je crois que c'était le comte de Luxbourg.

Nous ne fîmes que traverser Wesel, d'après les termes de la capitulation, et nous allâmes coucher à Xanten le 27, puis, suivant la clause qui nous permettait de repasser le Rhin vingt-quatre heures après pour reprendre l'offensive, le général comte Merle, gouverneur de Wesel, nous rappela, le 28, dans cette place. Nous étions tous contents de nous revoir sous les ordres du chef, qui nous avait commandés en Russie.

Après nous avoir passés en revue et complimentés sur notre bonne conduite, la défense de Brême et notre belle retraite, il nous envoya coucher le même jour à Rees, jolie petite ville de la rive droite du Rhin, en nous disant :

— Allez-vous reposer, je suis content de vous tous.

Nous y restâmes dix jours et y fûmes tous très-bien accueillis des bourgeois chez lequels nous nous trouvâmes logés et nourris.

L'ennemi s'étant rapproché de Wesel[1], on nous ordonna de rentrer dans cette place, qui est très-forte et située sur la rive droite du Rhin. Comme les coalisés la cernèrent de près, il en résulta pour nous un service très-pénible, surtout aux grandes-gardes avancées pour observer les mouvements de l'ennemi et empêcher autant que possible son approche. Pour ce service de cinq jours, il fallait être jour et nuit sur pied, afin ne ne pas être surpris.

Le 26 décembre, nous reçûmes les récompenses pour notre défense et notre retraite de Brême. On nomma chevaliers de la Légion-d'Honneur le chef de bataillon Dufresne, qui passa major, et les capitaines Danielis, Weyermann, le lieutenant Theiler et le sous-officier Delapierre. Ces deux premiers officiers étaient rentrés à Metz au mois de novembre, pour cause de blessures. Je fus nommé chef de bataillon[2] et remplacé aux grenadiers par le capitaine Weyermann.

Le 28, on donna au bataillon l'ordre de se rendre au quartier-général du maréchal Macdonald, et de laisser son officier payeur, un sous-officier secrétaire et la caisse à We-

[1] Il se trouvait dans cette garnison les 4mes bataillons des 2e et 3e suisses.

[2] En date du 18 décembre.

sel. Passant par Xanten, nous arrivâmes le 29 à notre destination, où l'on nous incorpora dans le onzième corps d'armée.

Le 30, un parlementaire vint avec une lettre pour le maréchal, portant qu'il se trouvait sur la ligne un bataillon qui, d'après la capitulation de Brème, ne devait pas y être. Cela prouva que le général des coalisés ne la connaissait pas. Le maréchal me fit appeler et m'en demanda une copie. Je lui dis que j'avais reçu l'ordre de laisser mon officier payeur à Wesel et que cette pièce était renfermée dans la caisse du bataillon. Il envoya tout de suite une ordonnance à cheval avec la lettre par laquelle j'ordonais à mon officier de remettre sur le champ la capitulation au porteur de cette dépêche. L'envoi de cette copie aplanit les difficultés.

Le jour de l'an 1814, le maréchal nous fit l'honneur de recevoir notre corps d'officiers et de lui témoigner sa satisfaction sur la conduite, la discipline et la tenue du bataillon. Il s'adressa ensuite à chacun de nous en particulier, parla d'une chose ou de l'autre et fut, en un mot, très-obligeant.

Le 6 janvier, l'ennemi faisant des préparatifs pour passer le Rhin, qui charriait d'énormes glaçons, on nous dirigea sur Geldern puis sur Crefeld, d'où nous sortîmes pour aller bivouaquer entre Reinberg et Neurss, en face de Crefeld, sur le bord du fleuve.

Pendant les deux nuits du 9 au 11, notre bataillon et cinquante chasseurs à cheval eurent à surveiller une ligne de cinq ou six lieues d'étendue. Le froid fut si rigoureux que des chasseurs et de nos hommes eurent les pieds et les mains gelés, et que, dans la nuit du 10 au 11, les reins me gelèrent aussi.

Le 11 au matin, nous recevions l'ordre d'opérer notre retraite, en servant d'escorte à l'artillerie, avec cent-vingt hommes du 1er régiment de carabiniers à cheval, rentrant à Crefeld.

De cette ville, où nous eûmes une heure de repos, nous

remontâmes la rive droite de la Meuse, en passant par Venloo, Ruremonde et Stephanwerth, et nous arrivâmes le 15
janvier à Mæstricht.

Le général comte Merle, remplacé à Wesel par le général
comte Burke, avait pris le commandement de Mæstricht, en
qualité de gouverneur, et demandé notre bataillon au maréchal Macdonald, disant qu'il nous connaissait depuis la Russie
et Wesel, et qu'il avait confiance en nous pour aider à défendre cette place importante.

Au moment donc de prendre la route de Tongres avec
l'artillerie, nous reçûmes l'ordre de rester dans Mæstricht et
de faire partie de sa garnison.

Le 17, cette place était cernée par les alliés. Le 18 commençait le service pénible d'une forteresse dont les fortifications étaient très-étendues, tant dans son enceinte que
dans ses ouvrages extérieurs, et le fort Saint-Pierre, qui en
dépend. De plus, la faible garnison[1] chargée de sa défense
manquait même d'artilleurs et je me vis obligé de donner le
lieutenant Favre, qui avait des connaissances dans cette arme,
quatre sous-officiers, huit caporaux, un tambour, cinquante
fusiliers, soixante-quatre hommes en tout. Choisis parmi les
plus propres à ce service, ils furent incorporés provisoirement dans l'artillerie où ils restèrent jusqu'à la remise de la
place pour rentrer alors au bataillon. On fut très-content des
bons services qu'ils rendirent pendant le blocus de la ville.
Enfin, il y avait les grand'gardes des forts, des ouvrages
avancés, le service de l'intérieur, le piquet, les corvées pour
réparer les fortifications. Tous les matins avant le jour, il
fallait prendre les armes, se porter sur les points les plus ac-
cessibles et y rester jusqu'à la rentrée des découvertes, qui
souvent avait lieu seulement vers les dix ou onze heures,
suivant le plus ou moins de brouillard. De temps à autre,
on faisait des sorties, soit pour reconnaître l'ennemi et le

---

[1] Il s'y trouvait aussi un détachement du 4ᵉ suisse.

repousser, soit pour faire des approvisionnements en grains, fourrages, bestiaux, car Mæstricht était peu pourvue de ce qui était nécessaire à la subsistance de la garnison et des bourgeois.

Ces sorties occasionnèrent des pertes, qui ne furent cependant jamais considérables, tandis que les maladies contagieuses, qui se propagèrent dans les corps de la garnison et surtout dans les hôpitaux, firent de grands ravages.

Dans notre dernière sortie, le sergent Müller fut détaché de la colonne avec huit grenadiers, en éclaireurs, et s'éloigna trop. Dans cet intervalle, la colonne reçut l'ordre de rentrer. Ce sous-officier, poursuivi avec son petit détachement par une cinquantaine de dragons danois, opéra si bien sa retraite qu'il put gagner un calvaire dont la croix était entourée de quatre arbres. Il s'y posta, et plaça ses grenadiers de manière à faire front des quatre côtés. Ces neuf hommes firent bonne contenance et n'ouvrirent leur feu qu'à portée et chaque fois que les cavaliers s'approchèrent d'eux. On voyait cette héroïque défense du haut des remparts. Le gouverneur ordonna une seconde sortie pour aller au secours de ces braves, qui rentrèrent dans la place aux cris de : « Voilà de vaillants Suisses! » Un seul avait été légèrement atteint, tandis que les cavaliers ennemis avaient eu plusieurs hommes et chevaux tués et blessés.

Pour donner une idée des ravages exercés dans les hopitaux par les fièvres malignes contagieuses, comme le typhus, les officiers supérieurs et autres de jour n'y entraient qu'avec la bouche remplie de camphre. Quand leur rapport de vingt-quatre heures ne portait que vingt morts, au lieu de quarante à quarante-cinq, ce n'était, pour ainsi dire, rien de nouveau. Le minimum était de trente à trente-cinq.

J'eus le bonheur d'obtenir un local et des médicaments de la mairie, et j'établis une infirmerie pour y soigner mes malades, que j'envoyai à l'hôpital à la dernière extrémité, afin d'éviter la contagion. Par ce moyen je perdis moins d'hommes que les autres corps, c'est-à-dire, trois sous-officiers, cinq caporaux, un tambour et quarante-sept fusiliers, en tout cinquante-six hommes. C'était beaucoup, mais peu en comparaison des autres corps, car il y eut des bataillons qui sortirent de Mæstricht réduits à deux cent-dix hommes et d'autres un peu plus forts. Enfin de 10,500–10,600 hommes de toutes armes, qui formaient la garnison, il n'en sortit, autant que je puis m'en rappeler, que 3,400–3,600, et près de deux cents restèrent dans les hôpitaux hors d'état d'être transportés.

Au commencement d'avril, nous apprîmes l'entrée de Louis XVIII à Paris, et les alliés se retirèrent à près de deux lieues de la ville, ce qui nous mit un peu plus à l'aise.

Le général Merle me fit venir chez lui pour me dire :

— Rösselet, la France a changé de maître, et l'antique dynastie des Bourbons nous garantit le bonheur dans la personne de notre bien-aimé Louis XVIII. Demain, à la revue, nous arborerons la cocarde blanche et je sais que vous ne serez pas les derniers à le faire.

Je lui répondis que nous donnerions l'exemple, si c'était nécessaire.

En effet, les Suisses de mon bataillon et un escadron du 7e hussards furent les premiers à l'arborer, bien qu'on se fiât peu aux autres corps, qui résistèrent un bon moment, mais le tout se passa au gré du gouverneur et sans beaucoup de murmures.

Je profitai de cette journée pour présenter un mémoire de propositions au général Merle, en faveur des officiers et sous-officiers que leur mérite rendait aptes à remplir en avançant les places vacantes. Je proposai donc pour des emplois de capitaines les lieutenants Sansonnence et Theiler, de lieutenants les sous-lieutenants Favre, Gugger et Hammer, de sous-lieutenants les adjudants Randegger et Müller, le sergent-major Fromont et le sergent de voltigeurs Delapierre. Le gouverneur agréa et approuva ce travail, que confirma le roi. Grande satisfaction pour moi, qui ai pu de mon chef récompenser de braves militaires.

Le certificat délivré, par le général, constate la conduite du bataillon et l'exprime dans les termes suivants :

« Nous, général de division, commandant en chef la 25ᵉ division militaire et gouverneur de Mastricht, certifions que les officiers, sous-officiers et soldats du 1ᵉʳ bataillon du 1ᵉʳ régiment suisse se sont distingués, pendant tout le temps du blocus de la place, par leur bravoure, leur zèle et leur dévouement ; tous sont restés fidèles au drapeau, qui les a souvent guidés dans les voies de l'honneur, au chef témoin de leurs brillants et immortels faits d'armes dans les champs de Polotzk et de la Bérésina.

» Le général de division se plaît à certifier que les braves, qui composent le 1ᵉʳ bataillon du 1ᵉʳ régiment suisse, ont arboré la cocarde blanche avec enthousiasme, au moment où ils ont appris que la France avait changé de maître et que l'antique dynastie des Bourbons leur garantissait le bonheur dans la personne de notre souverain bien aimé Louis XVIII.

» Donné à Mastricht, le 27 avril 1814.

(signé) » MERLE. »

Je me borne à prétendre que cette pièce dit tout et que je suis heureux d'en être possesseur, ainsi que d'autres certificats à la louange de tous les braves que j'ai eu l'honneur et le bonheur de commander.

Ici je crois oser placer un certificat, que j'ai obtenu moi-même de ce général, au sujet de la campagne de 1812. Le voici :

« Le soussigné, général commandant la 3ᵉ division du 2ᵉ corps de la grande armée, certifie que M. Rösselet, capitaine de grenadiers au 1ᵉʳ régiment suisse, s'est comporté, pendant qu'a duré la campagne de 1812, de manière à mériter les plus grands éloges ; cet ancien et brave officier s'est particulièrement distingué dans les différentes actions glorieuses qui ont eu lieu à Polotzk et pendant la retraite, depuis cette ville jusqu'à la Bérésina. En foi de quoi je lui ai donné le présent en témoignage de ma satisfaction.

» A Berlin, le 1er février 1813.

» *Le général de division,*

(signé) » Merle. »

Le 27 avril, M. le gouverneur reçut de Louis XVIII l'ordre de remettre la place au roi de Hollande. On nomma de part et d'autre des commissaires pour convenir des dispositions et dresser les procès-verbaux concernant la remise de Mæstricht, de son matériel et de tout ce qui, dans les forts et la place, appartenait à l'état. Il fut conclu que l'évacuation de Mæstricht aurait lieu le 4 et le 5 mai, et que la division française employée à sa défense, étant composée de deux brigades, le mouvement s'opérerait par brigade. La division hollandaise était à peu près d'égale force et commandée par le lieutenant-général Constant, Suisse de nation, et composée aussi de deux brigades.

La deuxième brigade française, dont mon bataillon faisait partie, sortit donc de la place le 4 mai à huit heures du matin et fut remplacée par la première brigade hollandaise ; puis le 5, à la même heure, la première brigade française opéra son mouvement et la deuxième brigade hollandaise entra dans la ville. Par ce moyen, tout se trouva évacué le second jour, à l'exception des malades. Ces opérations se firent avec le plus grand ordre et au grand contentement des deux partis. Car, céder une place aussi considérable que Mæstricht, était une grande perte pour les Français.

La division Merle reçut pour destination Lille, où nous arrivâmes le 15 mai, en passant par Tongres, Saint-Trond, Tirlemont, Louvain, Malines, Dendermonde, Werteren, Gand et Courtrai. Nous passâmes deux jours à Lille, d'où le général comte Maison, qui commandait le corps d'armée dans le département du Nord, nous envoya par Douai à Bouchain. Nous y restâmes [1] jusqu'à ce que les alliés eurent évacué l'intérieur de la France.

A la fin de juin, nous reçûmes l'ordre de nous rendre à Metz, où était notre état-major et notre second bataillon.

Rendons ici à César ce qui est dû à César. Pendant notre absence, le second bataillon avait aussi eu ses fatigues et ses travaux durant le blocus de Metz. En dehors de son service ordinaire, la troupe avait été occupée par de fréquentes et pénibles corvées, chargées d'armer et de réparer les fortifications de cette vaste place, alors tellement négligée qu'elle était tombée presqu'en ruines. Il avait fallu relever surtout une partie des remparts. Même les ponts-levis étaient en si mauvais état qu'on ne put pas les lever à l'arrivée de l'ennemi. Il fallut faire de nombreuses sorties pour approvisionner la ville, qui manquait de tout, et empêcher les assaillants de s'en approcher. Il en résulta de grandes pertes pour les corps de la garnison, puis les maladies firent de grands ravages parmi les militaires et les habitants.

Le 2e bataillon, auquel l'arrivée de nouvelles recrues avait rendu son effectif, fut réduit de plus de 600 hommes à 3–400. Il eut la promotion du capitaine Denervo [2] au grade de chef de bataillon.

Le 30 juin, nous nous mettions donc en route pour notre nouvelle destination, avec le plus grand plaisir, surtout à l'idée de revoir le régiment et de trouver dans cette bonne garnison du repos et les moyens de nous remettre en bon état. Nous prenions par Landrecies, Avesnes, la Capelle, Hirson, Maubert-Fontaine, Mézières, Sédan, où nous achetions du drap écarlate et autre, Mouzon, Stenay, Dun, Verdun, Mars la Tour.

[1] Avec les 1ers bataillons des 2e et 3e suisse (chefs Deriaz et Bucher).
[2] Natif de Lyon et originaire de Bouloz, canton de Fribourg.

Le 16 juillet, à midi, nous entrions dans Metz, où nous étions fort bien accueillis par nos amis, nos camarades et nos généraux, vu que notre petite réputation avait pénétré jusque-là.

Depuis notre sortie de Mæstricht, le 4 mai, jusqu'à notre arrivée à Metz, le 16 juillet, notre perte fut de 51 hommes, dont 3 sous-officiers, 7 caporaux, 41 fusiliers, tous morts de maladies contagieuses, qui se manifestèrent en route et à Bouchain [1].

Entrés en campagne avec une force de 757 hommes, nous rentrâmes donc à Metz avec 482, ce qui donne une perte de 275 hommes.

Le 5 août, le 2e bataillon partit pour Bitche, en passant par Faulquemont, Pattelange et Sarrealber, mais à la fin de novembre, il revint à Metz.

Le 5 janvier 1815, le régiment reçut l'ordre de se rendre à Soissons par Mars-la-Tour, Manheule, Verdun, Clermont, Saint-Menehould, Suippes, Reims et Fismes. Arrivé le 15 à sa destination, il n'y restait que sept jours et en repartait le 23 pour Arras. Il a été prouvé, plus tard, que c'était pour nous éloigner de Paris, parce qu'on préparait déjà le retour de l'empereur Napoléon en France.

Nous passâmes par Laon, Origny, Bonavy, Cambrai et en arrivant, le 27, à Arras, nous y trouvâmes le 3me régiment suisse, qui nous reçut en vrais compatriotes, c'est-à-dire, à bras ouverts.

Dans la nuit du 17 au 18 mars, les chefs des deux régiments recevaient l'ordre de faire partir en toute diligence, pour Paris, leurs premiers bataillons, commandés par moi et le chef Bucher.

Ces deux bataillons se mettent en route le 18, de grand matin. A Pas, ils trouvent un aide-de-camp qui fait monter immédiatement la troupe sur des chars à échelles, attelés de

---

[1] Le 28 juillet, le roi autorisa l'auteur à porter la décoration du Lys.

deux ou quatre chevaux et réunis sur la place et dans les rues adjacentes à la route de Doulens. On part au trot, c'est-à-dire, en poste, A Doulens, même manœuvre pour atteindre Amiens, où l'on donne une heure pour prendre le pain et se rafraîchir, remonter en voiture et repartir pour Breteuil, et ainsi de suite de ville en ville. L'aide-de-camp, qui nous précède, commande nos équipages, de manière que nous ne faisons que descendre de voiture et y remonter.

A Clermont, plus d'aide-de-camp. Il a disparu. Les voitures prêtes, j'y fais monter mon monde et continuer la route sur Chantilly.

A Chantilly, plus de voitures. Commandant cette petite colonne, je ne consulte que ma feuille de route qui, me prescrit de me rendre le plus tôt possible à Paris. Je donne deux heures pour prendre le pain et un peu de repos; je fais former les faisceaux, avec ordre de ne pas trop s'écarter de la place et de rentrer dans les rangs au premier des trois coups de baguette indiqués pour signal. Un général s'approche de moi et me demande :

— Chef de bataillon Rösselet, où allez-vous?

— Nous allons à Paris.

— Savez-vous que Sa Majesté a quitté Paris la nuit passée (celle du 19 au 20)?

— Non, mon général. Avez-vous des ordres à me donner?

— Non.

— En ce cas, mon général, je continuerai ma route sur la capitale.

Le général nous souhaite un bon voyage et disparaît.

Les deux heures écoulées, je fais battre les trois coups de baguette; tout le monde rentre, je fais rompre les faisceaux, porter les armes, rompre par sections pour marcher avec moins d'étendue, avoir mes gens plus réunis et maintenir plus facilement le bon ordre, si c'était nécessaire.

A la tête des deux bataillons, nous continuons notre route

et arrivons à Louvres à la nuit tombante. Nous trouvons cette ville encombrée de troupes de toutes armes et surtout d'artillerie. C'est le 20 mars. Le maire me dit :

— Commandant, je suis dévoué à la cause du roi et chevalier de Saint-Louis, mais je suis bien fâché, je ne puis pas loger votre troupe. Vous ne seriez pas en sûreté pendant la nuit. Les artilleurs sont à craindre, tant pour la ville que pour vous.

— Avez-vous des granges ?

— Oui.

— Faites-m'en assigner huit pour cette nuit et donnez le pain nécessaire à ma troupe. Je me charge du reste et du bon ordre. Demain, à la pointe du jour, je suis en marche pour ma destination.

Tout cela m'est immédiatement accordé. Je répartis les douze compagnies, suivant leur force, dans les huit granges et j'ordonne aux officiers de rester avec elles pour éviter, pendant la nuit, tout contact entre elles et les Français. La plus grande partie de ces derniers sont ivres. J'obtiens du maire qu'il enverra le pain dans chaque local, et il tient parole. A peine se trouve-t-on dans les granges, et elles se touchent pour ainsi dire, que le pain est distribué.

Dans la nuit, nous apprenons que l'empereur Napoléon est à Paris et que toutes les troupes ont arboré la cocarde tricolore, ce qui donne des inquiétudes à quelques officiers, surtout au colonel Réal de Chapelle, arrivé en poste vers minuit.

Le 24, vers les deux heures du matin, le colonel rassemble les officiers des deux bataillons, pour s'entendre avec eux sur ce qu'il y a à faire dans cette pénible position, savoir, s'il faut rétrograder ou suivre la destination prescrite par la feuille de route. La majorité est du premier avis. — Alors, je prends la parole et je dis :

— Mon conseil est dans ma poche. C'est ma feuille de

route, qui me prescrit de me rendre à Paris. Je vais partir tout de suite avec mon monde.

Le chef de bataillon Bucher, n'osant faire autrement, se range à mon avis. Nous rassemblons les compagnies et l'appel fait, je dis à haute voix :

« Que personne ne sorte des rangs, que chacun marche à sa place et en ordre ; montrons tous que nous sommes Suisses, et que nous savons obéir. »

Puis je fais rompre en colonne par sections et marcher avec l'arme à volonté, en laissant à Louvres le colonel Réal de Chapelle, qui ne sait quel parti prendre. Il reprend cependant la poste et nous devance à Paris. En traversant les villages occupés par les troupes françaises, je fais serrer les rangs, prendre l'arme au bras, battre le pas de route et aux champs chaque fois que nous passons devant un poste, puis reprendre le pas de route. Chose assez remarquable, une partie de ces troupes a la cocarde tricolore et l'autre n'en porte point.

Généraux, officiers, sous-officiers et soldats sortent de leurs logements pour nous voir passer avec nos cocardes blanches et notre fanion fleurdelisé. La cavalerie est occupée du pansement de ses chevaux. Nous sommes admirés plutôt que blâmés et l'on nous laisse passer dans le plus profond silence. Il en est ainsi dans tous les villages, jusqu'à notre arrivée entre onze heures et midi à Saint-Denis, où nous trouvons le deuxième régiment suisse tout étonné de nous voir avec la cocarde blanche. Il n'en a point. Nous recevons l'ordre de rester dans cette ville, où l'on nous loge immédiatement au même quartier que ce corps. Dès le lendemain, on nous emploie avec lui au service de la place jusqu'au jour de notre licenciement.

Mais le 24, les officiers supérieurs des quatre régiments suisses[1] avaient écrit de Paris la lettre suivante à la Diète.

---

[1] Le général de Castella signa aussi cette lettre. Il est mort en 1850.

« Monsieur le président et messieurs,

» Conformément à votre décret du 10 avril 1814 , les troupes suisses capitulées au service de S. M. l'empereur Napoléon passèrent à celui de Louis XVIII et lui prêtèrent serment. Nous avons l'honneur de rendre compte à la haute Diète que la troupe est restée fidèle à son devoir. L'empereur Napoléon est entré hier dans la capitale, et le roi s'en est éloigné.

» Nous avons déclaré aux autorités actuelles que , placées par notre chère patrie au service du roi , nous ne pouvions désormais faire aucun service actif sans avoir de nouveaux ordres de la Diète. En conséquence, nous, officiers supérieurs des troupes suisses au service de France, avons résolu d'envoyer de suite à Votre Excellence le sieur Schaller, capitaine au 4ᵉ régiment suisse, pour demander à la haute Diète des ordres avec règle de conduite. Monsieur le président et messieurs , c'est avec confiance et un attachement profond pour notre chère patrie, que nous attendons vos ordres ultérieurs, que nous vous prions de nous envoyer sans délai. La haute Diète peut compter sur notre dévouement et sur notre obéissance.

» Nous sommes , etc.

« LES OFFICIERS SUPÉRIEURS
» DES QUATRE RÉGIMENTS SUISSES. »

La Diète répondit[1] :

« Messieurs, nous avons reçu des mains du capitaine Schaller, la lettre que vous nous avez adressée de Paris, le 24 mars 1815. Vous avez été fidèles à votre serment et aux ordres que vous avez reçus de l'autorité supérieure de votre patrie. La Diète approuve votre conduite et vous en témoigne sa satisfaction.

» Dans l'état actuel des choses , où vous vous trouvez dans

[1] Le 28.

l'impossibilité de continuer votre service, nous désirons que vous puissiez revenir dans vos foyers. Vous y serez reçus avec toute l'affection et l'intérêt que vous êtes en droit d'attendre.

» Messieurs les chefs feront les démarches nécessaires pour que ce départ ne soit pas empêché par les autorités actuelles. Ils veilleront de leur mieux à la sûreté de la troupe pendant la marche et l'accéléreront autant que possible. La Diète se repose à cet égard avec pleine confiance sur leur prudence et leurs soins.

» Recevez, Messieurs, l'assurance de notre haute estime et de notre sincère affection. »

Je me logeai chez M. Meyer, riche propriétaire d'Arau, qui avait une grande fabrique d'indiennes en face du quartier. Je voulais être plus rapproché de la troupe, afin de pouvoir, au besoin, mieux la surveiller, car j'avais à craindre les émissaires, qui travaillaient à faire arborer la cocarde tricolore à mes sous-officiers et à mes soldats pour embrasser la nouvelle cause. Le colonel Réal de Chapelle cherchait lui-même à les décider à rester. Il avait pour but de former un nouveau régiment au service de l'empereur et d'en prendre le commandement.

Le 30 mars, Napoléon vint visiter à Saint-Denis les demoiselles, filles des membres de la Légion-d'Honneur. Nous étions à table et déjeunions. Le colonel Stoffel[1], qui était venu recruter, se trouvait là avec les officiers du 3ᵐᵉ régiment suisse. Tout le monde se leva pour voir passer l'empereur, et je restai seul à ma place. Le colonel Stoffel me dit :

— Il paraît que vous n'êtes pas pressé de voir Sa Majesté.

---

[1] Sorti du régiment suisse de Reding, n° 2, au service d'Espagne, pour passer au 3ᵉ suisse, au service de France et être attaché à l'état-major général. Alors il était à la suite du 4ᵉ suisse.

— J'ai eu l'honneur de la voir à l'armée, lui répondis-je. Peut-être ne l'y avez-vous pas vue.

Sans dire mot, il prit son chapeau et sortit.

Le même jour, je réunis tous les officiers du bataillon pour leur donner connaissance de la décision de la haute Diète[1] et je leur dis :

— Je connais votre dévouement à la patrie ; il vous portera à remplir les devoirs sacrés qu'elle nous prescrit. Nous saurons tous répondre à son attente. Oui, mes amis, j'aime à le dire, des officiers qui, comme vous, se sont tant de fois distingués, même dans les moments les plus difficiles, sauront, surtout à cette occasion, donner l'exemple de la fidélité à leurs subordonnés et les guider dans le chemin de l'honneur, qui ordonne d'obéir aux lois et aux vœux de la patrie.

Ils me firent l'amitié de m'applaudir, et je repris :

— Je vous demande ce que vous avez toujours fait, de voir le plus souvent possible vos sous-officiers et vos soldats, pour les maintenir dans l'obéissance et dans la discipline. Le régiment a toujours bien servi. Il faut conserver sa réputation jusqu'au dernier instant, afin qu'on puisse dire qu'il a bien fini.

Nous continuâmes donc à visiter fréquemment le quartier, à voir nos hommes, à leur parler de leurs devoirs, à les engager à éviter les séducteurs, qui étaient nombreux, à ne point se laisser entraîner par de belles promesses, et cela fit un bon effet.

Le 4 avril devant être le jour de notre licenciement, j'ordonnai la veille de nettoyer habillement, armement et équipement, afin de pouvoir paraître le lendemain, dans la meilleure tenue possible à notre dernière prise d'armes.

A quatre heures après midi, je fais rappeler ; à quatre

---

[1] Arrivée le 1ᵉʳ avril.

heures et demie, faire l'appel et former le bataillon en bataille. Le général Fririon arrive avec le général de Castella,
son adjoint, pour l'inspection générale des Suisses. Je fais
porter les armes, aligner, battre le rappel ; puis je m'avance
pour prendre les ordres du général Fririon et lui demander
s'il veut inspecter le bataillon. Frappé de la bonne contenance et de la belle tenue de la troupe, il me répond :

— Oui, j'aime voir ces braves. Faites ouvrir les rangs.

Il passe devant les trois rangs, admire l'ensemble, donne tout
haut des éloges à la belle tenue et au maintien martial des
hommes, fait serrer les rangs et placer les tambours au centre
du bataillon, en face du fanion, pour battre le ban. Puis il
lit à haute voix le décret de notre licenciement[1], m'ordonne
de le répéter en allemand, après quoi je fais fermer le ban
par un roulement.

Le général me dit :

— Commandant Rösselet, je suis chargé de la part de
l'empereur de vous offrir à continuer vos bons services.

— Général, dis-je, je suis fort sensible à l'offre obligeante
que vous me faites l'honneur de me communiquer. J'ai vingt-
sept ans de services, vingt campagnes, des blessures, femme
et enfant, point de fortune, mais aujourd'hui, comme en
tout temps, j'aime à remplir mes devoirs et à suivre le
chemin de l'honneur. Je rentre dans ma patrie.

Le général s'adresse ensuite aux officiers et à la troupe en
ces termes :

— Que ceux qui veulent prendre du service sortent des
rangs.

Il me le fait répéter encore en allemand.

Personne ne bouge.

Il me commande de rompre par pelotons, d'ouvrir les
rangs et commence par passer devant le petit état-major et
les tambours en leur offrant du service. Arrivé devant les

____
[1] Daté du 2.

rangs des grenadiers, il fait la même proposition, qu'il m'ordonne de traduire en allemand, et passe à la 4re compagnie de fusiliers.

Tout reste ferme et personne ne bouge encore.

Quand l'offre est renouvelée à la 2me de fusiliers, les caporaux Vorus et Müller sortent des rangs et annoncent qu'ils désirent prendre du service. Le général me dit :

— Commandant Rösselet, en voilà deux.

— Oui, mon général, ce sont deux braves militaires, mais ils craignent de rentrer en Suisse pour quelques fautes qu'ils ont commises avant leur entrée au service. Je vous les recommande.

Ces deux caporaux ne pouvaient réellement pas rentrer en Suisse.

Il renouvelle son offre en se présentant devant les 3me et 4me compagnies de fusiliers et les voltigeurs. Partout il trouve la même fermeté. Tous restent dans leurs rangs.

Enfin, le général m'ordonne de serrer les rangs et de remettre la troupe en bataille. Je fais porter les armes et je m'avance pour lui demander s'il désire que je fasse défiler.

— Commandant Rösselet, me répond-il, je vous remercie, une troupe licenciée ne doit plus d'honneurs

Il me donne l'ordre de faire former les faisceaux et déposer les armes, à l'exception de cinquante fusils et d'autant de gibernes, qui doivent servir au maintien de la police et du bon ordre dans le quartier et dans la place. On accroche les autres gibernes sur les fusils, et les sous-officiers conservent leurs sabres. La troupe rentre au quartier aussi tranquillement que si elle revenait d'une revue ou d'une manœuvre.

Si cette opération a été fatale, elle a été grandiose, noble et sublime dans son genre, grâce à la belle tenue de la troupe, au calme, à la fermeté et à cet air martial qu'elle a conservés jusqu'au dernier moment, et grâce surtout à cette fidélité, qui avait triomphé de tant d'épreuves. C'est encore ici le cas de dire que la bonne discipline lie la troupe à ses drapeaux et à ses officiers.

Après nous avoir licenciés, le général Fririon passa au 2ᵉ, puis au 3ᵉ régiment. Mais il n'y trouva plus le même ordre, ni la même tenue. Des hommes, des sous-officiers et des soldats parurent en uniforme, d'autres en capote ou en veste, et coiffés du schako ou du bonnet de police, suivant le bon plaisir de chacun. Quelques officiers du 3ᵉ en entraînèrent plusieurs du 2ᵉ à prendre du service. Le mauvais exemple de ces messieurs, ainsi que les sollicitations du colonel Stoffel engagèrent beaucoup de sous-officiers et de soldats à agir de même, et ce chef forma un régiment de ces gens et de ce qui resta des autres corps. Il joua le colonel Réal de Chapelle[1], qui croyait avait cru obtenir ce régiment, à la formation duquel il avait beaucoup travaillé.

Le 4ᵉ régiment, celui du colonel d'Affry, fut licencié à Paris.

J'étais rentré chez moi, quand la fille aînée de M. le fabricant Meyer, femme du lieutenant-général baron Darricau, vint dans ma chambre me dire qu'elle avait fait atteler sa voiture pour me conduire à Paris et me présenter à l'empereur. Je la remerciai en lui répétant ce que j'avais dit au général Fririon.

Elle me dit alors :

— Rien ne peut donc vous déterminer, ni ma personne, ni même un régiment, que Sa Majesté aurait du plaisir à vous donner ?

Puis elle sortit en me toisant du haut en bas, sans mot dire, et partit seule pour la capitale.

Les quatre régiments manquant d'argent, les officiers supérieurs firent, conjointement avec les capitaines, un emprunt de 10.000 francs chez MM. Basin et Cᵉ, pour subvenir à la solde de la troupe en route, emprunt qu'ils furent

---

[1] Il est mort en retraite, à Besançon, le 25 janvier 1857.

obligés de rembourser avec l'intérêt sur la solde arriérée. J'avais en caisse 1,800 francs, appartenant à la masse générale du corps. Les officiers et les sous-officiers étant peu pourvus d'argent, je donnai à chaque capitaine 100 francs, à chaque lieutenant 50, et à chaque sergent-major 25, pour faire face à leurs besoins et à ceux de leurs détachements, somme qu'il nous fallut renvoyer à l'intendant de la 1re division militaire à Paris.

Le 5 avril, on commença à délivrer des feuilles de route et le départ s'effectua le 6 par détachements de 100 hommes, avec ordre de ne point s'écarter de l'itinéraire tracé. L'adjudant-major Huber, de Hohentengen, et le lieutenant Thomann, de Soleure, restèrent à Paris. Tous deux étaient de très-bons et braves officiers, mais avaient des raisons, à moi inconnues, pour ne pas rentrer dans ce moment en Suisse.

Les officiers reçurent l'ordre de partir sans faute le 8. C'était pour les séparer, puis les éloigner de leur troupe, et l'on croyait que ce serait un moyen de retenir les sous-officiers et les soldats. Mais, malgré toutes les insinuations auxquelles on eut recours pour les engager à rester, fort peu prirent ce parti. Par suite de cette mesure, les sous-officiers furent chargés de la conduite des détachements et s'acquittèrent parfaitement de leur mission. Ils méritèrent cet éloge à tous égards et on les en récompensa.

Le 7, pour être prêt à partir à chaque instant, je fis faire ma malle et l'envoyai chez le chef de bataillon Denervo, qui se rendait en Suisse avec la malle-poste. Le même soir, je me rendis à Paris chez le général de Castella. Madame de Castella eut l'obligeance de me donner à dîner, car elle sortait de table, en attendant le retour de son mari. Le général rentra, mais à peine était-il assis qu'une ordonnance apporta un pli, dont elle demanda un reçu. Il ouvrit la dépêche. C'était son passeport avec ordre de partir dans les vingt-quatre heures. Madame se mit à verser des larmes, et je pris congé d'eux pour retourner à Saint-Denis.

Le 8, j'étais à déjeuner, quand mon domestique vient me prévenir que des gendarmes rôdent dans les environs de la maison. Il a entendu dire qu'ils ont l'ordre de me faire partir et de m'escorter jusqu'à une certaine distance de Paris. Je lui dis :

— Va prendre ton sac et mon cheval, puis, sans passer devant le quartier ni sur la place, rends-toi sur la route de Paris, où tu me trouveras.

Tout cela se fait dans un instant. Je paie, je me couvre de mon manteau, sors de la ville à midi sonnant, monte à cheval et pars. Arrivé à la barrière, je prends par les boulevards extérieurs pour éviter Paris. Je gagne Charenton et suis ma route par Provins, Nogent, Troyes, Chaumont, Langres, Vesoul, Lure, Belfort, Altkirch. A deux lieues de Huningue, je prends un sentier à travers des prairies pour éviter Saint-Louis et cette place, et j'arrive le 15 à midi aux Trois-Rois à Bâle. De cette manière, j'ai fait cent-vingt-deux lieues en sept jours avec mon homme de confiance, le voltigeur Wolfensperger, que j'ai eu la précaution de faire monter de temps à autre sur mon cheval, afin qu'il pût me suivre et que nous partagions la fatigue. Les officiers, qui m'ont précédé, et qui sont à dîner, viennent m'embrasser et me féliciter de ma bonne arrivée.

Pendant notre route, nous nous sommes crus en danger, en passant dans les moments d'émeute à Chaumont, Belfort et Altkirch. Cependant, à part quelques insultes, il ne nous est rien arrivé et le reste du voyage s'est fait assez tranquillement.

Je fus logé à Bâle chez le trésorier Vischer qui m'accueillit, ainsi que sa femme, comme si j'avais été leur fils. Ils sont maintenant au séjour du repos, mais je serai toute ma vie très-reconnaissant de leur bienveillance pour moi. Je restai du 15 au 30 avril auprès de ces vénérables personnes, dont je pris congé, le 1er mai pour me rendre à Soleure où les officiers, les sous-officiers et les soldats du 1er régiment devaient se réunir.

Arrivé le 2, on m'y logea chez madame la chancelière Zeltner, qui m'accueillit parfaitement, ce dont je conserve aussi une véritable gratitude.

Le 7, je me rendis à Berne pour rendre mes devoirs et mes hommages à Leurs Excellences Messieurs les Avoyers de Watteville et de Mülinen, qui eurent l'extrême bonté de bien me recevoir, ce dont je garde précieusement le souvenir. Le 9, j'eus l'honneur de dîner chez le dernier et le 11 chez son collègue. L'avoyer de Watteville, alors en charge, eut, après le repas, l'obligeance de me remettre un beau et bon certificat avec un rouleau de cinquante doubles louis, en récompense de ma conduite au service, surtout pendant les fâcheux événements qui venaient d'avoir lieu à Paris.

La conduite des quatre régiments a d'ailleurs été justifiée dans le mémoire du bourgmestre Reinhard de Zurich. On y lit :

« La constance et la fidélité des quatre régiments suisses firent à Vienne et au congrès une impression aussi étonnante qu'honorable et avantageuse pour la Suisse. Les députés suisses entendirent beaucoup de compliments à ce sujet, qui ne flattèrent pas médiocrement leur amour de la patrie. »

De retour à Soleure, je m'occupai à organiser les compagnies au fur et à mesure qu'arrivaient les détachements. Du régiment on forma un bataillon, composé de deux compagnies de grenadiers, de deux de voltigeurs et de quatre de fusiliers [1].

Cette organisation assez singulière provint de ce qu'il rentra plus d'hommes d'élite que du centre, et de ce que les sous-officiers et les soldats, dont le temps de service était expiré, gagnèrent leurs foyers depuis Bâle, ce qui réduisit de beaucoup l'effectif.

---

[1] Le 6, l'auteur venait d'être nommé lieutenant-colonel de ce 1er bataillon dit de ligne fédéral.

Chaque compagnie eut quatre officiers, six sous-officiers, huit caporaux, deux tambours et 75-80 fusiliers ou 95-100 hommes en tout. La force du bataillon fut de 6-700 hommes, y compris son état-major, mais elle diminua au fur et à mesure que partirent en congé absolu les hommes qui avaient fini leur temps. Les officiers surnuméraires rentrèrent chez eux avec solde et furent en grande partie employés dans les bataillons de milice.

A la fin de mai, on cantonna les grenadiers dans les environs de Wohlen et les voltigeurs dans ceux de Radelfingen, du côté d'Aarberg. On m'enjoignit de me rendre à Wohlen, pour y prendre le commandement des grenadiers réunis des quatre régiments, tandis que le chef de bataillon Deriaz prit celui des voltigeurs.

Dans les premiers jours de juin, je fus mandé à Berne avec les officiers, sous-officiers et soldats désignés pour y recevoir le récompenses, accordées par Louis XVIII à leur dévouement et à leur bonne conduite

Nous nous rendîmes au Faucon chez M. le lieutenant-général comte de Damas, qui nous admit dans un grand salon. Après quelques compliments analogues à la cérémonie, il reçut le capitaine Gross, de la Neuveville, officier de la Légion-d'Honneur, dix-sept officiers, douze sous-officiers, deux caporaux et un grenadier, chevaliers de cet ordre. Ce dernier fut immédiatement fait caporal. Le général remit à chacun d'eux brevet, ruban et décoration, en les félicitant tons. Puis, venant à moi, il me dit :

— Lieutenant-colonel Rösselet, voici le brevet[1] de chevalier de l'ordre du Mérite militaire. Vous verrez que le roi vous y désigne en qualité de lieutenant-colonel, en récompense de vos bons services. Je n'ai point de croix pour vous, et je vous donne la mienne avec le plus grand plaisir. Elle ne peut être mieux employée.

[1] Daté du 25 mai et de Gand.

Il la détacha de son habit et me la remit. C'était la croix de Saint-Louis, que j'ai su révérer.

A la fin de juin, on réunit et cantonna les quatre bataillons de ligne fédéraux, formés des quatre régiments suisses rentrés de France, dans les environs de Büren, de Nidau et de Bienne, d'où ils se rendirent à Neuchâtel et à la Chaux-du-Milieu[1].

En passant à Rochefort, un fusilier de la compagnie Techtermann resta en arrière et commit un vol dans une des deux auberges de ce village. On vint me porter plainte. Je fis arrêter le bataillon et visiter les sacs. On trouva les effets volés dans celui de cet homme. Je le fis désarmer, mettre aux fers et marcher avec la garde de police, entre les grenadiers et la première compagnie du centre. Arrivés au camp par une violente tempête, je réunis les officiers du bataillon pour leur dire :

— Messieurs, vous avez connaissance du vol commis par un de nos soldats. Il faut prompte justice et un exemple frappant. J'en prends la responsabilité sur moi. Je vais lui faire appliquer deux cents coups de bâton, raser la tête et les sourcils, et le renvoyer comme infâme.

On m'approuva et l'exécution eut immédiatement lieu. Ce malheureux passa la nuit au bivouac par une pluie froide et horrible. A la diane, je mis le bataillon sous les armes, pour faire défiler le voleur devant lui et l'expulser du corps avec un mauvais congé.

Cet exemple, quoique arbitraire, eut l'effet voulu, car il ne se commit plus de vol dans le bataillon.

Le lendemain, le colonel d'Affry me dit :

— Rösselet, vous avez fait hier prompte justice, vous avez beaucoup pris sur vous. Entre nous, j'approuve l'opération.

---

[1] L'auteur paraît avoir repris alors le commandement du 1er bataillon. Les quatre bataillons firent partie de la 5e division fédérale, commandée par le colonel d'Affry, et composèrent la brigade du colonel Abyberg.

— Oui, colonel, lui répondis-je, il faut souvent faire le mal, afin qu'il en rejaillisse du bien.

Et l'affaire resta comme ensevelie.

Nous quittâmes notre mauvais bivouac pour nous rendre à Morteau par une route mauvaise et tortueuse, une descente raide et une pluie battante. Nous arrivâmes dans cette ville sans voir d'ennemi, et étendîmes nos cantonnements jusqu'à Etalans et Ornans. Nous restâmes quelque temps dans ces contrées, dont les habitants sont très-pauvres. Puis arriva l'ordre de partir pour Pontarlier, ce dont habitants et troupes furent très-contents. Une partie des dernières resta dans cette ville et l'on échelonna l'autre sur les routes d'Ornans, de Champagnole et de Salins. A la fin de septembre, on nous rappela en Suisse en nous donnant pour destination Yverdon, où l'on nous dirigea par Saint-Pierre, Sainte-Croix et Montagny.

Telle fut la fin de cette campagne pour rire, où l'on n'avait ni vu l'ennemi ni brûlé une amorce.

Répartis dans les environs d'Yverdon, les bataillons se virent appelés, le 11 octobre, dans cette ville, pour y recevoir les médailles d'honneur décernées par la diète aux militaires des quatre régiments suisses rentrés de France, en récompense de leur fidélité et de leur dévouement à leur pays. Ce fut le 12 qu'eut lieu cette belle cérémonie.

Le 14, on donna à mon bataillon l'ordre de partir le 15[1] pour le pays de Gex, en passant par Orbe, Cossonay, Aubonne, Trelex, Rippe et Vesenci. Il arriva à Gex, petite ville de France, au pied du Jura et sous-préfecture du département de l'Ain. Je pris le commandement de ce canton et disloquai le bataillon dans l'ordre suivant. J'établis l'état-major et les grenadiers à Gex, les voltigeurs à Collonge, la 1re de fusiliers à Meirin, la 2e à Fernex-Voltaire, la 3e à Versoix et la 4e aux Rousses et à Morez. Les grenadiers

---

[1] Jour de la dissolution des états-majors de la division et de ses brigades.

fournirent aux Echelles un poste, composé d'un officier et de vingt-cinq hommes, qui se relevait tous les cinq jours.

J'avais pour instructions de maintenir l'ordre et la police dans tous les lieux qui dépendaient de mon commandement et de rendre un compte exact de ce qui se passait dans un rapport hebdomadaire à M. Finsler, quartier-maître général de la Confédération à son quartier-général de Zurich [1]. Ce général m'avait enjoint dans ses ordres de le tenir autant que possible au courant de ce qui pouvait survenir sur ces différents points et sur ces routes, même sur celle de Genève à Lausanne, mission assez difficile dans un pays où les opinions étaient variées. Pour m'en acquitter de mon mieux, je me rendais d'un cantonnement à l'autre, de Gex à Meirin, Farge, Collonge, Fernex, Coppet, Nyon, Rolle, Morges, Denens, Bussy, Aubonne, Trelex, St°-Croix, aux Rousses, à Morez, aux Echelles, à Gex, de manière que j'étais presque toujours à cheval, surtout dans le temps où l'on croyait le prince Joseph Bonaparte dans les environs de Coppet et à Morges. A ce sujet, je fus obligé d'envoyer la compagnie de grenadiers Weyermann à Nyon et le lieutenant Scheubli avec 30 hommes à Divonne. Notre service était actif et fatigant. A la fin de novembre, je reçus l'ordre de faire rentrer la compagnie établie aux Rousses et à Morez, ainsi que le poste des Echelles, et de me rendre avec les grenadiers à Fernex, où nous restâmes jusqu'au 31 décembre.

Le 1ᵉʳ janvier 1816, tout le bataillon entrait à Genève pour y faire le service et y être caserné. Il était parfaitement accueilli par les autorités et les habitants. Le bataillon de Genève, commandé par le brave lieutenant-colonel Favre, nous traita tout entier en amis et en frères, ce dont chacun de nous a dû conserver un souvenir reconnaissant. Aussi mon bataillon sut mériter la satisfaction des autorités civiles et

[1] Commandant en chef de l'armée fédérale depuis sa réduction et la démission du général Bachmann.

militaires et de la population, par son exactitude dans le service, sa conduite, sa discipline et sa tenue, ce qui est attesté par le certificat suivant, et j'aime à le communiquer, comme le dernier qu'on lui ait délivré.

« Nous Syndics et Conseil d'Etat de la République et Canton de Genève, certifions que le 1er bataillon fédéral de ligne, commandé par Monsieur le lieutenant-colonel Rösselet, qui a été envoyé en garnison à Genève et dans les environs par ordre de S. E. le général en chef des troupes confédérées, s'y est comporté d'une manière digne des plus grands éloges, qu'il a observé une discipline admirable et que, par sa belle conduite, il s'est fait aimer de tous les Genevois, qui voient partir avec regret les braves militaires qui le composent.

« Nous nous plaisons à donner à Messieurs les Officiers et à Monsieur le lieutenant-colonel Rösselet, en particulier, un témoignage de l'estime qu'ils se sont acquise et du véritable attachement qu'on leur voue à Genève.

« Donné à Genève, sous le sceau de la République et le Seing de notre Secrétaire d'Etat ce 30 Mars 1816.

« Par Messeigneurs Syndics et Conseil d'Etat

(Signé)   « Falquet, Secrétaire d'Etat. »

Il me restait à peu près 4 à 5000 cartouches avariées, que je fis défaire pour en confectionner d'autres sans balles. Dans l'après-midi du 25 février, je fis prendre les armes au bataillon dans la meilleure tenue, distribuer les cartouches et je l'amenai sur la place d'exercice de Plainpalais. Après la dernière inspection, je commandai quelques manœuvres, je formai des colonnes d'attaque et des carrés, fis marcher en carré, déployer, exécuter des feux de peloton, de bataillon et de file et défiler. Tout se passa à la satisfaction des spectateurs.

Cette prise d'armes, la dernière, était triste pour nous. C'était une petite fête donnée aux autorités civiles et militaires, à mon ancien capitaine de grenadiers, M. de Watteville de Bursinel [1], qui m'avait témoigné le désir de voir manœu- vrer le bataillon, enfin aux bourgeois de Genève. C'était enfin un témoignage de reconnaissance de leur bienveillance pour nous pendant notre séjour dans leur ville.

Nous étions 457 hommes en tout, car, depuis le mois de mai 1815, plus de 200 hommes avaient pris leur congé ab- solu. Le bataillon se composait entièrement d'anciens offi- ciers, sous-officiers et soldats. Des premiers, presque tous, et des seconds, plusieurs étaient membres de la Légion-d'Hon- neur, tous avaient la médaille de fidélité, et je comptais, dans les rangs, des hommes à un ou plusieurs chevrons. Tous ren- traient dans leur pays, militaires expérimentés.

C'est le 15 mars que je reçus l'ordre fatal de séparer ces hommes, qui avaient supporté tant de peines et de fatigues ensemble et avec patience. Cet ordre portait de me préparer à licencier le bataillon le 31 du mois, pénible tâche pour des officiers attachés à leurs subordonnés, comme ceux-ci à leurs supérieurs.

C'est ici le moment de rendre à nos sous-officiers et à nos soldats le témoignage le mieux mérité, au sujet de leur fidé- lité et de leur attachement à leurs officiers. Ils ne les aban- donnèrent jamais et leur portèrent une affection constante, qui grandit avec le péril. Plus les subsistances furent rares, plus ils aimèrent à les partager avec eux. C'est surtout dans la campagne de Russie, qu'ils prouvèrent d'une manière évi- dente leur dévouement à secourir et à servir leurs officiers. Cet éloge, je me plairai toujours à le leur donner, et je leur conserverai toujours un sincère attachement.

On s'occupa à régler les comptes, à remplir les congés et les feuilles de route par détachement et canton. Le plus an- cien officier ou sous-officier fut chargé de la conduite des hommes appartenant à son canton, et il reçut la solde et le montant des masses pour payer l'une jour par jour pendant la route, et les autres en arrivant au chef-lieu respectif.

[1] Mort au Petit-Saconnex, le 19 février 1857.

Le 31 mars fut une malheureuse journée pour des anciens militaires attachés à leur drapeau ; nous déposâmes, non sans douleur, nos armes et nos équipements.

Le 1er avril, le moment de la séparation ne se passa pas sans arracher quelques larmes. Je fis réunir mon monde par détachement cantonal et demandai à chaque homme si son compte était juste, s'il était satisfait, s'il avait quelque réclamation à faire, et j'eus la grande satisfaction de n'en entendre aucune. Je recommandai à mes gens d'être toujours sages, leur souhaitai tout le bonheur possible et un heureux voyage, puis je donnai la main à chacun d'eux.

Voilà comment se termina cette triste corvée :

Vers le soir, je me trouvai seul, et tout homme sensible pourra juger de ma position.

J'avais pris congé des autorités, de mes amis et de mes connaissances. En rentrant chez moi, j'appris que le lendemain on devait m'accompagner en cérémonie jusque hors de la ville. Pour éviter cette peine à ceux qui voulaient la prendre, et un moment pénible pour moi, je montai à cheval à huit heures du soir, et j'allai coucher hors de Genève.

Pour en finir avec le 1er régiment suisse, je répéterai, sans craindre d'être contredit, que ce bon et beau corps a toujours bien servi et fidèlement rempli son devoir dans les missions qu'on lui a confiées et dans les nombreux combats auxquels il a pris part et où il a eu occasion de se distinguer. Partout il s'est fait remarquer par sa conduite, sa discipline et sa tenue. En un mot, il s'est acquis une bonne réputation et il a su la soutenir jusqu'à sa fin. Ce qui a beaucoup contribué à sa renommée, c'est le bon esprit de son excellent corps d'officiers, qui ne s'est jamais effacé. Ses officiers étaient presque tous d'anciens et de braves militaires, ayant des connaissances et de l'expérience dans leur état[1]. La classe des

---

[1] L'armée napolitaine a dû au régiment le général Flugi, les lieutenants-colonels Benz et de Fluc, les majors Strua et Pfister, le chef de bataillon Oberleuffer, les capitaines Bianchetti et Schneebeli.

sous-officiers était également excellente, et pour faire son éloge, il suffit de dire que 76 d'entr'eux passèrent officiers dans d'autres corps[1]. C'est une preuve sans réplique. Enfin ce régiment s'est couvert d'honneur et en a fait à sa patrie.

Créé le 4 juillet 1805, et licencié le 31 mars 1816, il a eu une existence de onze ans, huit mois et vingt-sept jours.

Les matricules ont été closes. Celle des officiers en donne 270[2], y compris ceux qui ont fait partie des demi-brigades auxiliaires, le nombre des sous-officiers et soldats inscrits s'est élevé à 13,759, et j'évalue le nombre de ceux inscrits dans les 3e et 5e demi-brigades, fondues en 1800 dans la 3e, à 3 ou 4000, ce qui me permet de porter à 1725 le nombre des sous-officiers et des soldats immatriculés dans ces trois corps, ce qui est beaucoup pour un espace de 16 ans, trois mois.

De ce nombre, $\frac{1}{5}$ ou 3450 hommes partirent en congé absolu, $\frac{1}{40}$ ou 431 furent réformés, $\frac{1}{35}$ ou 493 désertèrent, $\frac{1}{30}$ ou 575 furent condamnés et expulsés comme incorrigibles, 419 licenciés le 31 mars 1816, et 11,891 moururent de maladie, de fatigue, par suite de blessures, et sur le champs de bataille. Cela porte la perte d'une année à l'autre à 743 hommes.

Pour expliquer le nombre de déserteurs et de condamnés, je ferai observer que dans une nouvelle formation, on prend, pour arriver à un effectif, presque tout ce qui se présente, et c'est arrivé surtout dans la formation des demi-brigades auxiliaires en 1799. Ensuite on expulse peu à peu les mauvais sujets et l'on en purge ainsi le corps.

Après avoir donc passé la nuit du 1er avril au Sécheron près Genève, j'en repartais le lendemain de très-bonne heure pour Lausanne. Le 3, j'arrivais à Payerne et le 4 à Berne.

---

[1] Cette même armée a dû à cette classe entre autres les généraux Klein et Quandel, le lieutenant-colonel Begos, les majors Flugi et Ziegler.

[2] Neuf d'entre eux, savoir : MM. Pfander, Dufresne, les deux frères Müllener dit Melune, Rey, Theiler, Stettler, Bornand et Müller ont reçu en Suisse les 400 fr. du legs Napoléon.

Le 5 dans la matinée, je me rendis chez Leurs Excellences Messieurs les Avoyers de Watteville et de Mülinen, qui me reçurent de nouveau de la manière la plus affable et me dirent :

Colonel Rösselet, vous avez répondu à ce que la Confédération attendait de vous en vous confiant le commandement de son 1er bataillon. Les rapports que nous avons reçus de votre troupe et de votre personne, nous confirment les éloges qu'on a faits de vous, tant dans les services à l'étranger, qu'à propos de ceux rendus à votre patrie. Nous aimons à vous assurer que nous pensons à vous, en vous conservant vos appointements jusqu'à votre rentrée en activité. On s'occupe d'une capitulation au service de Sa Majesté Louis XVIII. Vous ne serez pas oublié dans cette nouvelle formation.

Au deuxième bataillon provisoire.

Dans le courant de mai, je reçus l'ordre de réunir et de rengager autant que possible d'anciens militaires sortant du service de France et d'autres, qui désiraient continuer ou prendre du service, et de faire commencer les enrôlements volontaires pour la nouvelle levée. Le gouvernement de Berne fit l'avance des fonds nécessaires à cet objet. Cette avance s'est élevée jusqu'à près de 40,000 livres en écus de six livres ou 40 batz, et devait servir à payer des à comptes sur les engagements et rengagements et à solder les hommes admis. Elle rentra au trésor en francs et en écus de cinq francs, de manière que le gouvernement n'eut point de perte. On désigna le quartier près de la Maison des Orphelins, pour loger les hommes qu'on allait enrôler.

Ne voulant pas me mêler du recrutement, afin d'être libre de prononcer en cas de litige entre les recruteurs et les hommes enrôlés et autres, j'en chargeai le lieutenant Pfander, officier très-intelligent, puis des sous-officiers et des caporaux versés dans cette partie. Je ne m'occupai que de l'emploi des fonds, dont j'étais responsable, de la surveillance du bon ordre, de la tenue des livres et des matricules, enfin, de l'administration et de la discipline de cette nouvelle troupe destinée à former les cadres du contingent du canton de Berne, dont on tira plus tard les grenadiers et les voltigeurs de la garde et de la ligne.

Le recrutement fut tellement avantageux pour les capitaines, qu'avant de recevoir leur nomination, ils eurent chacun plus de cent louis de bénéfice. Par délicatesse, je ne voulus pas prendre part à ce profit. Ces messieurs oublièrent même de me témoigner leur reconnaissance pour les peines que je m'étais données, en soignant leurs intérêts pendant la formation de ce bataillon provisoire. Car tous les emplois d'officiers étaient provisoires; à l'exception des sous-officiers et des soldats, tous étaient incertains de leur avenir et ne savaient pour qui ils travaillaient, comme on le verra par la suite.

La capitulation se discutait, en attendant, entre M. le comte de Talleyrand-Périgord, envoyé extraordinaire et ministre plénipotentiaire de France près la Confédération, et MM. les députés des louables cantons de Berne, Lucerne, Uri, Schwytz, Unterwalden, Ob et Nidwalden, Glaris, Zug, Fribourg, Soleure, Valais et Genève. Elle était conclue le 1er juin.

Cette capitulation, à ce qu'il me semble, aurait pu être plus avantageusement rédigée, car on voulait ramener les choses à un temps de beaucoup antérieur, et elles ne pouvaient plus cadrer avec l'esprit du dix-neuvième siècle. On s'est fortement trompé, en exigeant une augmentation considérable de solde, un uniforme distinct, le commandement allemand et les batteries suisses.

Tout cela était bon du 15me au 18me siècle.

Sous Louis XVI, l'armée française était composée de 107 régiments de ligne, dont 27 étrangers[1].

Ces régiments étrangers étaient celui des gardes-suisses, les 11 de ligne suisses, 8 allemands, 3 irlandais, 1 italien, 2 corses, 1 liégeois. C'étaient en tout 56 bataillons, dont 26 suisses. Ces régiments avaient plus ou moins de prérogatives quant à l'uniforme, à la discipline, au commandement, à l'administration et d'autres réservées dans les traités, etc.

Les régiments suisses étaient les plus privilégiés, surtout surtout celui des gardes, à cause du droit de haute justice, de discipline et d'administration particulières et pour la solde. Officiers, sous-officiers et soldats y étaient payés mensuellement. Un capitaine recevait, par mois, quinze francs pour chaque sous-officier et soldat. On prélevait cet argent sur la solde de chacun d'eux à raison de 4 sols par jour, de 6 francs par mois et de 72 francs par an, formant le décompte de l'homme, qui était obligé d'entretenir avec cela son habillement, son linge, sa chaussure, son armement et son équipement. En outre, le capitaine recevait tant par mois, pour faire la haute-paie des appointés, caporaux et sous-officiers, pour la première mise, l'armement, l'équipement, l'engagement et le rengagement du soldat. Sur cet argent, il faisait un grand profit, s'il était heureux, c'est-à-dire, s'il n'avait pas de désertion.

En arrivant à la compagnie, la recrue recevait tous ces effets en bon état, et elle était obligée de les y maintenir. Si l'homme quittait la compagnie, pour avancement, ce qui ne pouvait avoir lieu qu'au gré du capitaine, ou pour passer à une compagnie de grenadiers, pour aller en semestre ou pour partir en congé absolu, les armes et l'équipement étaient inspectées et réparées aux frais du partant. De cette manière, les effets étaient toujours en bon état et ne coûtaient rien au

---

[1] Le 30 mai 1792, il y avait 111 régiments de ligne, dont 24 étrangers.

capitaine. Les hommes rangés s'en trouvaient bien, ceux portés à la dissipation et à la débauche s'endettaient et étaient obligés de se rengager ou de faire venir de quoi se libérer. Mais il arrivait quelquefois que le désespoir portait l'homme à la désertion, et cela me fait dire que toute chose est imparfaite.

Toutes ces troupes, qui n'appartenaient pas à la France, étaient, selon l'usage, un amalgame de plusieurs nations et jouissaient chacune des droits qui leur étaient accordés par les traités. Louis XIV avait, dans un temps, 10,000 Suisses à son service, outre les régiments capitulés.

Si je fais ces remarques, c'est pour montrer la différence des époques, des services et de la composition des armées.

L'armée française, en 1816, n'était plus celle des rois précédents, et les Suisses allaient être les seuls étrangers au service de France, d'où je concluais : autres temps, autres moyens. L'administration, les lois et les règlements militaires avaient complétement changé. Il aurait donc fallu se rapprocher du système et de l'organisation de l'armée dont on allait faire partie, et ne pas stipuler toutes ces niaiseries.

Si j'avais eu l'honneur d'être consulté, j'aurais dit :

Nous nous sommes fort bien trouvés de la capitulation sous l'empire. Elle était avantageuse, simple, toute militaire, article bien essentiel pour des troupes étrangères. Elle nous mettait de niveau avec les troupes nationales, à l'exception du droit de haute justice, et ce droit était tellement respecté, que quand un régiment changeait de corps d'armée, les ordres du jour le mentionnaient.

La conservation de notre uniforme, celui des Suisses sous le règne de Louis XVI, était encore une belle prérogative, qui ne portait alors pas ombrage aux corps français. Puis les régiments suisses n'étaient pas les seules troupes étrangères au service de l'empire. Je citerai, pour le prouver, les régiments de La Tour d'Auvergne, d'Isembourg, d'Illyrie, de Westphalie, etc. Ces régiments n'avaient que l'uniforme pour les distinguer. Ils étaient administrés et soldés comme les régiments français. Dans les causes criminelles, ils étaient jugés par les conseils de guerre français, tout en ayant leur discipline particulière, suivant l'usage de leur pays, ainsi que le commandement, et c'étaient de belles troupes.

La différence entre l'officier français et l'officier suisse consistait en ce que, à égalité de brevet, le premier avait la préséance et prenait le commandement, mais souvent des officiers suisses eurent l'honneur d'obtenir des commandements de postes et de places de confiance. Je pourrais citer plusieurs exemples de cette nature. Même à grade égal, il suffisait d'avoir des connaissances et du mérite pour être préféré. Il n'existait pas de rivalité pour la solde, qui était aussi la même que celle des régiments français, et pour tant d'autres bagatelles qui ne servent qu'à engendrer la haine et la jalousie.

Après avoir énuméré toutes ces différentes positions, où se trouvèrent les régiments suisses au service de France, ainsi que les changements subis par ce service depuis plusieurs siècles, je reviens à la capitulation de 1816.

Mon avis aurait été de renouveler les capitulations en vigueur sous l'empire, sans établir de différence pour la solde, le commandement et les batteries, par une raison toute simple, c'est qu'on serait obligé de faire le service, d'exercer et de manœuvrer conjointement avec les troupes nationales, avec le commandement français. La haute justice constituait un beau droit, mais elle ne s'accordait plus avec l'esprit du temps, les lois et les règlements de l'armée. Ce que j'avance, ne s'est que trop souvent confirmé dans nos conseils de guerre, où on a plus d'une fois dû recourir au code français pour la peine à infliger au délinquant, particuculièrement quand un individu français était impliqué dans le délit. On se trouvait alors dans le plus grand embarras et en vive discussion avec les tribunaux français.

Ici je fais une remarque, qui a fait la honte de nos conseils de discipline et de nos conseils de guerre. Il s'agit de leur inconséquence dans les jugements rendus. Souvent la même faute et le même délit étaient punis différemment. L'esprit de compagnie ou de canton, qui régnait parmi les membres siégeant au conseil, était cause de ces impardonnables injustices. Qu'on se figure de jeunes officiers de 18 à 20 ans, craignant de se compromettre vis-à-vis de leur capitaine, je dirai même plus, vis-à-vis des sous-officiers et des soldats, qui, à leur retour en Suisse, pourraient les menacer de leur vengeance ; c'est tout dire. Un jurisconsulte, qui aurait parcouru les protocoles de nos actes de jugement, aurait levé les épaules, en se demandant si c'était possible. Presque à tous les conseils de guerre j'ai commandé le carré du régiment, et j'ai eu l'occasion de remarquer, non sans frémir, toutes ces irrégularités, sans oser faire de remontrances qu'après coup.

Cela me fait dire que l'article de la haute justice et celui de l'uniforme méritaient d'être examinés mûrement avant d'être admis dans la capitulation, afin d'être rapprochés autant que possible des lois, des règlements et de l'uniformité des troupes nationales et d'obvier à ce que la haine et la jalousie ne pussent avoir prise sur les Suisses. Car, à cette époque, tout ce qui pouvait avoir quelque rapport avec les troupes étrangères était en horreur à la France.

Puisque l'administration des corps suisses devait être régie par les règlements de la comptabilité française, il me semble qu'on aurait pu adopter aussi sans inconvénient les autres bases, pour mettre ces corps au niveau des systèmes et des principes de l'armée, dont on allait faire partie.

Mais il est un point auquel j'aurais fortement tenu. Il aurait fallu obtenir une double solde de retraite, et, en cas d'événements fâcheux, la réforme, comme les officiers français, c'est-à-dire, la réforme à vie ou en attendant la réintégration en activité de service, ce qui eût été très-avantageux pour la France, en liant ainsi d'anciens militaires et la Suisse à ses intérêts.

Les deux états auraient assuré, par ce moyen, l'existence de leurs administrés. Les sous-officiers et les soldats recevant une prime par engagement, rengagement et chevron, leur réforme devait être fixée au prorata de leur service. C'eût été la vraie manière de récompenser, autant que possible, chacun selon son grade et la durée de ses services.

Conformément à l'article 22 de la capitulation, les deux régiments de la garde devaient avoir chacun un bataillon de chasseurs. J'en avais donné l'idée dans un projet que je remis à Leurs Excellences les Avoyers de Berne, et où je démontrai l'utilité du service que ces corps pourraient rendre, soit dans les places, soit aux Tuileries, soit dans une ville en révolution ou assiégée, soit dans les montagnes ou les pays coupés et couverts. Ce plan ayant été goûté et approuvé à Berne par les parties contractantes, ces bataillons devaient être composés de huit compagnies de carabiniers, troupe d'élite, armée de carabines à baïonnette de dix-huit pouces de long et de couteaux de chasse, vêtue d'habits vert foncé, sans revers, boutonnés sur le devant, à collet et parements noirs, de pantalons de même couleur que l'habit; enfin de guêtres noires. La buffleterie devait être d'un beau cuir verni noir. Mais à Paris, on trouva que l'achat des armes rendrait ces corps trop coûteux, ainsi que la haute paie, qui, de cinq centimes seulement par jour et par homme, était cependant accordée à toutes les troupes d'élite de l'armée, puis ce serait l'introduction d'une nouvelle arme dans l'armée.

On changea donc cet article. Au lieu de ne former que deux bataillons d'infanterie de ligne, on en forma trois, et l'on supprima le nom de chasseurs. Ce fut à mon grand regret, car, je l'avoue, mon ambition était de commander un de ces bataillons. Mes pensées se portaient même plus loin. Par ce moyen, on aurait formé une école de l'arme favorite de notre peuple, surtout des habitants de nos contrées les plus élevées, comme les Alpes et le Jura, de cette arme, aussi la plus utile et la plus avantageuse pour la défense de nos nombreuses positions.

Je reviens à l'organisation de notre nouvelle troupe.

Vers la fin de mai, les recrues arrivèrent en assez grand nombre. Je commençai par former les cadres des compagnies en sous-officiers et en caporaux, puis je divisai les soldats en deux catégories, dont l'une destinée à la garde, l'autre à la ligne, suivant que leur capitulation portait pour l'une ou l'autre. Je formai des escouades, et peu à peu des subdivisions, compagnies et divisions, sous la dénomination de 1re, 2e, 3e de la garde, 1re, 2e, 3e de la ligne. Quoique les anciens officiers du service de France ne pussent être placés que provisoirement, j'en pris six dans lesquels j'avais le plus de confiance et j'en mis un à la tête de chaque compagnie. Comme il n'y avait en uniforme que les anciens soldats, je voulus, pour reconnaître mon monde, le distinguer des habitants de la ville et de la campagne, précaution si nécessaire pour maintenir l'ordre et la discipline à Berne et dans ses environs. C'était surtout pour qu'on ne pût pas rejeter sur ces nouveaux enrôlés les fautes ou délits qui se commettraient.

Je fis donc confectionner des bonnets de police pour les recrues et des sarreaux pour en revêtir ceux qui n'étaient pas dans une tenue convenable. J'établis les ordinaires et réglai les distributions. Afin de maintenir les hommes dans l'ordre et l'obéissance et de les empêcher de s'écarter de la ville, je fis faire quatre appels par jour : le premier à huit heures du matin dans les chambres, à midi et à quatre heures sur la place des Orphelins, le quatrième une demi-heure après la retraite dans les chambres. S'il se trouvait des hommes ivres aux appels du jour, ils étaient consignés jusqu'au lendemain, suivant le sujet, ou mis à la salle de police pour plus ou moins de temps. Des armes ayant été délivrées par ordre du gouvernement pour l'effectif, j'établis une forte garde de police, commandée par un officier, chargé du maintien de l'ordre au quartier, de la régularité des batteries pour les appels, la garde montante, les corvées, etc. Le soin des armes et de l'équipement était une occupation pour les hommes, car, autant que possible, il faut qu'une troupe soit occupée. C'est le vrai moyen de la maintenir dans l'ordre et la discipline, premier principe qu'on ne peut assez recommander aux officiers.

Ce système d'organisation, le seul à suivre, me réussit à merveille, bien que la malveillance et les filles publiques cherchassent souvent à séduire les jeunes gens et particulièrement les militaires, en les éloignant de leur devoir. Parvenu à la tête de 180 hommes formant six petits pelotons, je fis de fréquentes promenades militaires; elles avaient pour but de rompre ma petite troupe à la marche et de la familiariser avec cet exercice, qui était pour cette jeunesse, non-seulement une occupation, mais encore un plaisir.

Le 2 juin, je reçus la lettre que je transcris ici.

« Monsieur le commandant, je m'empresse de vous prévenir que la signature de la capitulation militaire avec le canton de Berne et ses co-traitants a eu lieu hier.

» Sa Majesté voulant que les sous-officiers et soldats soient payés de suite, avant leur départ, de ce qui leur est dû dans les régiments capitulés revenus en Suisse en 1815, j'ai l'honneur de vous prier de vous rendre chez M. Sirodot, sous-inspecteur aux revues, en mission à Berne, à l'effet de vous concerter avec lui pour accélérer et régulariser ce paiement; les fonds seront faits aussitôt pour solder ses mandats.

» Je saisis cette occasion, monsieur, pour vous prier d'agréer l'assurance de la considération et de l'estime particulière, que j'ai vouées à un officier, qui a, comme vous, aussi bien servi le roi, et ramené dans sa patrie les troupes suisses restées fidèles.

» (signé) Comte Auguste TALLEYRAND. »

A peu près cinq mois avant la réception de cette lettre, et à l'époque où il était déjà question de capituler avec la France, M. le comte de Talleyrand m'avait fait l'honneur de m'écrire, pour me prescrire de me rendre sur-le-champ à Berne auprès de sa personne, afin de s'entretenir de ce sujet avec moi. J'eus l'honneur de lui répondre que j'étais bien fâché de ne pouvoir me conformer à ses désirs, qu'étant au service de la Confédération, je ne pouvais recevoir d'ordres que ceux qui m'étaient donnés par mes chefs; que si j'obtenais celui-ci, je n'aurais rien de plus empressé que de me rendre à son invitation. J'ai craint, je l'avoue, que cette réponse, la seule que je pouvais faire, ne me mît mal avec lui. Bien au contraire, quand j'eus l'honneur de le voir à Berne, il m'accueillit très-amicalement et m'invita à dîner.

La nouvelle en question fit redoubler le zèle pour le recrutement, qui allait parfaitement son train. Je pris de mon côté les mesures nécessaires pour faire dresser les états de la solde arriérée due aux sous-officiers et aux soldats sortant du service de France. Elle fut liquidée avec la plus grande ponctualité avant le départ des hommes pour leur destination.

Comme le gouvernement de Berne avait fait de fortes avances, j'ordonnai d'en dresser les états pour justifier leur emploi, afin de faire rentrer ces fonds au trésor, ce qui est arrivé à sa grande satisfaction. A partir de ce jour, les fonds nécessaires à la liquidation des dépenses, à la continuation du recrutement et à la solde de la troupe, furent fournis par le trésor français, sur des états dressés pour cet objet et vérifiés par M. Sirodot, chargé de surveiller l'administration du nouveau corps régi conformément aux règlements français.

Les compagnies parvenues à la force de soixante sous-officiers et soldats, je m'occupai à les manier le plus militairement possible, afin d'accoutumer les hommes à leur nouvel état, et surtout de leur couper la journée, de les empêcher de faire des sottises, de fréquenter une certaine classe d'hommes et de femmes désœuvrés, qui ne cherchaient qu'à les entraîner au libertinage. C'était pour les maintenir dans le devoir, prévenir les plaintes, et éviter les punitions. Aussi puis-je me flatter d'avoir eu peu de châtiments à infliger, ce qui a été confirmé dans le temps par les autorités et les habitants. Notre force s'augmentait tous les jours, car il y avait une espèce d'enthousiasme parmi la jeunesse. Arrivé à un effectif de plus de quatre cents hommes, je me trouvai au comble de mon attente.

Le 2 juillet, je reçus l'ordre de Son Excellence M. l'Avoyer de Watteville de me rendre le lendemain 3 à dix heures du matin, avec ma troupe, au quartier devenu plus tard la douane[1].

A l'heure désignée, je me trouvai dans la grande salle de ce bâtiment, où je rangeai les compagnies en bataille. A l'arrivée de Son Excellence, je fis présenter les armes et battre aux champs, honneur qu'on rend aux souverains. Son Excellence passa devant le premier rang, puis je fis porter les armes et ouvrir les rangs ; elle passa homme par homme en revue, après quoi je fis serrer les rangs et former le carré. Elle se plaça au centre, puis, le ban ouvert et les armes portées, elle nous adressa un discours analogue à notre passage au service de France, en nous exhortant à nous conduire dans toutes les circonstances en braves et loyaux Suisses, à faire honneur à notre patrie par une conduite exemplaire et un parfait dévouement à la cause de S. M. Louis XVIII, à être fidèles à nos drapeaux et aux officiers qui nous seraient donnés suivant les termes de la capitulation. L'avoyer espérait enfin que nous répondrions en toute occasion à la confiance du gouvernement en nous.

[1] Actuellement démoli.

J'eus l'honneur de lui répondre dans les termes suivants :

— Général, les officiers, sous-officiers et soldats présents, comme ceux, nous aimons à le croire, qui viendront compléter le contingent du louable canton de Berne, osent vous assurer qu'ils sauront répondre à cette grande marque de confiance par une conduite exemplaire et une fidélité à toute épreuve à remplir leur devoir en vrais et loyaux militaires, par une soumission sans bornes, en obéissant aux ordres de Sa Majesté et aux officiers chargés de les faire exécuter, afin de maintenir, autant que possible, l'excellente réputation que nos aïeux ont si bien su acquérir.

Cela dit, je fis fermer le ban, rompre le carré et défiler devant Son Excellence ; elle eut l'extrême bonté de me témoigner sa satisfaction, qu'elle m'ordonna de faire connaître à la troupe, après quoi elle nous renvoya au quartier.

Le 7 juillet, je recevais de M. le comte de Talleyrand la lettre que voici :

« Colonel, le gouvernement de Berne ayant remis à la disposition de Sa Majesté les militaires qui composaient les anciens régiments capitulés, et vous en ayant confié le commandement, vous voudrez bien, monsieur, partir avec votre troupe, mercredi 10 de ce mois, pour vous rendre à Besançon.

» Il est convenu que, le premier jour, vous coucherez à Aarberg, où j'ai envoyé l'ordre au détachement de Soleure de vous joindre ; s'il n'arrivait pas à temps, vous ne l'attendriez pas ; le 11 à Neuchâtel, le 12 à Môtiers-Travers, le 13 à Pontarlier, où vous serez rejoint par le détachement de Fribourg, et de là continuerez votre route pour Besançon selon les journées d'étape qui vous seront indiquées par M. le comte de Coutard, commandant la 6ᵉ division militaire.

» La manière distinguée, monsieur, avec laquelle vous avez toujours servi, le dévouement au roi dont vous avez donné des preuves si remarquables à la journée du 20 mars, sont un sûr garant que le bataillon provisoire bernois, qui rentre en France, ne pouvait être confié à un officier plus digne que vous de le commander.

» Agréez, je vous prie, colonel, l'assurance de ma haute considération.

» (signé) Comte Auguste TALLEYRAND. »

D'après le contenu de cet ordre, je fis faire les préparatifs nécessaires au départ pour le jour désigné.

Le 8, je reçus l'invitation de me trouver avec la troupe, le lendemain 9, à midi précis, muni des contrôles des six compagnies, sur la place dite du tirage (Schützenmatte), hors de la porte d'Aarberg.

A peine fus-je arrivé sur le terrain et eus-je formé mon monde en bataille, que Son Excellence l'Avoyer de Watteville arriva avec M. le comte de Talleyrand et M. le sous-inspecteur aux revues Sirodot. Je fis présenter les armes et battre aux champs. Ils passèrent devant le premier rang, après quoi l'avoyer me dit :

— Nous voulons voir les hommes en détail.

Je fis rompre par compagnies, ouvrir les rangs, placer les officiers, les sous-officiers et les caporaux à la tête de leurs compagnies. Les hommes furent comptés par grade et inspectés les uns après les autres. On constata l'effectif par les feuilles de revue, et M. Sirodot dressa un procès-verbal. Cette opération servit en même temps de revue de départ. Quand elle fut finie, je fis remettre mon monde en bataille, et former le carré où entrèrent ces messieurs. On ouvrit le ban. Notre passage au service de France fut proclamé, le serment prêté et, dès ce moment, les six compagnies prirent la dénomination de bataillon provisoire bernois n° 2, car le bataillon de Zurich, déjà entré en France par Bâle, avait le n° 1. Je fis déployer le carré, rompre par pelotons et défiler. Nous reçûmes un compliment analogue aux bonnes dispositions de la troupe à entrer au service de Sa Majesté Louis XVIII, et sur les mesures que j'avais prises pour organiser cette nouvelle levée. La revue terminée, Leurs Excellences rentrèrent en ville avec leur suite.

Chacune des six compagnies avait un sergent-major, un fourrier, quatre sergents, huit caporaux, soixante-quatre fusiliers et deux tambours. Il y avait deux tambours-maîtres en tout. C'étaient donc 244 hommes pour la garde, 241 pour la ligne, en tout 482.

L'état-major se composait, outre ma personne, de l'adjudant-major Spring, de l'officier payeur Rüfenacht et de l'adjudant Gruner.

Les officiers des compagnies de la garde étaient les capitaines Weyermann et Thiévant, le lieutenant Pfander et le sous-lieutenant Müller.

On mit à la suite de la ligne les lieutenants Lutstorf, Mühlimann et Gasser, les sous-lieutenants Dittlinger, Sterchi, Ith et Spicher.

La veille de la revue, j'appris que mes hommes se proposaient de bien s'amuser pendant la dernière soirée. Les autorités craignaient quelques désordres. Leurs Excellences messieurs les avoyers me le firent entendre, ainsi que le colonel Wyttenbach, commandant la place de Berne. Je rassurai ces messieurs. Cette assurance me dictait de la prudence et le secret sur les mesures que j'allais prendre pour prévenir un fâcheux départ occasionné par quelque sottise, des plaintes portées et des punitions à infliger. Je n'en parlai à personne, pas même à mon adjudant-major.

La revue terminée entre deux et trois heures, et ces messieurs rentrés en ville, je forme le bataillon en colonne de route, avec défense de sortir des rangs sous peine d'une sévère punition, puis, tandis que tout le monde croit rentrer au quartier, je mets la troupe en marche, les rangs bien serrés, je traverse la ville, sors par la porte d'en bas, prends la route de Zurich et me porte vers le Grauholz, où je fais faire volte-face, et reviens sur l'auberge dite de la Papier-

muhle. J'y fais une halte, donne le temps de se reposer et
de se rafraichir, puis je fais reprendre les armes, faire
l'appel, rompre en colonne de route et marcher vers Berne.
J'arrive sur la grande plaine, qu'il fait encore jour et qu'il
est trop tôt pour rentrer en ville. Je range le bataillon en
bataille à environ deux cent pas sur la droite de la route,
fais former les faisceaux, et rompre les rangs avec ordre de
ne pas s'écarter. Je tiens ainsi ma troupe jusqu'à la tombée
de la nuit en me promenant autour d'elle, non sans voir des
figures mécontentes, même chez les officiers, mais je n'y
fais aucune attention. La nuit venue, je fais battre l'assemblée, prendre les armes, et, l'appel terminé, je reforme la
colonne et la remets en marche. Nous arrivons à la nuit
close à la porte de Berne, et, depuis le bas de la ville, je fais
battre la retraite jusqu'au quartier. Mon monde rentré, on
ferme les barrières à clef, et l'officier de garde, l'adjudant
Gruner, et quelques sous-officiers de confiance sont spéciale-
ment chargés de veiller à ce que personne ne sorte du quartier et de maintenir l'ordre. Les hommes bien fatigués sont
fort aises de se coucher, surtout en ne voyant aucune chance
de sortir, mais plus d'un murmura peut-être.

La ville demeura tranquille et les autorités furent contentes
et surprises de la manière dont je m'étais pris pour maintenir l'ordre. Cependant quelle que soit une bataille, il y en
a toujours qui échappent et c'est ce qui m'est arrivé. Deux
sous-officiers eurent l'adresse de sortir du quartier, et j'appris plus tard qu'ils avaient très-paisiblement découché. Mais
il n'échappèrent pas. Voulant rentrer à la pointe du jour, ils
trouvèrent l'adjudant Gruner qui leur dit :

— Halte-là, messieurs, je vous tiens. Vous payerez cher
ce tour de finesse.

Cette affaire demeura secrète jusqu'à notre arrivée à
l'étape, où on les mit à la salle de police. Ils y passèrent
quinze jours et furent suspendus de leurs fonctions pendant
un mois.

Dès le matin, je me rendis chez les deux avoyers. M. de Mülinen me témoigna sa pleine satisfaction sur les sages mesures que j'avais prises pour discipliner cette nouvelle troupe et la maintenir dans un ordre parfait, surtout pendant la dernière nuit.

— Je vous souhaite, ajouta-t-il, tout le bonheur possible ; les vœux que je fais pour vous, sont ceux d'un père pour son fils.

Ce témoignage, je ne l'oublierai jamais.

M. l'avoyer de Watteville me dit :

— Colonel Rösselet, je suis content de vous. Vous avez répondu à mon attente. Ce n'est pas chez moi que je veux vous dire adieu. Je vous accompagnerai un bout de chemin. Vous voyez que je suis prêt à monter à cheval. Allez mettre votre bataillon en mouvement, je vous suis.

Dans cet intervalle, l'adjudant-major Spring, à qui j'en avais donné l'ordre, fit rappeler, faire l'appel, prépara la troupe à se mettre en marche et me dit :

— Colonel, tout le monde est présent.

Je fis ouvrir les barrières, rompre par sections, et commandai le pas de route. A peine fûmes-nous hors de la cour du quartier, que nous vîmes l'avoyer de Watteville à notre tête avec le colonel Wyttenbach et quelques officiers de l'état-major. J'avais pris la précaution de commander une forte arrière-garde composée d'un officier, de l'adjudant, de 6 sous-officiers, de 12 caporaux et d'un tambour. Cette mesure était bien nécessaire, car on ne peut se faire une idée de la foule qu'il y avait, et dans laquelle une certaine classe de femmes ne manquait pas. Je l'avoue, je fus plus que content lorsque nous eûmes dépassé le pont-neuf dit la Neubrücke. Arrivé à la forêt d'Ortschwaben, je fis halte par ordre de l'avoyer. Je n'oublierai jamais cet endroit, car les adieux de Son Excellence et les vœux qu'elle fit pour moi et ma petite troupe, me touchèrent si vivement que je pus à peine lui en témoigner toute ma reconnaissance. Après cette petite halte, je remis le bataillon en colonne pour défiler devant S. E., qui reprit ensuite le chemin de Berne avec son état-major [1].

A Aarberg, nous rejoignîmes le détachement de Soleure et allâmes coucher à Walperswyl et dans les environs, ce qui nous convenait parfaitement, en partageant mieux la journée du lendemain. A Walperswyl, je m'aperçus qu'une quantité de femmes suivaient la troupe à quelque distance, chargées de paquets et d'effets. Ici se réalisa le proverbe du soldat, d'après lequel femmes et chiens aiment à le suivre.

Je fus obligé de faire chasser et relâcher de beaux chiens de chasse, qui auraient été vendus en route. Je priai les autorités locales de ne loger de ces femmes, que les quatre munies de permissions.

Nous partîmes de notre étape un peu tard, pour donner aux fourriers le temps de préparer les logements. Je ne désirais pas arriver de bonne heure à Neuchâtel, afin d'empêcher mes gens d'aller s'enivrer et de faire des sottises. D'ailleurs mon principe a toujours été d'arriver le plus tard possible dans les villes d'étape, surtout quand il y avait garnison, afin d'éviter le contact avec les troupes et les habitants.

Les autorités et leurs administrés nous reçurent parfaitement. Le gouverneur et les magistrats furent sensibles à la visite que je leurs fis avec le corps d'officiers. Malgré la précaution que j'avais prise en partant de Walperswyl, d'envoyer l'adjudant au pont de Thielle s'entendre avec les gendarmes, pour empêcher de passer les femmes sans permission, quelques-unes d'entre elles trouvèrent le moyen de nous suivre encore. Je les fis arrêter à Pontarlier.

Le 21, nous partîmes de très-bonne heure pour le Val-de-Travers, tous très-contents du bon accueil de nos hôtes de Neuchâtel, et nous allâmes jusqu'à Couvet et environs, où nous nous trouvâmes très-bien.

Le 13, nous arrivions vers les dix heures du matin à Pon-

[1] L'avoyer de Watteville est mort à Berne, le 10 août 1852.

tarlier, où nous étions bien reçus des autorités et des habitants. Nous y trouvions le détachement de Fribourg, qui nous y précéda d'une heure et se réunit à nous. Nous eûmes séjour dans cette petite ville.

Le 14, je reçus du général comte Coutard l'ordre de repartir le 15 pour Ornans et le 16, nous arrivâmes sur le glacis de la place de Besançon, où le général nous attendait avec son état-major. Après nous avoir complimentés sur notre bonne arrivée, il se mit à la tête de notre petite colonne. Nous entrâmes à midi sonnant dans cette forteresse et l'on nous conduisit sur la place d'armes. Ma troupe rangée en bataille, le général m'ordonna de faire former le carré, au centre duquel il se mit. Il nous fit une allocution analogue à notre entrée au service de France, et le major de la place lut les règlements militaires concernant la police et la discipline des places. Ensuite je fis déployer et défiler, le général me témoigna sa satisfaction et un adjudant de place nous conduisit à notre quartier. Les officiers et les sous-officiers s'occupèrent de l'établissement de la troupe dans les chambres ; les uns allèrent avec la corvée des vivres, les autres avec celle des fournitures nécessaires à la literie, d'autres encore furent chargés d'établir les ordinaires. Tous eurent à faire pour le reste de la journée, et rentrèrent chez eux assez fatigués.

Le 17, à dix heures du matin, je réunis chez moi les officiers pour aller faire notre visite de corps aux généraux, au préfet, au président des tribunaux, au receveur général, au trésorier du département et au maire, qui nous reçurent le plus amicalement possible. La journée se termina par un splendide dîner, que nous donna le lieutenant-général comte Coutard.

Comme les armes, que nous avions, appartenaient au gouvernement du canton, je devais les renvoyer dans le meilleur état et le plus tôt possible à Berne, et je fis le 18 au général la demande de nouvelles armes, que le directeur de l'arsenal de

Besançon nous délivra le 19. Le 20, on encaissa celles de Berne, qu'on chargea le 23 et expédia le 24.

Le même jour, je reçus l'ordre d'envoyer mon adjudant-major avec la situation du bataillon au bureau de la place, où le service de chaque corps de la garnison fut réglé pour la quinzaine, comme cela se pratique dans toutes les villes où il y a plusieurs régimens. Le 25, nous fournîmes nos postes. Ces différents services établis. je fis, le 26, commencer les exercices et la théorie, enfin tout ce qui est nécessaire à l'instruction de la troupe. et nous continuâmes à nous en occuper.

Mon bataillon me donnait par sa bonne conduite toute la satisfaction que je pouvais désirer dans une nouvelle formation. Le drap, dont j'avais fait la demande en fournissant des états, arriva en partie. J'établis les ateliers pour la confection de l'habillement, de la chaussure, etc. Tout était donc dans une activité assez suivie, quand la lettre suivante m'annonça ma nomination [1].

« Monsieur le colonel, recevez mes remerciements pour l'état que vous avez bien voulu m'envoyer et pour la communication subséquente que vous avez eu la bonté de me faire. J'ai vu avec une grande satisfaction que votre corps comptait au 1er août 505 sous-officiers et soldats, et qu'il vous donnait par sa conduite une entière satisfaction. Je n'ai pas moins éprouvé de plaisir en apprenant de Paris votre nomination à la place de chef de bataillon dans la garde royale. due à vos services distingués et à votre conduite honorable. Je souhaite, Monsieur le colonel, que vous en jouissiez avec toute la satisfaction possible. et vous prie de croire que je prendrai toujours l'intérêt le plus vif à tout ce qui vous touche, vous ayant voué une vraie estime et considération.

» Agréez, je vous prie, l'expression de ces sentiments et

[1] Datée du 22 juillet.

continuez moi votre confiance et la communication de tout
ce qui vous intéresse personnellement,

(Signé)   » Général de WATTEVILLE, avoyer de Berne.
» Blumenstein le 7 août 1816. »

Au huitième régiment de la garde royale.

Tandis que je m'occupais sans interruption de tous ces détails, on avait appris ma nomination, et tous les officiers attendaient chaque matin le facteur pour recevoir la leur ou
leur lettre de service. Enfin, du 12 au 15 août, elles arrivèrent, ces lettres tant désirées, mais presque au méconten-
tement de tous.

— Pourquoi ne suis-je pas colonel, lieutenant-colonel, capitaine ?

Tous voulaient passer avec leur grade dans la garde ou
avec de l'avancement dans la ligne. Ces nouvelles opérèrent
un changement complet dans l'esprit du corps et dans les
physionomies, qu'elles rendirent gaies, tristes ou rêveuses.
En peu de mots, il y eut séparation complète.

Le 16, je reçus l'ordre de quitter Besançon le 19, pour
me rendre avec les trois compagnies destinées à la garde à
Dijon, où je devais arriver le 24, en passant par Saint-Vit et
Auxonne ; Dijon était le lieu désigné pour la formation des
deux régiments de la garde suisse. Je ne fus pas fâché de
quitter Besançon, où je n'entendais plus que se plaindre et que
parler d'injustice. Je m'occupai tout de suite des préparatifs
pour ce petit voyage et surtout à remettre à M. Demierre, du
canton de Fribourg, qui venait d'être nommé major du régiment Steiger, les trois compagnies destinées à ce corps
dans le meilleur état possible.

A notre arrivée à Auxonne, nous trouvâmes M. le colonel d'Affry, qui allait à Besançon passer en revue les recrues du canton de Fribourg et faire le choix des hommes qui devaient passer à la garde. Nous voyant sur la place d'armes, il me dit :

— C'est de votre ouvrage ; je suis content de vous avoir vu.

Nous dinâmes ensemble, causâmes service et il finit par me dire encore :

— Rösselet, nous voilà derechef ensemble et dans le même corps, j'espère que nous ferons marcher la machine le mieux possible.

Le lendemain 24, nous arrivions à notre destination, où nous trouvâmes les officiers, sous-officiers et soldats du 1er bataillon provisoire (Bleuler), destinés à la garde et arrivés de Lyon. Ils vinrent à une lieue au-devant de nous et nous accueillirent comme des frères, en nous disant :

— Vous nous amenez là trois belles compagnies.

J'installai mon monde dans le quartier qui nous avait été préparé et, le 24, le colonel d'Affry revint à Dijon avec les contingents des cantons de Fribourg et de Soleure. Le 26, nous commençâmes à former provisoirement les cadres des compagnies non organisées, car il n'y avait que celles de Berne qui le fussent, en commençant par les grenadiers et les voltigeurs. C'étaient 6 compagnies d'élite et 18 du centre. Ce travail, commencé dans le bureau, s'acheva, le 1er septembre, sur le terrain. L'effectif des compagnies était de 35 à 36 hommes, hormis celles de Berne et de Fribourg, qui se trouvaient presque au grand complet.

Après cette opération, on songea à l'instruction de la troupe, à la formation du conseil général, composé du colonel, comme président, des officiers supérieurs et des capitaines, et à celle du conseil d'administration (gérant), présidé par le colonel, et ayant pour membres le lieutenant-colonel, le plus ancien chef de bataillon, le major comme rapporteur, le second chef de bataillon et quatre capitaines, dont deux comme suppléants. On s'occupa de l'armement, de l'habillement, du linge et de la chaussure, de l'établissement des différents ateliers, etc.

Le 15 octobre, M. le lieutenant-général comte de Bourmont, commandant et inspecteur de la seconde division d'infanterie de la garde royale, vint nous inspecter, arrêter définitivement notre organisation par procès-verbal de ce jour, et nous faire prêter le serment usité dans les nouvelles formations.

Je ne veux cependant pas passer sous silence la manière de voir de messieurs les officiers. A les voir et à les entendre, nous étions tous de grands seigneurs, pour les dépenses dans les logements, les pensions, les grands hôtels, enfin, dans tous les genres. Les vins ordinaires de Bourgogne n'étaient pas bons. Il fallait tous les jours du Nuits et du Chambertin. Les draps les plus recherchés pour l'habillement étaient à peine beaux et bons. Les épaulettes de 30–40 fr. n'étaient ni assez belles ni assez cossues pour les sous-lieutenants ; il leur en fallait comme celles des capitaines, sauf la raie en soie cramoisi au milieu du corps de l'épaulette que voulait l'ordonnance pour la distinction du grade, au prix de 100–120 francs. Je voyais toutes ces folies avec calme, mais non sans pitié. Je dis souvent en présence des colonels d'Affry et d'Hogguer.

— Tout cela est bien beau, si l'on veut bon, mais pourvu que cela dure. Il paraît que nos jeunes gens sont entrés au service pour y manger leur fortune.

Ce qui n'est arrivé que trop tôt.

Notre major, venu je ne sais d'où, du ciel ou de l'enfer, avait obtenu sa place sur la recommandation de madame la duchesse de Berry et du général de Gady. Se trouvant à Dijon, lors de notre arrivée, il vint comme beaucoup d'autres au-devant de nous, et, après quelques compliments, il m'invita à dîner. Pendant et après le repas, je regardai bien mon homme et le laissai beaucoup parler. Je le connus tout de suite et le pris pour un hâbleur et un faiseur en paroles. En un mot, il me déplut et le temps n'a que trop justifié mon opinion. Le lendemain, je lui rendis tout chaud son dîner, pour ne lui devoir aucun remerciment et avoir avec lui le moins de relations possibles.

Je demandai un jour au général d'Affry ce qu'il pensait de lui.

— Et vous, Rösselet, qu'en pensez-vous?

— Mon général, il ne me plait pas.

— Et j'ai de lui la même opinion que vous.

On nous annonça la nomination de notre capitaine-trésorier, autrefois lieutenant au régiment suisse de Castella, ancien camarade et ami intime de M. de Gady, qui lui procura cet emploi, et sortant comme capitaine du régiment de La Tour d'Auvergne. Le général me dit :

— Rösselet, notre trésorier va arriver, c'est un ancien, qu'en pensez-vous?

— Je le crois honnête, mais son nom me parait singulièrement douteux.

Il se mit à rire et ajouta :

— Nous verrons.

Mais mon pronostic ne s'est que trop réalisé, comme on le verra par la suite. Cet officier arrive au corps, parle, travaille, promet beaucoup, de manière qu'il gagne la confiance des officiers. Moi, qui le suivais et l'observais, je le reconnus d'abord pour un homme très-immoral, tout en le croyant cependant un homme de bien.

Nous avions des faiseurs, comme il s'en trouve partout. Il y en avait même parmi les officiers supérieurs, qui voulaient faire des changements dans l'administration, le maniement d'armes et les manœuvres, adopter des principes de l'armée anglaise et d'autres encore. Chacun voulait y mettre du sien, suivant le service d'où il sortait. On nomma une commission ad hoc, dont je devais être membre, mais je refusai, en observant que nous étions au service de France et que par conséquent il fallait nous tenir strictement aux ordonnances en vigueur dans l'armée à laquelle nous avions l'honneur d'appartenir. Ces messieurs s'assemblèrent quelques fois, finirent par ne rien faire, nous continuâmes à nous conformer aux lois et aux règlements établis, et nous fîmes fort bien. Car quelque temps après, nous reçûmes l'ordre de nous conformer strictement à tout ce qui était prescrit pour l'armée, et cet ordre était signé par le comte de Bourmont. Ces messieurs furent heureux d'en être quittes à bon marché. Le lendemain de son arrivée, le général d'Affry me dit :

— Eh bien, Rösselet, voilà nos faiseurs mis à l'ordre!

Nous continuâmes nos travaux de théorie et de pratique sur les différents services, hormis les évolutions de ligne, jusqu'au 10 décembre, jour où le général d'Affry reçut du ministre de la guerre l'ordre de compléter le premier bataillon et de le diriger sur Paris.

Je partis le 16 avec un bataillon, dont je puis dire qu'il était beau, par un temps affreux, un vent horrible et une pluie battante, qui durèrent plusieurs jours, et firent place à un temps variable. Je quittai Dijon assez tard pour les sept lieues que j'avais à parcourir dans une de ces courtes journées. C'était trop pour la première étape, et une étape fatigante. Aussi plusieurs hommes n'arrivèrent que de nuit à Sombernon, où nous couchâmes. Heureusement que le lendemain nous n'eûmes que quatre lieues, ce qui nous donna le temps de nous refaire.

Le reste de la route se fit assez bien. Partout on observa l'ordre et la discipline, les habitants furent contents de nous, et nous d'eux, bon présage pour notre arrivée dans la capitale; il est bon de dire que les autorités françaises rendent compte de la conduite des troupes qui passent par leur district et leur département.

Notre étape du 17 fut Vitteaux, celle du 18 Flavigny, celle du 19 Montbard, où nous séjournâmes le 20 et où nous pûmes nous remettre. Nous continuâmes notre route par Ancy-le-Franc, Tonnerre, Saint-Florentin , Joigny, où il y eut de nouveau séjour, par Sens , Bray-sur-Seine , Nangis et Guignes, où nous nous reposâmes le 30. — A Corbeil , où nous arrivâmes le 31 , par un mauvais temps et d'assez bonne heure, j'ordonnai de nettoyer les armes, de blanchir la buffleterie et de mettre tout dans le meilleur ordre possible. Je fixai le départ à deux heures après minuit , pour arriver à Paris entre sept et huit heures du matin.

Comme il pleuvait au moment de nous mettre en route, je fis mettre la buffleterie sous les capotes, pour la conserver sèche et blanche. Nous arrivâmes au petit jour, à sept heures, aux barrières. Après une petite halte , je formai mon bataillon en colonne par sections, avec défense de faire du bruit et sans faire battre les tambours, et nous entrâmes à notre quartier, rue du Mont-blanc , à huit heures moins un quart. Je consignai la troupe, ordonnai de faire tout de suite la soupe et de se préparer à prendre les armes dans la plus grande tenue possible. Bonne précaution , car à peine avais-je donné mes ordres, que je reçus celui de me trouver avec ma troupe à onze heures et trois quarts , formé en bataille dans la cour des Tuileries, pour y être inspecté par les princes et prendre notre part de service dès ce jour.

Je fis prendre les armes à onze heures. L'appel et l'inspection terminés , je mis mon bataillon en marche, tambours battants, et , en sortant du quartier, nous eûmes de la peine à nous faire jour à travers les nombreux spectateurs, curieux et badauds. J'avoue que mon amour-propre était à son comble, d'entrer dans la cour du château à la tête de 711 hommes présents, en bon ordre et en belle tenue. Un aide-de-camp me désigna ma place de bataille.

C'était un beau jour de l'an pour nous tous.

A midi moins un quart, le comte de Bourmont arriva avec son état-major et me dit , après avoir vu ma troupe :

— Colonel Rosselet , tout est bien, il ne paraît pas que

vous venez de faire une longue route par un temps d'hiver et six lieues aujourd'hui. C'est beaucoup pour vous trouver en état de passer la revue des princes. Je vous en fais mon compliment, je n'en attendais pas moins de vous.

A midi, les princes arrivaient à leur tour et passaient dans nos rangs. Après l'inspection, Monsieur, frère du roi, colonel-général des Suisses, me fit l'honneur de me dire:

— Rösselet, je suis content de vous et de votre troupe; c'est donner un bel exemple.

Je fis sortir des rangs les hommes désignés pour la garde montante et rentrai au quartier, fort content de mon monde, qui, par son excellente conduite, sa belle tenue, son immobilité sous les armes et sa bonne contenance en défilant devant les princes et l'état-major général de la garde royale, nous valurent ces beaux compliments. Avant de faire rompre les rangs, je dis à haute voix :

— Officiers, sous-officiers et soldats, voilà le commencement d'une bonne réputation établie; il faut tâcher de la maintenir, pour qu'elle ne passe pas en pure fumée.

Je m'étais logé au grand hôtel du Mont-blanc, pour être près de ma troupe. Or, le lendemain, de très-bonne heure, je fus harcelé par les dames de la Halle, poissardes, bouquetières, balayeuses, etc., qui vinrent toutes me souhaiter la bonne année, pour obtenir la pièce, cela va sans dire. Elles me croyaient un grand seigneur. Je donnais et ma bourse s'épuisait, quand la surveillante, bonne maman de l'étage où j'avais ma chambre, entra chez moi pour me dire :

— Monsieur, vous êtes nouveau à Paris. Laissez-moi faire. Je vais renvoyer cette race de mendiantes.

Et grâce à ses soins, je fus heureusement délivré de ces sangsues.

Le service journalier des Tuileries consistait, pour la garde royale, dans un bataillon d'infanterie et un escadron de cavalerie. Des huit pelotons d'infanterie, six étaient fournis par la garde française et deux par la garde suisse, et commandés par un chef de bataillon, la cavalerie sous les ordres d'un chef d'escadron, et le tout sous ceux d'un colonel, avec un drapeau toujours français, de quatre capitaines, de huit lieutenants et sous-lieutenants.

Le service des postes, des rondes et des patrouilles se faisait à proportion de la force. Dans le commencement, les chefs de bataillon suisses montaient, le septième jour, la garde à leur tour. Au bout d'environ deux ans, les chefs de la garde française trouvèrent un inconvénient à ce qu'on fit monter la garde à un chef de bataillon suisse avec le drapeau français. C'était plutôt un prétexte pour exclure les chefs de bataillon suisses de cet honneur. La chose fut discutée, comme on pouvait bien le prévoir, et décidée en faveur des Français. Le chef de bataillon suisse n'eut plus que la visite des postes, le septième jour, ce qui était ridicule ; aussi ce service fut supprimé sans être remplacé par un autre, pour ce grade aux Tuileries. Dès cette époque, les Français cherchèrent à nous éloigner autant que possible des honneurs du service, ce qui était d'un mauvais présage pour les Suisses.

Cependant le général d'Affry, resté à Dijon avec le second et le troisième bataillons, reçut du ministre de la guerre l'ordre de se rendre avec eux à Orléans, sa nouvelle garnison, en partant le 5 janvier 1817 et en passant par Sombernon, Vitteaux, Rouvray, Avallon, Clamecy, Neuvy, Gien, Sully, Châteauneuf. Le 16, il arrivait à sa destination.

Les régiments français et suisses de la garde se relevaient tous les trois mois pour le service de Paris, et mon bataillon fut remplacé par celui de Gächter n° 2. Les deux bataillons prirent la même route en passant par Arpajon, Etampes, Angerville et Artenay, et vice-versà. Parti d'Orléans le 28 mars, le 2ᵉ bataillon arrivait à Paris le 1ᵉʳ avril, jour où je quittais cette ville pour me trouver le 5 à Orléans.

Il faut que je revienne maintenant à notre major, homme

sans honneur, méprisable de toute manière, trafiquant en secret et de la façon la plus illicite avec les fabricants et nos fournisseurs, se faisant donner des pots de vin jusqu'au 15 pour 100 sur toutes les marchandises livrées au régiment, ce qui augmenta prodigieusement les frais.

Avant mon départ, je dis au général d'Affry :

— Nos effets, surtout le linge et la chaussure, me paraissent d'un prix exorbitant. Le major, qui fait si bonne table et de si grandes dépenses, engraisse, je le crains, ses choux au détriment de nous tous, particulièrement à celui des sous-officiers et des soldats.

— J'y penserai, me répondit-il.

Il y pensa, mais trop tard.

A peine à Paris, j'appris par lui que j'avais trop bien prévu la friponnerie du major, qui venait de disparaître, laissant un déficit de passé 10,000 francs, non compris ses bénéfices sur les nombreux achats. Par respect pour madame la duchesse de Berry, on crut ne pas devoir aller aux recherches et l'on n'a plus entendu parler de cet officier. Il fut remplacé par M. de Bernouilli, de Bâle, major au régiment Bleuler, excellent officier et très-bon comptable.

Le 7, lendemain de notre arrivée à Orléans, nous eûmes conseil d'administration, et, avant de lever la séance, le général d'Affry me dit :

— Rösselet, je pars le 10 pour la capitale. (Le lieutenant-colonel baron de Besenval était à Paris avec le second bataillon.) Je vous remets en toute confiance le commandement du régiment. Il sera en très-bonnes mains. Vous vous occuperez de l'instruction de la troupe et m'enverrez tous les samedis votre rapport hebdomadaire avec la situation et le mouvement, puis, en cas de choses extraordinaires, les détails sur les événements par le premier courrier. Je n'ai pas besoin de vous recommander les jeunes officiers et les soins de la troupe que je vous confie avec le plus grand plaisir.

— Mon général, lui répondis-je, vous m'honorez d'une

grande tâche. Je m'efforcerai de m'en acquitter de mon mieux, et faire honneur au corps que vous commandez, mon général, c'est le faire à notre nation.

Dans l'ordre de ce jour, le général fit mention de la bonne conduite, de l'excellente discipline et de la belle tenue de mon bataillon, pendant son service auprès de Sa Majesté. Il annonçait aussi son départ et la remise du commandement du régiment.

C'est de ce jour que recommencèrent mes peines et mes fatigues. Achever d'organiser un nouveau corps n'est pas peu de chose, surtout quand il s'agit d'un régiment composé d'hommes de onze cantons, où l'esprit de canton et de compagnie régnait au plus haut degré et où chacun se croyait le droit de dire son petit mot. Ici, je puis le dire, il fallait du nerf pour contenir chacun à sa place, et lui inspirer un bon esprit de corps. Or, sans cet esprit, adieu l'énergie et la vertu, car l'ensemble fait la force dans tous les états.

Après le départ du général, je donnai cinq jours de repos et commençai, le 16, l'instruction, c'est-à-dire, la pratique sur le terrain par le beau temps, et la théorie sur les différents services par le mauvais. Le samedi, il y avait conseil d'administration ou conseil général, tandis que la troupe s'occupait des travaux de propreté ; le dimanche enfin, inspection de l'armement, de l'équipement, de l'habillement, service religieux pour les deux cultes, visite de corps à l'autorité militaire, etc. Ainsi, chaque jour de la semaine était plus ou moins employé et souvent même le dimanche était le plus fatigant, particulièrement pour les officiers. C'était le vrai moyen de tenir en bride les sous-officiers et les soldats. Le 1er de chaque mois, on passait la visite des sacs, du linge et de la chaussure, et l'on faisait la lecture du code pénal dans les deux langues. La correspondance avec les autorités militaires et civiles n'était pas toujours des plus agréables. Voilà comment je passai l'été avec mon monde.

Le 26 juin, le 3e bataillon (Saint-Denis) allait d'Orléans à

Paris, relever le bataillon Gächter, qui rentrait au corps le 5 juillet, et recommençait son instruction, après quelques jours de repos, car le service de Paris et des Tuileries ne permettait guère de s'en occuper.

A la fin d'août, on donna les drapeaux aux régiments suisses de la garde, avec toute la pompe et toute la cérémonie possibles. C'est le bataillon Saint-Denis qui reçut ceux du régiment. Madame la Dauphine attacha la cravatte, qu'elle même avait brodée, au drapeau royal, qui était celui de mon bataillon, disant :

— Je l'attache avec plaisir, sachant que ces drapeaux seront bien gardés.

Au commencement de septembre, le général d'Affry venait reprendre le commandement du régiment, et, le 15 de ce mois, le comte de Bourmont arrivait à Orléans pour faire son inspection de l'année, qui durait huit jours. Il vit le régiment dans son ensemble, puis en détail, demanda à voir les régistres des permissions, puis fit faire en sa présence la théorie sur les différents services aux officiers, aux sous-officiers et aux caporaux, puis pratiquer sur le terrain, en commençant par l'école de soldat, et en finissant par les évolutions de ligne et des simulacres d'attaque et de défense. Les comtes de Bourmont et d'Affry eurent la bonté de me témoigner dans leur ordre du jour leur entière satisfaction pour la discipline, l'ordre, la tenue, l'immobilité sous les armes et les progrès de la troupe dans l'instruction en général. Avant son départ, le comte de Bourmont donna un dîner où il me fit asseoir à sa droite, en disant :

— Rösselet, votre place est près de moi.

La revue finie le 23, mon bataillon se mit en route le 26, pour relever à son tour, le 1ᵉʳ octobre, le bataillon Saint-Denis à Paris.

J'eus moins de peines cette fois, attendu que tout était alors organisé, mais ce service était assez fatigant. Les capitaines montaient la garde tous les sept jours, et avaient la semaine à tour de rôle avec les distributions, les visites de postes et d'hôpitaux, et celles de chaque jour dans les chambres de la troupe. Les lieutenants et les sous-lieutenants étaient de garde le cinquième jour, avaient également leur semaine et assistaient aux différentes corvées. Les sous-officiers et les caporaux étaient de garde le quatrième, les grenadiers, voltigeurs et fusiliers tous les trois et quatre jours. Il arrivait souvent qu'ils n'avaient qu'un jour d'intervalle, suivant l'état sanitaire ; la veille de chaque garde, tous ces grades étaient de piquet pour se trouver prêts à prendre les armes pendant les vingt-quatre heures. On employait les jours de repos aux corvées et travaux de propreté, de manière que les hommes étaient presque toujours occupés en hiver ; dans la belle saison, les exercices allaient encore leur train autant que possible. Voilà comment on passait le temps du service dans la capitale.

Mon bataillon fut relevé par celui de Gächter, le 1er janvier 1848, et MM. d'Affry et de Besenval allant passer l'hiver à Paris, je repris le commandement du régiment. Cette position n'était qu'honorifique, parce que ces deux chefs savaient fort bien encaisser le traitement de représentation, qui était de 1,800 francs par an. La saison, devenue rigoureuse, fut en partie un temps de repos pour tous, à l'exception des occupations usitées en hiver, c'est-à-dire, l'entretien des effets du soldat, les appels, inspections, théories, quelquefois des promenades militaires avec armes et bagages, que le soldat aimait assez.

Les années stériles de 1816, 1817 et 1818 causèrent en France, comme ailleurs, une disette générale, surtout en grains. Les mécontents, les accapareurs, les monopoleurs, profitèrent de ces temps malheureux pour acheter à tout prix les grains et les denrées, les uns par spéculation pour les vendre plus cher, les autres pour exciter le peuple à la révolte. Dès l'époque de la restauration, ils préméditaient la révolution, qui n'a jamais cessé d'être tramée par les séditieux peu satisfaits de la rentrée en France de la branche aînée des Bourbons.

Le peu de denrées qui arrivaient sur les marchés, étaient pillées et saccagées, de manière qu'il fallut, dès le mois de mai, envoyer sur les lieux des troupes pour y maintenir l'ordre et escorter les chargements de grains.

Je reçus l'ordre de faire occuper Pithiviers, Montargis et Gien, chefs-lieux de sous-préfectures dans le département du Loiret. C'était une mesure impolitique que celle d'envoyer des Suisses et de les mettre en contact avec des populations hostiles au gouvernement et à eux-mêmes. Je fis partir des compagnies de préférence à des détachements composés d'hommes pris sur la totalité du régiment. Afin d'avoir plus d'ensemble, tant pour la discipline que pour le bien du service, je destinai une compagnie complète à chacune de ces villes.

Cette mesure, je l'avoue, pouvait être très-préjudiciable en cas de perte en hommes, vu qu'elle tombait sur trois cantons, au lieu de onze, mais il fallait songer au bien du service et à celui du corps, premier principe dans un pays en émeute. Je fis partir les capitaines les plus expérimentés avec leurs compagnies et l'ordre d'agir avec le plus de circonspection possible dans toutes les circonstances, de ne point mettre leur troupe en contact avec le peuple et de ne prêter main forte qu'après en avoir été expressément requis par les autorités compétentes.

Ces détachements donnèrent assez d'occupation et d'inquiétude dans leurs premières opérations. Mais ils se tirèrent d'affaire avec honneur, et servirent à la satisfaction du préfet, qui me félicita de l'excellente discipline maintenue dans toutes les occasions par les officiers de ces trois compagnies. Son rapport au ministre de la guerre mentionna la conduite de cette troupe et les services qu'elle avait rendus, et celui-ci m'en fit témoigner sa satisfaction par le comte de Bourmont.

Du reste, l'année 1818 se passa comme la précédente, pour le service de Paris et de la province, la revue du général inspecteur, qui avait lieu du 10 septembre au 25, ou du 25 au 10 octobre, et le retour des officiers et des sous-officiers, envoyés en recrutement. Il fallait qu'à cette époque tout le monde fût présent. Après cette revue ou dans le courant de novembre, les nouveaux recruteurs partaient pour la Suisse, dans la proportion d'un tiers des officiers, du grade de capitaine à celui de sous-lieutenant, et d'un sixième des sous-officiers, c'est-à-dire, d'un officier et d'un sous-officier par compagnie.

En temps de paix, il faut, autant que possible, maintenir la troupe en haleine et en mouvement, la rompre aux différents services, à une bonne discipline, à l'instruction, à la marche, aux travaux, surtout à l'entretien de ses effets, enfin, la mettre sur le pied où l'on voudrait l'avoir en temps de guerre. Plus le soldat est occupé, mieux il vaut. Et pour le faire, il faut commencer chaque printemps par ce qui n'est pas des plus amusants, par l'ABC. Dans le temps de l'instruction, l'officier doit étudier le caractère de ses subordonnés, apprendre à les conduire avec plus ou moins de sévérité et à quoi il peut les employer. Cette partie entre essentiellement dans l'étude de l'officier et du sous-officier, de quel grade qu'ils puissent être.

Le 7ᵉ régiment de la garde royale (1ᵉʳ suisse), commandé par le colonel baron d'Hogguer [1], avait Ruel, près Paris, pour garnison depuis le 1ᵉʳ janvier 1817. Le général d'Affry partit pour la Suisse à la fin de 1818, y mourut et fut remplacé par le comte de Courten.

A l'avenir, je désignerai les deux régiments par leurs numéros 7 et 8.

Jusque-là, chacun d'eux fournissait un bataillon pour le service du roi, que, depuis le 1ᵉʳ janvier 1819, le ministre de la guerre fit faire par régiment, en les relevant l'un l'autre par semestre. Le 7ᵉ partit en entier pour Orléans, tandis que

[1] Natif d'Amsterdam, originaire de Saint-Gall, maréchal de camp en 1820, commandant la brigade suisse de la garde 1825-1830, et mort en août 1831.

le 8ᵉ donna, dès cette époque, les 1ᵉʳ et 2ᵉ bataillons pour le service des Tuileries, et envoya à Ruel le 3ᵐᵉ, qu'il fit relever le 1ᵉʳ mars par le 1ᵉʳ, et le 1ᵉʳ mai par le 2ᵉ. Ce service était établi de manière que chaque bataillon passait quatre mois du semestre à Paris et deux à Ruel. Le 1ᵉʳ juillet, le 7ᵉ releva à Paris le 8ᵉ, qu'on dirigea sur Orléans par Versailles, Rambouillet, Maintenon, Chartres, Ymonville et Artenay, afin de ne pas surcharger les populations de la route ordinaire.

Dans la quatrième année de sa création, le régiment commençait à être organisé et à marcher aussi bien que possible. Quant à moi, me trouvant extrêmement fatigué, je pris l'avis de M. Dubois, le célèbre médecin de Paris, et sollicitai une permission pour me rendre aux eaux d'Aix-la-Chapelle. Ma demande fut appuyée par le général de Courten et l'inspecteur général, et accordée par le ministre de la guerre avec appointements et indemnités de route. Le 1ᵉʳ juillet, je quittai Paris pour les eaux et rentrai au corps le 15 septembre, assez bien rétabli pour reprendre mes fonctions.

Le 25 de ce mois, le comte de Bourmont vint à Orléans passer de nouveau la revue générale du régiment. Il séjourna douze jours au milieu de nous comme un sévère mais juste père de famille. Il nous témoigna son entière satisfaction du bon ordre, de l'administration paternelle, de la discipline et de la belle tenue du corps. Avant son départ, il parla dans son ordre du jour, mais sans les nommer, de quelques officiers et sous-officiers qui avaient encore besoin d'acquérir des connaissances dans certaines parties de leur état. Ils ont pu prendre la part qui leur revenait. Le général de Courten et moi, nous avions sollicité cet ordre, qui fit impression. Le 6 octobre, le comte de Bourmont repartit pour Paris.

Jusqu'au 15, nous eûmes du repos, après lequel nous nous occupâmes de l'instruction du tir à la cible. Je fus chargé de sa surveillance et de son exécution, et celle-ci demande précaution et prudence, pour éviter les dangers souvent causés par la négligence des jeunes soldats, qui chargent mal leur arme, ou par des coups mal dirigés et portant hors de la direction. On a peine à croire qu'un fusil d'infanterie du calibre d'une once, avec lequel on tire à toute volée, peut atteindre à mille pas. A la première distance, le but était à 50 toises ou 300 pieds ; à la seconde à 100 toises ou 600 pieds , à la troisième et dernière à 150 toises ou 900 pieds. A ces trois distances, le soldat tirait individuellement, afin de pouvoir mieux ajuster. On avait soin de faire marquer les coups du tir individuel aux trois distances, pour connaître les bons tireurs et pouvoir distribuer avec justice les primes affectées à cet usage et destinées à ceux qui avaient mis le plus de coups et les meilleurs dans la cible. Cet exercice a cela d'utile, qu'il familiarise le soldat avec son arme et qu'il fait connaître aux officiers les hommes qui peuvent le mieux servir d'éclaireurs et de tirailleurs dans les forêts, les pays coupés, les chemins couverts, harceler et faire beaucoup de mal à l'ennemi.

Après le tir individuel, on réunissait trois hommes pour les faire tirer par file au commandement, avec la précaution de les faire changer de rang et de position, de façon que celui du premier rang passait au troisième, celui du second au premier, celui du troisième au second et alterner ainsi de suite pour les habituer aux trois positions. Pour mieux former le soldat à cet exercice, on réunissait en forme de muraille toutes les cibles, dont chaque compagnie avait la sienne, et l'on faisait tirer par section, par peloton, on commandait des feux de rang, en faisant changer les rangs de position, afin que chaque homme passât d'un rang à l'autre.

Une troupe, bien affermie dans cet exercice, le meilleur pour l'infanterie, rendra de grands services devant l'ennemi et amènera de prompts succès dans les combats. Si le tir à la cible entraîne des frais, il les compense dans son temps par les services qu'il rend, et c'est le cas de dire, point d'économie pour ce qui peut être utile.

Cette école était pénible pour moi et durait un mois d'automne, pendant lequel il fallait être sur pied du matin au soir, pour prévenir les accidents. Ayant dirigé cette instruction de 1819 à 1829, j'ai été assez heureux de pouvoir éviter de fâcheux évènements.

Mais une histoire sinistre arriva pendant notre service de 1819 à Paris.

Au commencement de cette année et dans les suivantes, il y eut, de temps à autre, surtout au moment de la réunion des Chambres, des émeutes et des rassemblements de mécontents révolutionnaires, dans le but de nuire au roi, d'amener sa déchéance, ainsi que celle de son gouvernement et de son auguste famille, à laquelle ils avaient, dès la restauration, juré haine et inimitié jusqu'à l'expulsion de cette noble et vénérable race. Tous ces soulèvements valurent aux troupes des prises d'armes, des fatigues, des consignes plus ou moins longues, qui les empêchaient de sortir du quartier ou des barrières, où nos soldats avaient souvent des querelles avec cette engeance, qui ne demandait que plaie et bosse.

Un jour, le voltigeur Von-Lande, du canton de Berne, est assailli par une vile canaille. Il met le sabre à la main pour se défendre et a le malheur de tuer un individu, je dis malheur, à cause de la longue et pénible procédure qu'amena cette catastrophe. Le malheureux Von-Lande est arrêté, le procès-verbal dressé par le commissaire de police du quartier et lui conduit en prison. On le réclame, mais on n'obtient sa remise qu'à force de démarches, vu que les tribunaux prétendent prendre connaissance de cette affaire et la juger, ce qui donne lieu à des contestations inouïes, que j'avais prévues, lorsque, en 1816, la capitulation stipula une haute justice distincte de celle usitée en France. Le conseil de guerre condamne Von-Lande à être fusillé sans désemparer. Le pauvre délinquant, bien préparé à la mort, est recommandé à la clémence du conseil suprême. Celui-ci, considérant que c'est à son corps défendant que le malheureux a commis sa faute, a égard à ses bons antécédents et à sa jeunesse, et commue la peine de mort en vingt ans de réclusion.

Von-Lande partit pour sa destination, mais sans être abandonné du régiment, qui lui envoya des secours, ainsi que mille francs à la veuve et aux enfants de la victime, famille de pauvres ouvriers.

Quatre ans après, il fut gracié par le roi, sur le rapport fait de sa conduite au ministre de la justice par le directeur de la maison de détention où il se trouvait. A son passage pour rentrer en Suisse, il vint remercier ses chefs et visiter ses camarades. Il reçut amplement de quoi faire sa route et se vêtir décemment. Je ne sais s'il vit encore, mais c'était un brave, beau et jeune soldat.

L'année 1820 amena des réjouissances devenues funestes par la mort du duc de Berry, arrivée le dimanche gras, 13 février. Ce prince fut assassiné, en sortant du théâtre, par le monstre Louvel. Cet événement plongea presque toute la France dans le deuil le plus profond, en lui ôtant l'espérance d'un successeur à la couronne et en ayant pour but d'éteindre la famille royale. Cette journée mit Paris dans un grand émoi, mais, grâce aux sages précautions et malgré les émeutes, le calme se rétablit peu à peu et les troupes consignées reprirent leur service ordinaire. Louvel fut condamné par la chambre des pairs à la peine capitale et exécuté au commencement de juin.

Cette journée a failli m'être funeste. J'avais reçu l'ordre de me rendre au Champ-de-Mars avec 800 hommes en grande tenue et munis de trois paquets de 60 cartouches chacun. Je devais faire semblant d'être sorti pour une inspection et manœuvrer, afin d'être prêt à marcher au premier appel sur la place de Grève, lieu de l'exécution.

Après avoir manœuvré, je fais former les faisceaux à la troupe pour lui donner du repos, en attendant de nouveaux ordres. Vers quatre heures de relevée, je reçois l'ordre de rentrer au quartier. Je fais battre l'assemblée et je monte à cheval. Les hommes, fatigués d'être exposés à un soleil ardent depuis huit heures du matin et contents de rentrer, se mettent à courir pour reprendre leurs places. Soit par l'effet des mouches, qui le tourmentent, soit par suite du mouvement rapide de la troupe, mon cheval se cabre plusieurs fois ; mon schako tombe, et l'animal met dedans un pied, qui reste suspendu. Sentant quelque chose qui le gêne, il se cabre de nouveau, tombe en arrière et moi sous lui. En se relevant, il pose encore un pied sur ma poitrine et un autre sur mon œil gauche. Avec la poitrine pour ainsi dire enfoncée, la tête ensanglantée et ma plaie enveloppée d'un mouchoir blanc, je remonte à cheval à l'aide d'un sapeur et ramène ma troupe au quartier. Je me suis ressenti de cet accident pendant six semaines, et il m'en est resté quelques souvenirs à chaque changement de temps.

Le 29 septembre, jour de la naissance du duc de Bordeaux, fut une occasion de réjouissance pour le roi et la famille royale, et calma autant que possible leur juste douleur, ainsi que celle de tous ceux qui leur étaient sincèrement dévoués. De toutes parts se succédèrent des fêtes provoquées par cet événement, qui fit renaître la confiance et l'espérance dans les cœurs des vrais royalistes et de ceux qui en auguraient un heureux avenir. Malheureusement cet espoir ne fut qu'une légère fumée, qui s'évapora dix ans après.

A cette occasion, le régiment donna une fête assez brillante à la ville d'Orléans et aux habitants du département du Loiret. Il envoya des invitations dans les villes les plus rapprochées, Paris, Tours, Blois compris. Cette fête coûta plus de dix mille francs et l'on n'épargna rien pour lui donner tout l'éclat possible, et pour pouvoir bien recevoir les personnes de haut parage qui vinrent l'honorer de leur présence et qui en firent l'éloge ainsi que les papiers publics. La fête fit, en un mot, honneur au corps.

En revanche, l'année 1821 fut douloureuse pour moi et me plongea, le 1er mars, dans un deuil perpétuel, en m'enlevant le seul fils qui me restât, âgé de 19 ans, sous-lieutenant au régiment[1], devant passer lieutenant sur la proposition faite au ministre de la guerre. Ici je m'arrête, n'en pouvant dire davantage. Mon cœur et mon âme sentent encore l'amertume de cette journée, qui me fit perdre mon espérance et un autre moi-même.

Le 25 avril, le roi daignait me nommer officier de la Légion-d'Honneur, en me témoignant sa satisfaction de mes services.

Le 27, toute la garde royale, forte de 23–24,000 hommes et de 5–6,000 chevaux, était passée en revue par lui.

Le 1er mai, la maison du roi, la garde nationale, la garde royale et la ligne en garnison à Paris, étaient rassemblées au Champ-de-Mars, de huit à onze heures du matin, pour passer également la revue du souverain, au nombre d'environ 50-55,000 hommes et de 7-8,000 chevaux. Quoique ces troupes y fussent disposées en ordre de bataille et en masses sur plusieurs lignes, le Champ-de-Mars était tellement encombré que le roi, arrivant à midi précis, au bruit du canon et des vivats, eut de la peine à passer avec son nombreux cortége, composé de la famille royale, des ministres, des maréchaux et des dignitaires français et étrangers. Sa Majesté commença la revue par sa maison et l'acheva par le train et l'artillerie. Le défilé commença entre quatre et cinq heures et ne finit qu'à la nuit tombante. Le roi chargea le maréchal de service de témoigner aux généraux commandant les troupes sa pleine et entière satisfaction sous tous les rapports, et rentra aux Tuileries au bruit du canon et de nouveaux vivats. Les troupes regagnèrent leurs quartiers et leurs cantonnements, et reçurent une belle gratification.

Cette revue, favorisée par un beau temps, avait lieu à l'occasion du baptême du duc de Bordeaux, célébré le lendemain à midi précis, dans la cathédrale de Notre-Dame.

[1] Dans la compagnie Steiger-Tastet.

Toutes les troupes servirent d'escorte ou formèrent la haie.

Ce jour encore, j'ai couru un grand danger dont je me suis aussi ressenti. Voici le fait.

J'étais en bataille avec les six compagnies d'élite du régiment, à gauche en entrant dans l'église et sur la place de Notre-Dame. Cette place était encombrée de monde, au point qu'on ne pouvait se mouvoir. Lorsque tout le cortége arrive avec ses longues files de voitures, deux dames anglaises se trouvent embarrassées au milieu de l'innombrable foule de gens de toutes les classes et des équipages. Elles perdent la tête et s'écrient :

— Nous sommes perdues !

Je m'avance et leur fais ouvrir un passage, pour qu'elles puissent se jeter dans nos rangs. Au même instant, l'ambassadeur extraordinaire d'Angleterre arrive avec toute sa suite au grand trot. Je ne puis me ranger à temps. Le cocher de Son Excellence ne peut retenir ses chevaux qu'avec la plus grande peine, de manière que je me trouve pris entre eux ; la flèche m'atteint dans les reins, me fait une forte contusion et déchire mon uniforme neuf.

Après la cérémonie, nul ne fut plus content que moi de pouvoir rentrer avec ma troupe au quartier. J'en avais grand besoin.

Je m'abstiens de donner des détails sur les fêtes de la cour à cette occasion. Je dirai seulement qu'elles furent splendides, magnifiques et somptueuses, et que j'eus l'honneur de recevoir des invitations pour le cercle du roi, le bal et le théâtre de la cour, puis celui d'en profiter. L'état-major général et celui de tous les corps de la maison du roi et de la garde royale donnèrent un brillant bal, que Sa Majesté et son auguste famille honorèrent de leur présence, ainsi que tous les ministres étrangers et tous les grands dignitaires de France.

Cette fête coûta soixante mille francs, dont le roi, comme

colonel de la garde, paya les deux tiers, les maréchaux et les généraux le surplus, de manière que les états-majors de ces corps furent exemptés de participer à cette dépense.

A la fin de mai, un événement sinistre causa bien de l'embarras au régiment. Il s'agit d'un assassinat commis sur une jeune paysanne, dans les environs de Nanterre, par un monstre, nommé Campanuova, Milanais, soldat de la compagnie tessinoise Magatti, et envoyé par le diable dans nos rangs. Cette compagnie avait, comme celles du canton du Tessin, peine à se recruter et était obligée de prendre tout ce qui se présentait. Les recruteurs avaient l'adresse de faire passer des Italiens pour Tessinois, au moyen de faux actes de baptème délivrés par des prêtres complaisants ou d'autres gens. Enfin, cet homme dénaturé vint au régiment dans le courant de janvier 1822 comme recrue tessinoise. Il me déplut et j'en prévins le général de Courten, notre colonel; il me répondit que les papiers de cet homme étaient en règle et que par conséquent on ne pouvait le renvoyer aux frais du capitaine. Campanuova était fort adroit. Il fut bientôt capable de faire son service et même celui de braconnier, en tendant des filets pour prendre des faisans, dont il faisait un commerce secret.

Dans l'après-midi du dernier dimanche de mai, on m'annonça donc qu'un soldat venait de commettre un grand crime en assassinant une jeune fille dans un champ de blé situé entre les villages de Nanterre et de Colombe, à une lieue de Ruel.

Je fis immédiatement consigner les hommes qui se trouvaient au quartier et qui pouvaient rentrer avant l'appel du soir, puis visiter au fur et à mesure les sabres, les baudriers et l'habillement, afin de découvrir des indices. Je m'informai si Campanuova était au quartier et j'ordonnai de l'examiner de près, en le suivant partout où il irait. Tous restèrent ainsi consignés jusqu'à nouvel ordre, excepté les sous-officiers et les caporaux, que je mis aux aguets pour découvrir le coupable par les discours ou d'autres signes palpables.

Le lendemain de bonne heure, je fis faire par les officiers, tous réunis à ce sujet à la caserne, une visite du linge, de la chaussure, de l'habillement, de l'armement, de l'équipement, des coins et recoins extérieurs et intérieurs des lits. Mais malgré tous ces soins, on ne découvrit rien. Je fis rapport au général de Courten du fait et du peu de succès des recherches. L'événement fit une grande sensation dans le régiment, à l'état-major général de la garde et jusqu'à la cour, et il fournit aux journalistes et à nos ennemis, dont le nombre augmentait chaque jour, l'occasion de le publier sous les plus noires couleurs. Comme on devait s'y attendre, les tribunaux ne dormirent pas à cette occasion et ne nous donnèrent pas mal d'embarras. Je mis des espions sur toutes les routes, et pris les soldats par le point d'honneur, en leur enjoignant de faire leur possible pour purger le corps d'un scélérat qui n'était pas digne de vivre avec eux, et leur accordai la sortie du quartier.

Tout ce que je parvins à apprendre, c'est qu'on avait souvent vu, dans le champ de blé où le meurtre avait été commis, un soldat tendre des filets pour prendre du gibier. Mais personne ne voulait le reconnaître.

Je soupçonnais Campanuova d'être seul capable d'avoir commis le crime. Le général comte de Bourmont avec son aide-de-camp, le général Mallet, commandant notre brigade, le procureur du roi avec sa suite, le comte de Courten, ceux qui devaient avoir vu le soldat le jour et au lieu précités, arrivèrent à Ruel. Mon monde était au quartier.

Le comte de Bourmont m'ordonne de faire descendre la troupe en grande tenue. Je fais faire l'appel, trouve tout le monde présent et forme le bataillon en bataille. Les rangs ouverts et chaque homme bien examiné l'un après l'autre, les témoins déclarent ne pas reconnaître l'individu.

Par le plus grand et le plus heureux des hasards, c'est moi qui le fais connaître.

Le comte de Bourmont, sa suite et moi, nous nous trouvons au centre et en face de la compagnie Magatti et du coupable, grand et bel homme au premier rang. On parle de filets de chasse. Je dis au comte de Bourmont, d'une voix bien accentuée et en fixant Campanuova :

— Mon général, s'il est question de chasse et de filets, voilà le malheureux.

Je le désigne de la main ; tous les spectateurs le fixent ; il pâlit, se met à trembler et s'émeut à ne pas pouvoir articuler un mot. Je fais sortir du rang cet infâme, qui est mis au cachot et aux fers. Le comte de Bourmont, satisfait, me dit en me tendant la main :

— C'est à vous qu'il faut s'adresser pour faire des heureuses découvertes.

Il monte ensuite en voiture et repart pour Paris.

Le grand-juge vint s'établir à Ruel pour commencer la procédure par les interrogatoires usités. Le délinquant fut conduit sur le théâtre du crime, toujours sans avouer et en donnant des réponses négatives. Cependant le grand-juge parvint à découvrir qu'on l'avait vu laver son pantalon ensanglanté. Les témoins, ne l'ayant aperçu que de loin, craignirent toutefois de déposer qu'il était bien l'assassin, et qu'il pouvait avoir commis le crime. A chaque interrogatoire, il fallait lui ôter les fers. Dans une après-midi, il parvint à s'échapper en sautant par-dessus le mur d'enceinte de la caserne. La garde de police et une partie de la troupe, qui se trouvait par hasard dans les environs, se mirent à sa poursuite. Un voltigeur fut près de l'atteindre, le sabre à la main. Au moment où Campanuova allait par un détour se jeter dans la Seine, un faucheur, muni de son instrument, le déconcerta ; le fugitif s'arrêta et au même instant dix à douze voltigeurs l'entourèrent, le saisirent et le ramenèrent au grand-juge, qui se promit de prendre des précautions pour ne plus le laisser échapper.

Le 1er juillet, nous partîmes pour Orléans, et le délinquant fut remis à la gendarmerie, qui l'amena sous bonne escorte dans cette ville.

Le conseil général prit connaissance de la procédure, la trouva complète et convoqua un conseil de guerre, que l'on rassembla comme de coutume au centre du régiment formé en carré.

Commandant la troupe, je pus suivre les mouvements de cet infernal sujet, qui, pendant la lecture de la procédure, eut l'air de se moquer des juges. N'ayant pas fait l'aveu de son crime, il croyait en imposer par cette ruse. Mais quand on le remena dans le carré pour lui faire entendre l'arrêt prononcé par le conseil de guerre et confirmé par le conseil suprême, qui le condamnait à être fusillé ignominieusement, il devint pâle, abattu et ne fut plus l'homme au caractère ferme qu'il avait été dans les interrogatoires. Il fléchit comme un pleutre, en pleurant et en criant : « Je suis innocent ». Il finit par demander l'aumônier, après avoir toujours refusé les secours de la religion. A cet effet, on le reconduisit en prison pour lui donner le temps de se confesser et de se préparer à la mort. Au bout d'une demi-heure, on le ramena devant l'ouverture du carré, où il subit sa peine et mourut comme un lâche. Je fis sur ce fâcheux événement une petite exhortation à la troupe, en l'invitant à prendre exemple sur une fin aussi sinistre, fruit d'une mauvaise conduite, qui déshonorait l'homme, la famille, l'habit et la patrie. Enfin, je reconduisis le régiment au quartier.

Je puis assurer que jamais homme n'a donné plus de fil à retordre que ce malheureux si bien jugé par moi au premier abord. Nous apprimes quelque temps après, par les autorités de Milan que, loin d'en être à son coup d'essai, il avait été contrebandier et l'auteur de deux meurtres dans son pays. Pour m'assurer de son dernier crime et m'en convaincre, je demandai l'opinion de notre respectable aumônier, M. Charpentier, d'Estavayer, sur la confession de ce misérable. Il me répondit :

— Soyez bien tranquille, mon ami, il est bien mort.

Les régiments de la garde française, qui avaient Courbevoie, Rouen et Evreux pour garnisons de province, tandis que ceux de la garde suisse avaient Orléans, demandèrent cette dernière ville en échange de Rouen et d'Evreux. Ils disaient avec raison qu'Orléans leur était préférable sous tous les rapports, et que les Suisses jouissaient depuis cinq ans de cette faveur. Rouen ne pouvait guère nous convenir à cause de sa classe ouvrière et manufacturière, nombreuse et turbulente, constamment en contact avec les troupes, et c'était une des raisons du changement désiré par la garde française. Il fallut trouver le moyen de la contenter et d'éviter une garnison pernicieuse aux Suisses.

La question fut longue à résoudre au ministère. On proposa Amiens et Soissons, mais éloigner la garde de la capitale dans un moment d'effervescence, était peu convenable. On craignait quelques soulèvements, qui n'eurent que trop souvent lieu et qui finirent par faire déchoir la branche aînée des Bourbons et à donner cette antique couronne à la branche cadette, ambition que nourrissait depuis longues années la famille d'Orléans. Il fut décidé que les Français auraient à leur tour Orléans et les Suisses Versailles, changement qui s'effectua le 1er octobre, où nous occupâmes pour la première fois notre nouvelle garnison.

Au commencement de 1823, on fit les préparatifs de l'expédition qui devait remettre le roi Ferdinand VII sur le trône d'Espagne. On forma sur les frontières un corps d'armée de 120,000 hommes, commandé par Monseigneur le Dauphin. Un tiers de toutes les armes de la garde fut appelé à en faire partie ; chacun de ses huit régiments d'infanterie fournit un bataillon, ce qui donna huit bataillons ou quatre régiments de deux bataillons. On croyait qu'on prendrait par la droite, ce qui me fit faire les dépenses nécessaires pour la campagne. Il y eut des contestations pour savoir si l'on prendrait par la droite ou par la gauche. Le ministre de la guerre décida la question en disant que, le roi ne partant pas, c'était à la gauche de marcher. J'en fus donc pour mes frais et le bataillon Saint-Denis eut l'honneur de faire la campagne. Il partit le 19 février, et, je l'avoue, quoique j'eusse déjà fait vingt campagnes, je désirais faire la vingt-unième sous les ordres d'un prince de la maison de Bourbon, mais, à cette occasion, j'ai dû, comme dans bien d'autres, me dire que ce n'était pas ma destinée.

Cette expédition donna matière à différentes conjectures favorables ou contraires. Les légitimistes l'approuvèrent, comme de raison, tandis que les libéraux jetèrent feu et flammes et l'entravèrent de tout leur pouvoir. Aussi la mésintelligence et les mauvaises dispositions de l'administration faillirent-elles la faire avorter. En effet, l'armée, au moment de passer la frontière, manqua non-seulement de vivres et de fourrages, mais encore des chevaux et des voitures nécessaires. Le tout était dans un désordre tel que le maréchal Victor, duc de Bellune, ministre de la guerre, fut obligé de se rendre sur les frontières dans les environs de Bayonne. Sa présence fit bon effet, l'ordre se rétablit, tout le nécessaire arriva et l'armée entra en Espagne en franchissant la Bidassoa le 7 avril.

L'expédition fut heureuse et courte. Le roi Ferdinand rentra dans Madrid, sa capitale, se vit replacé sur son trône et reprit les rênes du gouvernement.

Tandis que le Dauphin revenait à Paris, la garde et l'armée rentrèrent en France par différentes routes, excepté les troupes nécessaires à l'occupation provisoire de quelques places importantes. Deux régiments suisses de la ligne [1] furent dirigés sur Madrid pour être employés au service de cette ville et des palais et arrivèrent à la frontière en avril 1824. Le bataillon de guerre de notre régiment fit son entrée le 15 juillet à Versailles et nous allâmes le recevoir le mieux

---

[1] Le premier et le second.

possible à une lieue de cette ville. Le 20, on réunit toute la garde et la ligne en garnison à Paris sur la route de Neuilly, pour représenter toute l'armée française à l'entrée triomphale dans la capitale. Cette belle troupe, ayant Monseigneur le Dauphin à sa tête, passa sous l'arc de triomphe de l'Etoile, entra par le Pont-Tournant dans le jardin des Tuileries pour y défiler devant le roi placé avec la famille royale sur le balcon de l'horloge. On donna des fêtes en l'honneur de l'armée. Il y eut spectacle, bal, grand gala à la cour. La ville de Paris donna, à l'hôtel-de-ville, un grand, beau et bon dîner, auquel assistèrent toute la cour, les ministres, les premiers dignitaires civils et militaires et les états-majors de la garde et de la ligne. J'eus l'honneur d'être de toutes ces fêtes et reçus trois médailles frappées en souvenir de cette campagne. C'est à ce dîner, que j'eus l'honneur de parler au prince de Carignan [1], depuis roi de Sardaigne, qui venait de faire la campagne comme simple grenadier volontaire dans l'armée française.

A ces jours de fêtes succédèrent ceux du grand deuil occasionné par la mort du roi arrivée le 24 octobre.

Ce fut une perte irréparable pour la France. Dix années de plus de cette auguste vie auraient fait le bien-être de l'Europe et de la France en particulier. Ce vénérable prince aurait pu achever son ouvrage, affermir le trône de ses successeurs et le gouvernement. Il savait conduire les Français dont les esprits étaient encore en effervescence. Il connaissait parfaitement les différentes factions, surtout celle des agitateurs, ses ennemis ; il savait les tenir dans l'ordre et s'en faire respecter.

Quand j'allai lui rendre mes respectueux et derniers devoirs à la chapelle ardente, où son corps était exposé, je ne pus m'empêcher de dire à haute voix et la larme à l'œil, en présence des gardes du corps et de personnes de distinction :

[1] Charles-Albert.

— Ah! il est mort dix ans trop tôt pour la France et pour nous !

Tous les yeux se tournèrent vers moi d'un air d'approbation.

On dit : le roi est mort, vive le roi ! les rois ne meurent point en France. Mais la manière de gouverner n'est pas toujours la même, et elle est souvent plus ou moins favorable aux gouvernants comme aux gouvernés.

Le règne suivant l'a malheureusement prouvé.

Charles X fit son entrée, comme roi de France, à Paris, le 4 novembre, jour de sa fête, avec un nombreux cortége, par la barrière de l'Etoile. Il fut reçu sous cet arc de triomphe par le préfet de la Seine, qui prononça une longue harangue au nom de la bonne ville de Paris, qui plus tard n'a pas justifié cette épithète. Quand on lui en présenta les clefs, le roi répondit :

— Je vous les laisse et vous les confie, elles sont en bonnes mains.

On donna encore de belles fêtes à cette occasion, où l'enthousiasme fut grand et remarquable. Mais qu'est-ce que l'enthousiasme d'un peuple léger et enclin aux changements? Ce n'est qu'une fumée bien vite évaporée. Présent à toutes ces cérémonies, je me disais :

— C'est admirable, pourvu que ce soit de longue durée.

J'avais, je l'avoue, un pressentiment sinistre, en ne voyant dans toutes ces belles choses que de l'extérieur, et le temps n'a que trop réalisé mon secret pronostic.

Suivant mes faibles connaissances, la liberté de la presse, accordée le même jour par le roi, a été un rude coup pour sa puissance et pour son auguste famille ; elle leur a coûté la couronne.

Au commencement de 1825, on fit à Paris et à Reims de grands préparatifs pour le sacre du roi fixé à la fin de mai. On prévint les corps que l'armée y serait représentée, les régiments de la garde par un bataillon et deux escadrons, ceux de la ligne par une compagnie d'élite et une du centre, formant escadron dans la cavalerie. Cette portion du corps, commandée par le colonel, devait se mettre en marche, afin d'être rendue le 20 mai dans les environs de Reims. On donna également les ordres pour assurer le service des logements, des vins, des fourrages, des transports et surtout de la poste, afin que les relais eussent le nombre de postillons et de chevaux nécessaires. A cet effet, les maîtres de poste de tout le royaume envoyèrent leur contingent en postillons et en chevaux, et beaucoup d'entre eux vinrent en personne. Il en résulta sur toutes les routes un encombrement à ne pas s'en faire une idée. Dans les lieux de notre passage, nous eûmes de la peine à placer nos montures et à trouver ce dont elles avaient besoin.

Le baron de Besenval était devenu colonel du régiment, en remplacement du comte de Courten promu au grade de maréchal de camp, au retour de la campagne d'Espagne[1]. Par ordre de notre nouveau colonel, j'organisai un bataillon d'élite, pris sur le régiment et fort de 840 hommes, les officiers compris. Tous les corps de l'armée choisirent hommes et chevaux, afin de briller et d'emporter la palme. J'ose dire sans ostentation et avec vérité, que le nôtre était un des beaux et bien organisés parmi ceux qui assistèrent au couronnement. On m'en a fait l'éloge et c'est tout dire.

Parti le 15 de Ruel avec cette élite, que je commandai sous les ordres du colonel, je passai par Saint-Denis, Dammartin, Nanteuil, Villers-Cotterets, Soissons et Fismes. Le 24, nous nous établissions au camp, dans la plaine qui longe la rivière de Vesle, à une demi-lieue de Reims. La cavalerie, l'artillerie légère et le train furent cantonnés dans les villages les plus rapprochés de la ville et du camp.

On s'occupa de l'embellissement de ce dernier et les régi-

---

[1] Il fut jusqu'en 1850, aide-de-camp titulaire du duc de Bordeaux.

ments rivalisèrent dans cette œuvre. Ils tirèrent les allées au cordeau, établirent des parterres plantés de fleurs et de verdure sur le front de bandière, ornèrent la ligne des cuisines et les allées de branchages pris sans égard dans une forêt voisine. Le propriétaire porta, avec raison, plainte des dégâts commis et reçut 5,000 francs de dédommagement, ce qui termina l'affaire au gré des deux parties.

Le 26, le roi arrivait à Fismes et couchait au moulin de cette ville, lieu qu'un de ses augustes ancêtres avait habité. Ses chevaux furent installés dans une ferme voisine à laquelle le feu prit et d'où l'on eut de la peine à les sauver ainsi que les équipages. La cause de cet accident est restée inconnue.

Dans la matinée du 27, toutes les troupes sortirent du camp pour rendre les honneurs au roi et à la famille royale, et furent rangées en bataille sur la route de Fismes. Les villes, les villages, les hameaux et même des maisons isolées, avaient dressé des arcs de triomphe en branchages, verdure et fleurs, auprès desquels le peuple se réunit pour voir le monarque et sa famille. Il y avait, en apparence du moins, un enthousiasme à ne pas s'en faire une idée. L'artillerie était placée dans un fond sur la droite de la route, près du village de Tillois, pour saluer le roi par des salves. Elles commencèrent, lorsqu'il sortit de cet endroit et descendit la côte avec une suite nombreuse. Mais les chevaux de la voiture où se trouvaient Sa Majesté, le Dauphin, la Dauphine, et le capitaine des gardes, prirent le mors aux dents, partirent au grand galop et ne s'arrêtèrent qu'au bas de la côte, où le cocher eut l'adresse de les tourner contre une forte haie, ce qui tira, comme par miracle, la famille royale d'un grand danger.

Ces deux accidents, arrivés en moins de vingt-quatre heures, furent remarqués par bien des observateurs et surtout par les libéraux.

La cour s'établit dans le beau, vaste et ancien bâtiment de l'archevêché. Les princes, les ministres, les ambassadeurs, les maréchaux et les dignitaires français et étrangers occupèrent les hôtels et les maisons les plus rapprochées de la résidence royale.

Reims est une des villes les plus anciennes, les plus célèbres et les plus grandes de France. Sa cathédrale, bâtie au 12° siècle, est un des beaux édifices gothiques et l'on en remarque surtout le portail. Le sacre des rois lui donne beaucoup de relief. C'est dans l'église de Saint-Rémi qu'on garde la sainte ampoule. On voit aussi les restes d'un ancien arc de triomphe dans cette ville, qui, du reste, est commerçante et possède beaucoup de fabriques.

Au camp et particulièrement dans la ville, on s'occupa le 28 des préparatifs du couronnement et surtout les ecclésiastiques, qui s'y trouvaient en grand nombre.

Le 29, à l'aube du jour, les cloches de toutes les églises et le bruit du canon annoncèrent cette cérémonie religieuse et célèbre. Dès les cinq heures, les voitures commencèrent à circuler et à amener les personnes privilégiées à la cathédrale. Pour y être admis il fallait se trouver porteur d'une carte dont la couleur désignait le titre, la porte d'entrée et la place. Les personnes désireuses d'avoir les premières places arrivèrent les premières et, malgré le grand ordre, on se les envia et disputa. Vinrent ensuite les députés, les pairs, les dignitaires, les généraux, les ambassadeurs, la maison du roi, les princes, les princesses et enfin le roi lui-même.

La grand'messe commença à 9 heures précises. L'archevêque de Reims officia, assisté des premiers prélats et d'un grand nombre de prêtres. Au milieu de l'office, le roi fut sacré et quand on posa la couronne sur sa tête, il dit :

— Ah ! qu'elle est lourde ! Elle me gêne.

Ces paroles, comme on peut se l'imaginer, ont été recueillies et commentées de toutes les manières, surtout par les ennemis de la dynastie régnante.

Ensuite on lâcha dans l'enceinte de la cathédrale une quantité d'oiseaux, qui prirent leur vol, en signe des privilèges et des libertés accordés au peuple. J'ignore si cette opération occasionna un incident, mais je crus m'apercevoir qu'elle ne contenta pas tous les assistants.

On jeta et distribua au peuple une quantité de pièces d'argent en mémoire de cette grande solennité. Je me rappelle qu'un beau vieillard à cheveux blancs, de la campagne, se trouvant en face d'un huissier qui les jetait, eut l'adresse de saisir le moment propice pour en recevoir une poignée dans son chapeau. Il était au comble de la joie.

La cérémonie finit vers midi, le roi se retira le premier, et le reste successivement dans l'ordre le plus parfait. Sa Majesté me parut fatiguée et marcher avec peine.

Le sacre de Charles X a été une cérémonie belle, brillante, majestueuse, imposante et propre à inspirer toute la vénération possible.

Dans l'après-midi, le roi, la famille royale et la cour se rendirent à l'église de Saint-Rémi pour assister à une action pompeuse et solennelle, qui était en usage et terminait l'œuvre du couronnement. Le roi rentra peu avant la nuit dans sa résidence, et l'on remarqua la quantité d'ecclésiastiques qui faisaient partie de sa suite, car dans un groupe de messieurs très-bien mis en noir, j'ai entendu dire au moment où passaient tous ces prêtres :

— On voit bien que c'est le règne des prêtres, mais il ne durera pas longtemps.

Ainsi se termina cette remarquable journée et mon service avec. Ayant été sur pied du matin au soir, je fus fort aise de retourner au camp.

Le 30, vers les dix heures du matin, le roi y vint accompagné de son auguste famille, de toute sa cour et de sa suite. Les bataillons, escadrons et détachements, représentant les régiments, étaient en bataille sur le front de bandière, ayant sur la gauche l'artillerie, le train et la cavalerie. Après son arrivée annoncée par des salves, il commença sa revue par le 1er régiment de la garde et la finit par la cavalerie. Ne se contentant pas de voir les corps en détail, il voulut visiter tentes, parterres, allées, jusqu'à la ligne des cuisines, tout enfin. Pendant son inspection, on n'entendit que tambours, musiques, trompettes et vivats. À son approche, chaque corps fit à son tour présenter les armes, battre aux champs et jouer à la musique des airs analogues à la circonstance. Les promotions et les distributions de décorations eurent lieu au centre de chaque corps, en présence du roi et de la famille royale. Nous eûmes cinq croix : notre colonel, celle d'officier, le capitaine A Marca, le lieutenant Feurer, le tambour-major Kneubühler et le sous-officier de grenadiers Thüring, celle de chevaliers de la Légion-d'Honneur. Les troupes, formées en masses, eurent enfin l'honneur de défiler devant le roi et toute sa cour. Dans son ordre de jour, Sa Majesté témoigna sa pleine et entière satisfaction au maréchal de service, aux généraux et aux officiers supérieurs de chaque corps, qu'il chargea de la communiquer à leurs troupes. Il se retira vers les cinq heures du soir, au bruit de nouvelles salves.

Cette belle revue termina les fêtes et les cérémonies du sacre, qui fut favorisé par le beau temps,

Dans ce camp de plaisance, nous eûmes de tout en abondance, jusqu'à un grand restaurateur, qui vint s'y établir de Paris, tint une excellente table d'hôte à cinq francs par tête et où l'on put manger à la carte. Il y eut des restaurateurs pour toutes les classes, et les étrangers y affluèrent. A la fin, le camp était devenu un marché. La troupe reçut d'excellents vivres de campagne, et le roi lui accorda des suppléments de solde et de vin.

Nous quittâmes ce camp le 31 mai et couchâmes à Fismes, le 1er juin à Soissons, le 2 à Crespy, le 3 à Dammartin. Dans tous ces gîtes, en allant à Reims et en revenant, nous trouvâmes la plus parfaite hospitalité, une bonne table et du bon vin, surtout en Champagne.

De retour à Ruel le 4, bien fatigués, après avoir fait neuf

fortes lieues, nous reçûmes l'ordre de nous rendre le lendé-
main de très bonne heure à la barrière de l'Etoile, pour assister à l'entrée dans Paris du roi, qui allait rendre ses actions
de grâces à Notre-Dame, cérémonie qui dura jusqu'à midi. Pendant le trajet du cortége royal, nous fûmes obligés de changer
de position et d'aller former sur le quai du Louvre la haie
sur le passage du roi à sa rentrée aux Tuileries. Tout cela
finit à deux heures. Je regagnai Ruel, en passant par le bois
de Boulogne, où je fis une assez longue halte pour donner
du repos à ma troupe qui en avait bien besoin. Nous arrivâmes à notre garnison à la nuit tombante, tous harassés, et
je dirai enfin que si la corvée fut longue, fatigante et coû-
teuse, l'honneur et le plaisir d'assister au couronnement nous
en dédommagèrent amplement.

Le 30 juin, nous quittâmes Ruel pour Versailles, où nous
nous trouvâmes assez bien, quoique pour l'économie, la tranquillité, la discipline, Orléans fût préférable sous tous les
rapports, et puis on y était seul, ce qui est très-avantageux pour un corps. La proximité de Paris était une sangsue
pour les bourses, surtout pour celles des jeunes officiers, qui
faisaient autant que possible cette promenade de quatre lieues
pour jouir des plaisirs de la capitale avec plus de liberté. D'un
autre côté, on avait l'avantage de voir souvent à Versailles
le roi et la famille royale, surtout dans le temps de la chasse.

Oui, c'était un grand plaisir pour moi de chasser pendant cinq
ou six heures, par le beau temps ou même par une pluie battante. J'aimais supporter cette fatigue, compensée par la satisfaction de suivre le roi et Monseigneur le Dauphin, qui avait
la bienveillance de me permettre de prendre part à toutes les
chasses et de m'approcher de sa personne, faveur qu'il n'accordait pas à tous les assistants. Il me gratifiait toujours de
deux beaux faisans.

Voici une anecdote, qui m'est arrivée à une de ces occasions.

Quand un gibier s'approchait ou se mettait au vol, on en

désignait à haute voix l'espèce au roi ou au dauphin. Or, un gros faisan se lève et prend son vol. Le prenant pour un faisan, je crie : Un faisan! Monseigneur tire, abat l'oiseau, et c'est une poule. En la voyant, je tremble de recevoir une forte réprimande et n'ose pas lever les yeux. Le dauphin se retourne, me fixe et ne dit mot. Le soir, au lieu de recevoir, comme de coutume, deux faisans, on me donna un coq-faisan avec la poule et je me dis que ma punition avait été fort douce.

A la première chasse, le roi avait toujours la bonté d'envoyer un cadeau en gibier de toute espèce aux chefs de corps de la garnison de Versailles, avec ordre de le partager avec les officiers de tout grade. Aux autres chasses, les officiers supérieurs recevaient seuls du gibier, de manière que j'avais toujours quatre pièces, dont deux de la part du roi et deux de celle du dauphin.

Un capitaine, un lieutenant, un sous-lieutenant, quatre sous-officiers, huit caporaux, 115-120 grenadiers, voltigeurs et fusiliers étaient commandés pour chaque chasse et employés, les officiers à maintenir l'ordre de ce détachement, un sous-officier, un caporal d'élite et 19 grenadiers ou voltigeurs, à marcher en file derrière le roi, le sous-officier en tête et portant chacun un fusil de chasse chargé. Ce premier passait son arme à un officier de chasse, et celui-ci au roi. Les fusils chargés se passaient de la gauche à la droite, où se trouvaient deux arquebusiers, qui inspectaient et chargeaient les armes. Celles déchargées passaient de la droite à la gauche, et ainsi de suite, de manière qu'il y en avait toujours vingt de chargées. La même opération se faisait pour le dauphin et pour le capitaine des gardes; seulement ce prince n'avait que 15 porteurs, y compris le sous-officier, et le capitaine 10 avec un caporal. Le grand veneur, qui était le lieutenant-général comte de Girardin, avait six porteurs d'armes et six gardes-chasses, mais il n'osait tirer que vers la fin de la chasse, encore attendait il que le roi lui dit :

— Girardin, vous pouvez tirer.

Le roi se plaçait au centre, le dauphin à la droite, les princes ou le capitaine des gardes à la gauche et le grand veneur à l'extrême gauche. Le gibier abattu se montait de 400 à 1,100 pièces. La première chasse était toujours la plus abondante et les autres diminuaient naturellement avec le gibier.

Le reste du détachement était employé comme traqueurs de droite et de gauche pour amener le gibier au centre. Ces hommes, munis chacun d'un long bâton, étaient en veste, en bonnet de police et en longues guêtres de peau, fournies pour la journée par la Vénerie. Chacun d'eux recevait un franc cinquante centimes et un lapin, quelquefois pour deux, les caporaux et sous-officiers un lièvre, parfois aussi pour deux, les officiers un faisan ou deux, suivant l'abondance du gibier tué.

Je reviens à notre arrivée à Versailles. Après quinze jours de repos, nous y reprîmes nos occupations de province et à la fin de septembre, le comte de Bourmont, accompagné de ses aides d'inspection, vint nous passer en revue. L'opération fut courte, le comte ne passa que peu de jours avec nous, parut content et l'annonça dans son ordre du jour avant de repartir. Les bataillons s'étaient occupés du tir à la cible, à Ruel, pendant les mois d'octobre, de novembre et de décembre. Dans les belles journées, on fit des promenades militaires avec armes et bagages, en manœuvrant en route, en passant des défilés en avant et en arrière, en formant et rompant les sections, pelotons et divisions, en prenant des positions et en se retirant en ordre. Cette occupation, la dernière de l'année, n'est pas la moins essentielle. Elle rompt la troupe à la marche et à la fatigue, l'amuse, lui donne de l'ensemble et fournit à l'officier l'occasion de bien connaître la force, les propos et les gestes de son monde, qui ne laissent pas d'avoir souvent leur signification; elle maintient d'ailleurs la troupe en haleine; aussi cet exercice ne peut-il être assez recommandé aux chefs de corps.

Le 1er janvier 1826, nous quittâmes Versailles avant le jour, afin d'arriver à Paris à huit heures du matin et d'y relever le 7me, qui changeait de garnison avec nous. Nous ne trouvâmes de changé au service que celui de la surveillance hors des Barrières, qui fut redoublé pour empêcher les querelles avec la basse classe et les duels entre militaires et souvent avec des ouvriers qui avaient servi. L'opinion de ces derniers était une des causes majeures de ces provocations qui venaient toujours du parti de l'opposition. Ce service était très-pénible pour les lieutenants, les sous-lieutenants, les sous-officiers et les caporaux, mais surtout pour les officiers, qui pouvaient être compromis en voulant rétablir l'ordre parmi des hommes ivres et exaltés.

Relevés le 1er juillet par le 7me, nous revîmes Versailles avec plaisir, le service en province étant moins pénible que dans la capitale. Nous nous relevâmes ainsi de six en six mois, jusqu'en 1829.

Pendant ce temps, notre service à Paris fut assez rude. Nous eûmes des alertes, des prises d'armes, on nous consigna au quartier pour nous tenir prêts à marcher, et tout cela à cause des rassemblements et des émeutes qui avaient lieu pendant la réunion des Chambres et de quelques duels entre nos gens et les hommes de l'infanterie et de la cavalerie de la garde.

C'est ainsi que nous passâmes le premier semestre de 1828 à faire un service désagréable dans la capitale. Le grand nombre des mécontents commençait à devenir insolent, à se démasquer entièrement, à exciter les troupes à la révolte et les unes contre les autres, à provoquer des troubles et des désordres. Voilà où en était déjà la révolution, qui se préparait vivement et avançait de même. Moi, qui me rappelais celle de 1789 à 1792, arrivée après plus de vingt ans de travail, je voyais venir celle de 1830, fomentée dès la première restauration.

En retournant cette fois à Versailles, nous n'y fûmes

guère plus tranquilles, nos gens ayant souvent des querelles et des duels avec la cavalerie de la garde, en garnison avec nous. Pour empêcher ces disputes, les deux partis occupèrent leur monde autant que possible.

Le 1er janvier 1829, nous reprenions à Paris notre service, sans le croire encore notre avant-dernier, et cependant nous étions convaincus que, quoique garanti pour vingt-cinq ans au moins par la capitulation, il ne tarderait pas à cesser. Nous commencions à nous tenir fortement sur nos gardes, afin d'empêcher le contact de nos gens avec les factieux, qui travaillaient à détourner les militaires de leurs devoirs et à les attirer à leur parti. Notre position devenait fatigante, le service de surveillance surtout. Cependant nous arrivâmes à la fin de juin sans accidents fâcheux et nous reprîmes alors notre ancienne garnison d'Orléans, très-contents de ce changement, pour y être seuls. Ce changement provenait du départ de deux régiments de la garde française pour la Bretagne, déjà un avant-coureur de la révolution, puisqu'il dispersait et éloignait la garde de Paris et du roi dans un moment aussi critique.

Le comte de Bourmont parut assez content de nous, à sa revue d'inspection, et nous quitta le 8 octobre pour Paris. Les marins de la Loire, marins d'eau douce, qui n'étaient pas meilleurs que ceux de mer, classe turbulente par excellence, nous donnèrent quelques inquiétudes. Ils étaient soutenus par les républicains et les partisans de la révolution, qui prenait racine dans tous les lieux, et leurs provocations finissaient presque toujours par des duels. Nous fûmes obligés d'augmenter le nombre des postes et de doubler les gardes pendant le jour, afin d'avoir du monde disponible pour faire de fréquentes patrouilles dans les différents quartiers de l'intérieur et de l'extérieur de la ville. Pour obvier à tous ces inconvénients, il nous fallut occuper notre troupe du matin au soir, en nous fatigant pour la fatiguer.

Rentrés à Paris et Ruel le 1er et le 2 janvier 1830, nous

trouvâmes le service de la capitale encore plus pénible que précédemment.

Tous les ennemis de la dynastie régnante travaillaient plus que jamais les troupes de la garnison, le mal se propageait de jour en jour et il fallait empêcher cette contagion, dont de fréquents duels étaient la suite, être sur le qui vive et constamment sur pied, exercer une surveillance continuelle, et, tout en faisant ce désagréable service, nous cheminions à grands pas vers notre perte, sans recourir aux moyens que nous avions pour comprimer cette maudite engeance et l'empêcher de prendre le dessus. Il y avait des ressources, mais la tête de l'état était trop faible pour les employer et ne se croyait pas en danger de perdre la couronne. Le roi ne pouvait y croire, ses alentours étaient tous en pleine sécurité et ne voyaient ni ne voulaient voir l'abîme qui menaçait de les engloutir. Il paraît que la destinée avait décidé la déchéance de cette auguste famille, car, du premier au dernier, tous ses membres étaient aveuglés et marchaient à grands pas vers ce précipice.

Malgré ces sinistres préventions, Charles X et le duc d'Orléans donnèrent des fêtes et offrirent des réjouissances à leurs parents, le roi et la reine de Naples, revenant d'Espagne et passant par Paris.

A la fin de juin, le 7ᵉ vint encore nous relever, et nous quittâmes la capitale pour n'y plus rentrer, et nous rendre à Orléans, sans nous attendre à y rester peu de temps.

Après nous y être installés, nous prîmes toutes les mesures possibles pour maintenir l'ordre et la plus stricte discipline. Appels, exercices, manœuvres devinrent nos occupations journalières.

Le 29 juillet, nous allons manœuvrer de très-bonne heure dans une plaine à trois lieues de la ville et à moitié chemin de la Ferté.

A peine rentrés au quartier vers les six heures du soir, nous recevons ordre et feuille de route, pour partir sur-le-champ et nous rendre à Paris à marches forcées.

Très-fatigués de notre course faite par une ardente chaleur, nous organisons un dépôt avec les sous-officiers, les caporaux et les soldats les moins valides, au nombre de 325, le capitaine Schaller, six lieutenants et sous-lieutenants, le tout commandé par le chef de bataillon St-Denis, et formant, pendant notre absence, la garnison d'Orléans. Nos trois bataillons de campagne, forts de 600 hommes, les officiers non compris, ne peuvent se mettre en marche qu'à onze heures du soir, en prenant la route d'Artenay, d'Angerville, d'Etampes et d'Arpajon.

Voici le plan de marche que je proposai au colonel baron de Besenval, élevé dès sa nomination au rang de maréchal-de-camp : faire une halte d'une heure à Artenay, à 5 lieues d'Orléans, et distribuer une chopine de vin à chaque homme ; à Angerville, à 7 lieues plus loin, une halte de trois heures : après ces douze heures de marche, donner du repos, distribuer le pain, une chopine et quatre onces de fromage par tête, puis repartir pour Etampes, distante de cinq lieues de là, y prendre les vivres, bivouaquer quelques heures de l'autre côté de cette ville, et faire la soupe : gagner ensuite Arpajon, à cinq lieues plus loin, passer cette ville, nous établir sur la hauteur de la ville de Paris, faire venir du pain et du vin, et le distribuer après quelques heures d'un repos bien nécessaire après une marche de 22 lieues, et une de huit en perspective pour arriver à Paris le 31 à la pointe du jour.

Bien qu'il sût peu mener une troupe dans une marche forcée, mon chef ne voulut pas suivre mes dispositions, les seules qui fussent dans l'intérêt général. Comme on va le voir, il eut malheureusement à s'en repentir, sentiment qui ne le quitta, je crois, qu'au tombeau. En attendant, sa manière de nous conduire nous fit perdre beaucoup de temps.

Tout va bien jusqu'à une lieue d'Etampes, où nous a précédés un courrier, portant la nouvelle que nous nous dirigeons à marches forcées sur Paris pour y porter du secours, et que les habitans doivent nous barrer le passage. C'est ce qui arrive. Le sous-préfet, le maire, une partie de la municipalité, tous de riches meuniers, se portent au-devant de nous à une lieue de la ville. Ils nous déclarent que les habitants nous refusent les vivres et le passage, puis pour éviter bien des maux et l'effusion du sang, ils nous conseillent de rétrograder. Notre chef rassemble les officiers supérieurs et les capitaines pour les consulter sur ce qu'il y a à faire dans cette fâcheuse circonstance. Je laisse parler les plus empressés et garde le silence. Mais le colonel m'interpelle en ces termes :

— Vous ne dites rien, Rösselet, j'aime connaître votre opinion.

— Mon général, puisque vous l'ordonnez, je dois vous dire que la règle de votre conduite est dans votre poche. C'est votre ordre et la feuille de route. Avec 1800 baïonnettes, on peut se frayer un passage. Il serait plus que honteux de capituler avec des meuniers.

Puis je sors du groupe, laissant délibérer de plus sages et de plus prévoyants que moi.

Cet incident nous fait perdre près de quatre heures.

C'est à midi et par la plus grande chaleur, que notre chef fait reprendre les armes et nous remet en marche. Pour éviter la ville, nous décrivons un détour de deux lieues, et sommes obligés de gravir une forte côte puis de la descendre pour tomber à Guinette, petit village près du faubourg des capucins d'Etampes.

Tous harassés, nos soldats se jettent à droite et à gauche de la route, cherchant un peu d'ombrage sous les arbres. Le régiment est obligé d'attendre les hommes que la fatigue a fait rester en arrière, ce qui nous occasionne un nouveau retard de trois heures. Vers les cinq heures, on fait l'appel, et il manque sept hommes, qui n'ont pu rejoindre pour cause d'indisposition.

Nous partons pour Arpajon, où nous arrivons de nuit. Le régiment bivouaque le long de l'Orge, petite rivière qui traverse cette ville. Cette position, comme celle d'Arpajou, est dans un fond. Je me rends sur une hauteur dominant la ville et la route de Paris, j'y établis le bivouac des voltigeurs, puis après avoir placé des postes de surveillance, je puis me reposer sur une botte de paille, et nous obtenons notre pain, dont nous avions grand besoin.

Dans la nuit, celle du 30 au 31, nous apprenons que le roi et la famille royale sont à St-Cloud, et que le maréchal Marmont, duc de Raguse, la garde et la ligne ont évacué Paris pour prendre la même direction. Nous sommes très-embarrassés sur le parti à prendre et aucun ordre ne nous prescrit de changer de direction.

Le lendemain 31, vers les trois heures du matin, nous apprenons qu'un nombre considérable de révoltés se sont portés sur les faubourgs de Vaugirard, de Sèvres et aux Barrières, par lesquelles nous devons entrer dans Paris, qu'ils ont dépavé les rues et barricadé toutes les issues. On nous a oubliés. Que faire dans une pareille circonstance?

Nous prenons le parti de changer de direction, de nous rendre à Orsay par les bois, en laissant Paris sur notre droite, et de gagner Meudon, Sèvres et St-Cloud.

A Orsay, nous apprenons que le roi, sa famille et les troupes sont partis pour Versailles. Nous prenons par Saclay, Jouy et Buc. Le roi étant à Trianon, le régiment s'arrête entre Buc et la forêt de Satory. Je prends les voltigeurs pour visiter ce parc, et en trouvant la grille fermée, je la fais ouvrir. J'envoie de droite et de gauche des éclaireurs à la découverte. Ils ne trouvent personne dans le parc ni dans la forêt. J'en fais prévenir le régiment, qui y entre, et nous allons prendre position près de la ferme royale, lieu fort élevé et dominant Versailles ainsi que la route, qui mène à Dreux et à Chartres et qui se sépare à Trapes. Nous envoyons à Versailles demander des ordres et les vivres, dont nous avons bien besoin, car nous sommes très-fatigués.

A peine les vivres sont-ils arrivés, que le roi part pour

Rambouillet avec le reste des troupes venant de Paris, de St-Cloud et des environs. Nous apprenons au même instant la malheureuse défection des troupes, arrivée à Paris, en avant sur la rive droite de la Seine, au pont de Sèvres, poste important confié à trois compagnies de la garde française, qui l'abandonnèrent pour passer aux insurgés ; ensuite l'histoire du 2ᵉ bataillon du 7ᵉ qui, après une héroïque défense sur la place de Grève, s'oublia par des raisons à moi inconnues, et répondit à la sommation d'une partie des autorités et de la populace de Sèvres, en déposant les armes sans brûler une amorce.

Tous ces incidents affaiblissent les forces royales.

Nous quittons aussi par ordre notre poste de la ferme royale pour nous porter sur le plateau au-dessus de St-Cyr. Nous y arrivons d'Orléans en même temps que les deux régiments de la garde française, venant de la Bretagne, et qu'un beau régiment de chasseurs à cheval, fort de 600 combattants bien dévoués, et sorti de Chartres. Ce renfort peut être, sans exagérer, de 5600 hommes, les officiers non compris.

Nous avons à peine le temps de faire la soupe et de nous ravitailler un peu, que ces quatre régiments, dont le nôtre, reçoivent l'ordre de marcher sans délai sur Trapes, village près duquel Monseigneur le Dauphin a passé la nuit dans un château.

Nous y arrivons le 1ᵉʳ août, à l'aube du jour, tous très-fatigués, et nous faisons halte, croyant nous y reposer. Mais le Dauphin arrive, se rendant auprès du roi à Rambouillet, et nous ordonne de nous diriger sur le Peray, assez grand village, non loin de celui de Coignières. Nous devons prendre position au-dessus du Peray et y rester jusqu'à nouvel ordre.

Ayant l'honneur de faire l'arrière-garde, notre régiment est placé dans une prairie et sur des terres récemment labourées au bas du Peray et en face de Coignières, où les insurgés viennent s'établir ainsi que dans les environs.

C'est un ramassis d'hommes de toutes les classes de Paris, de Versailles, de Chartres, d'Orléans et de Rouen, au nombre de 20,000, commandés par les lieutenants-généraux Pajol et Exelmans. Ce nombre a été confirmé par le premier de ces messieurs, qui dit quelques temps après ces événements :

— Si j'ai jamais eu la fièvre de peur, ce fut le 5 août, jour où mon aide-de-camp Pope fut blessé et fait prisonnier avec quelques cuirassiers. La bande était bien de 20,000 combattants non organisés en compagnies et en bataillons, un pêle-mêle, une confusion d'hommes de toutes les classes, sans ordre ni discipline. De deux régiments d'infanterie et d'autant de cavalerie, les premiers nous auraient attirés dans la plaine, tandis que les seconds, faisant le tour par les bois, seraient venus nous prendre à revers pour nous écharper et nous mettre tous en déconfiture.

Dans la nuit du 1er au 2, madame la dauphine arrive des eaux de Vichy, à Rambouillet, toute étonnée de ce qui est arrivé durant son absence.

Le 2, de bonne heure, monseigneur le dauphin vient nous inspecter. Je fais prendre les armes ; la prairie n'ayant pas assez d'étendue, je mets la troupe en bataille sur le champ nouvellement labouré, et j'alonge la ligne autant que possible afin qu'il puisse voir les 1,766 baïonnettes présentes, et surtout des hommes bien dévoués, qui n'attendent que l'ordre de s'en servir contre cette canaille ramassée de tous les côtés. Il me semble encore voir dans ce moment le dauphin parcourir nos rangs en grosses bottes à l'écuyère sur ces mottes fraîchement remuées. Je m'attendais, je l'avoue, à ce qu'il allait dire :

— Nous allons attaquer l'ennemi.

Mais il n'en fait rien.

Sa revue finie, il me dit :

— Rösselet, je suis très-content de vous et de vos braves gens. J'en parlerai au roi.

Et, remontant à cheval, il rentre à Rambouillet[1].

Le lieutenant-général Bordesoulle, qui commandait la grosse cavalerie de la garde, vient nous trouver aux avant-postes, et prend avec lui quinze grenadiers. Nous passons avec lui le pont établi sur un ruisseau de la route de Paris, qui nous sépare de l'ennemi à une portée de fusil. Me laissant là avec les grenadiers, il gravit seul la petite côte où il a une conférence avec un des chefs insurgés, puis, revenant sur ses pas, il nous quitte sans mot dire, et nous ne le revoyons plus.

Vers midi, nous apprenons l'abdication du roi et du dauphin en faveur du duc de Bordeaux et la nomination du duc d'Orléans comme lieutenant-général du royaume. Ces tristes et sinistres nouvelles nous causent une impression douloureuse et profonde.

C'est encore du 2 au 3 qu'une nouvelle défection se met dans l'armée royale, et que les régiments de la garde et de la ligne font des pertes considérables, surtout les derniers, dont les colonels, n'ayant plus de quoi fournir la garde des drapeaux, les rapportent aux pieds du roi[2]. J'ai vu des sous-officiers et des soldats de la garde déposer leurs fusils en faisceaux et y suspendre leurs gibernes, d'autre casser et briser leur arme, jeter la giberne et les cartouches dans des mares d'eau, et partir par troupes de 10 à 30 hommes, en uniforme, le sabre au côté et le bonnet à poil sur la tête. Pour faire cesser autant que possible cet abandon des drapeaux, les chefs se rendent avec ce qui leur reste encore sous les armes au camp de Rambouillet où est le roi. Ce qui prouve cette assertion, c'est le départ, dans la nuit du 2 au 3, des deux régiments de grenadiers à cheval de la garde, regagnant avec leurs chefs en tête et de leur propre mouve-

---

[1] Le 7ᵉ était à l'entrée de la grille de ce parc.

[2] Entre autres, le 2, le colonel baron Perregaux, de Neuchâtel, commandant le 15ᵉ léger, accompagné de 30 hommes, les seuls qui n'eussent pas fait défection.

ment, leur garnison, où ils firent leur soumission au nouveau gouvernement.

De cette manière, nous nous trouvons, dans la matinée du 3, seuls à l'avant-poste, où nous ne restons que peu de temps. Le baron de Besenval suit l'exemple de ses devanciers en prenant sur lui de nous faire évacuer sans ordre notre bivouac. Nous allons nous placer au-dessus de Pont-Margon, à l'entrée de la grande forêt traversée par la route de Paris à une lieue de Rambouillet. Mais ce mouvement, un peu précipité, vaut une bonne réprimande à celui qui l'a ordonné.

Nous y sommes seuls et sans cavalerie, jusqu'à ce que, dans l'après-midi, un escadron des gardes-du-corps vient partager le service d'avant-postes avec nous. Il est relevé toutes les heures depuis Rambouillet, où ce corps se trouve auprès du roi.

En attendant, du 1er au 4, nous manquions de vivres, ce qui paraissait étonnant à la troupe, et les soldats disaient :

— Nous sommes les défenseurs du roi, de sa couronne et de sa famille, nous nous trouvons même près de la personne du monarque, et nous manquons de pain !

Cette circonstance peut avoir été l'une des causes de la désertion des troupes. Je remarquerai cependant que tous ces régiments avaient reçu de Charles X une gratification en solde et même quelques décorations, sans que le nôtre se soit ressenti de cette générosité royale.

Vers le soir, les insurgés s'approchent de notre avant-poste, cherchant à séduire nos gens. Au même instant, arrive le lieutenant-général baron Vincent, qui dans ce moment nous commandait. Il reconnaît le colonel Pope, son ancien aide-de-camp, qui est à la tête de cette petite cohorte de 150-200 individus de tout âge et de toute condition, et pour la plupart couverts de haillons à faire pitié. Ce chef harangue de loin nos gens, mais le général lui crie :

— Sont-ce là, Pope, les principes, que je vous ai enseignés, quand vous étiez mon élève, à vous qui venez séduire ces braves militaires. Retirez-vous, malheureux.

Pope ne tient pas compte de cet avis et s'avance toujours avec quelques cuirassiers et bandits. Le général lui ordonne de nouveau de se retirer avec sa bande, tandis que ce chef continue à s'avancer à petits pas. Le général commande alors feu ! A ce mot, qu'ils attendaient avec impatience, nos grenadiers font une décharge qui dure peut-être une ou deux minutes, et le général s'écrie :

— Bravo, les Suisses savent obéir.

Le colonel Pope, blessé et fait prisonnier avec deux cuirassiers, a plusieurs hommes tués et blessés. Tous les autres prennent la fuite, emportant avec eux ceux qui sont sur le carreau et dont nous ne pouvons connaître le nombre. Deux chevaux restent sur place, et un troisième est pris par le sous-officier Esquinot de la compagnie Müller d'Uri. Ici, je me fais un devoir de rendre justice au baron de Besenval. Il fut un des premiers à la tête des grenadiers, poursuivant les insurgés et ne revenant sur ses pas qu'après en avoir reçu l'ordre du général Vincent.

Le temps d'en faire plus était passé, car l'abdication était prononcée.

Les gardes-du-corps rentrent par ordre entre neuf et dix heures du soir à Rambouillet, que le roi et sa famille quittent à onze heures pour se rendre à Maintenon. Vers la même heure, on nous ordonne de marcher sans délai sur Rambouillet, d'où nous devons suivre le mouvement des régiments qui nous précèdent. Nous y arrivons le 4, entre minuit et une heure, tandis que les insurgés, qui nous suivent, s'y trouvent presqu'en même temps que nous et y restent.

Nous continuons notre route, formant toujours l'arriéregarde [1], tous très-fatigués des jours et des nuits que nous

---

[1] Du gros de ce convoi, dont un régiment de dragons ferma la marche.

avons passés au bivouac, pour ainsi dire sans vivres. A l'aube du jour, moment où le sommeil prend toute sa force, nos gens, tout comme moi, commencent à dormir en marchant et plusieurs tombent. Je ne suis pas plus heureux, car je tombe aussi dans le fossé, profond de six à sept pieds. Cette forte chûte me réveille. Je me relève, on me tend les mains et je remonte sur la route sans m'être fait aucun mal. Nous faisons une heure de halte pour sommeiller un peu plus plus à notre aise. Quand on bat le roulement pour reprendre les armes et se remettre en marche, nous voyons arriver un paysan au trot de son cheval et criant :

— Place, place ! j'apporte un sauf-conduit pour les Suisses !

Je regarde avec surprise notre colonel, qui ne dit mot.

Mais plus tard, j'apprends que messieurs les colonels de Salis et de Besenval ont cru devoir, dans leur sagesse, envoyer, le 2 août, le lieutenant-colonel de Maillardoz à Paris demander un sauf-conduit au duc d'Orléans, lieutenant-général du royaume. Fausse démarche, d'après ma manière de voir. Comment trois chefs peuvent-ils s'oublier jusqu'à demander un sauf-conduit, étant encore auprès de la personne du roi et sa garde ? Je me permets de dire que c'était manquer à leur devoir envers le monarque, appréhension et faiblesse, et tant que je n'en connaîtrai pas les raisons, je regarderai cette démarche comme une grande faute, qui ne fut pas la dernière.

En arrivant à Maintenon, ayant la gauche, comme 8ᵉ de la garde, nous sommes placés à un quart de lieue de cette ville, au village de Pierres sur la route de Dreux. C'est dans cette matinée que le roi prend la résolution de se diriger avec sa famille sur Cherbourg et de s'y embarquer pour l'Angleterre. Son escorte doit se composer des gardes-du-corps, de gendarmerie d'élite, de quarante à cinquante gardes à pied (Cent-Suisses), et d'un détachement d'artillerie avec quelques pièces de canon. Mais les gardes-du-corps allèrent seuls jusqu'à Cherbourg et les autres troupes ne dépassèrent pas Dreux.

Au château de Maintenon, où il ne s'arrête que huit ou neuf heures, le roi réunit tous les colonels et commandants des différents régiments. J'ignore ce qui s'est passé dans cette réunion, à laquelle le baron de Besenval n'a pas assisté, sans que j'aie appris pourquoi.

A neuf heures, le cortége se met en mouvement dans l'ordre suivant : les gardes à pied, l'artillerie, la gendarmerie d'élite, un escadron des gardes-du-corps, le roi, la famille royale, le capitaine des gardes, les commissaires savoir : MM. le maréchal Maison, de Schonen, Odilon-Barrot, le colonel Jacqueminot, et les personnes de la suite, tous dans les voitures royales. Trois escadrons des gardes-du-corps ferment la marche.

Notre régiment est le dernier à rendre les honneurs à cette auguste, royale et bien infortunée branche aînée des Bourbons. Nous sommes formés en bataille. A l'approche du roi et de son cortége, on fait, pour la dernière fois, hélas ! battre aux champs et présenter les armes. La troupe tout entière observe un morne silence. Le roi, le dauphin et le capitaine des gardes, qui occupaient la première voiture, nous saluent de la main et par des signes de tête. Ils ont l'extrême bonté de me dire adieu et de prononcer mon nom. Madame la dauphine, la duchesse de Berry, les enfants de France, dans la seconde voiture, nous saluent aussi de la tête et des mains, s'essuient les yeux, car ils ne peuvent s'empêcher de verser des larmes, et ils s'écrient :

— Adieu, adieu, adieu ! soyez tous heureux.

Madame la dauphine nous crie surtout à plusieurs reprises dans sa douleur :

— Soyez heureux et croyez bien, messieurs, croyez bien que je n'ai été pour rien dans ce qui s'est fait pendant mon absence.

Paroles que je n'oublierai jamais.

C'est dans cet instant que j'ai encore l'honneur de la saluer de mon épée, avec les larmes aux yeux.

Ces adieux sont extrêmement tristes, touchants et pénibles. Des grenadiers et d'autres soldats à trois chevrons répandent des larmes et sont d'une tristesse impossible à dépeindre. C'est tout dire.

Voici maintenant l'ordre du jour dans lequel le roi fit ses adieux à sa garde :

« Aussitôt après le départ du roi, tous les régiments d'infanterie de la garde et la gendarmerie se mettront en marche sur Chartres, où ils recevront tous les vivres qui sont nécessaires. Messieurs les chefs de corps, après avoir rassemblé leurs régiments, leur déclareront que Sa Majesté se voit, avec la plus vive douleur, obligée de se séparer d'eux, qu'elle les charge de leur témoigner sa satisfaction, et qu'elle conservera toujours le souvenir de leur belle conduite, de leur dévouement à supporter les fatigues et les privations, dont elles ont été accablées pendant ces circonstances malheureuses. Le roi transmet pour la dernière fois des ordres aux braves troupes de la garde qui l'ont accompagné, ceux de se rendre à Paris, où elles feront leur soumission au lieutenant-général du royaume, qui a pris les mesures pour leur sûreté et leur bien-être. »

Avant d'aller plus loin, je crois que, dès les malheureuses journées de juillet, les troupes auraient dû sortir de Paris, et ne pas entreprendre une guerre de pots de chambre, surtout quand la garnison n'était que de 11-12,000 hommes, dont il en fallait déduire 12-1300 pour le service de la garde royale à Paris et à Saint-Cloud, celui de la ville pour les troupes de ligne, celui des quartiers pour tous les corps, puis les malades, les convalescents, les cuisiniers, etc., de sorte que l'effectif s'en trouvait fort de 6-7,000 hommes au plus. Il faut encore ajouter à cet inconvénient les dispositions équivoques des régiments de ligne. On aurait dû placer les troupes à cheval sur toutes les avenues de la capitale, empêcher l'entrée des subsistances de tout genre, couper les télégraphes, fermer autant que possible toutes les voies de communication avec les villes de province jusqu'à l'arrivée des renforts des départements et du camp de Saint-Omer, faire arriver enfin les vivres nécessaires aux troupes. Tel était le seul moyen de réduire la population de Paris à l'obéissance et de la ramener à l'ordre. Ici, je dirai encore, et j'ose le certifier, que, du 1er au 2 août, nous pouvions encore être 10-11,000 hommes d'infanterie et près de 3,000 chevaux de la cavalerie légère, parfaitement dévouée, sans compter la grosse cavalerie, et 30-40 bouches à feu servies par des artilleurs bien disposés. Il y avait donc encore espoir de prendre la revanche sur les insurgés, qui n'étaient pas à redouter. Rien de plus facile que d'attirer cette cohorte dans la plaine, de l'entourer, de la fusiller et de la faire sabrer par la cavalerie légère. C'était le vrai moyen d'en finir et de rentrer victorieux à Paris. Cette mauvaise race battue, le reste était perdu. Mais l'excès de confiance, l'humanité mal placée, la tergiversation et surtout le manque d'énergie, voilà la véritable manière d'aller au-devant d'une perte infaillible.

En terminant mes faibles observations, bien qu'après coup il soit aisé d'en faire, je reviens à Maintenon.

On dirigea les Suisses sur Orléans par Chartres, Ymonville, Artenay et Chevilly. A notre rentrée à Maintenon, le régiment de Salis (le 7me) en était parti. Nous fîmes une relâche d'un instant, croyant y trouver quelques aliments, vu que le petit village de Pierres n'avait pu fournir le nécessaire à un régiment de plus de 1,700 hommes; mais nos recherches furent inutiles. Tout avait été consommé. Vers les deux heures de l'après-midi, nous nous mîmes en marche jusqu'à la Cabane, maison située à moitié chemin de l'étape. Dans l'intervalle du repos, les officiers se partagèrent l'étoffe des drapeaux et ôtèrent les fleurs de lys de leurs hampes. Nous bivouaquâmes sur les remparts de Chartres.

très-bien reçus par les habitants de cette ville, qui nous fournirent pain, viande, vin, légumes, bois, ustensiles de cuisine, paille pour nous coucher, le tout en abondance. C'est aussi pour en témoigner notre vive reconnaissance aux autorités et à la population, que je me plais à donner ces détails.

Le 5 nous étions à Ymonville, le 6 à Artenay et à Chevilly, le 7 enfin à Orléans, où la prudence, pour ne pas dire la faiblesse ou la faute grave, de messieurs les colonels de Salis et de Besenval nous firent déposer les armes.

Ce fatal mouvement commença par le régiment de Salis, qui était désarmé à notre arrivée, et j'ignore si son colonel protesta contre cette fâcheuse et humiliante mesure.

Au faubourg d'Orléans, le baron de Besenval fit faire halte et réunit les officiers supérieurs et les capitaines à la tête du régiment, pour les consulter sur ce pénible événement. La majorité fut pour suivre le mouvement du régiment de Salis, et M. de Besenval me dit :

— Votre avis, Rösselet.

— Colonel, répondis-je, mon avis est de se tenir à la capitulation, qui nous assure la conservation des armes jusqu'aux frontières. Une troupe sans armes est susceptible de perdre le bon ordre et la discipline, et qui peut en prévoir les conséquences? Pour moi, colonel, je ne rendrai les armes que par ordre.

— Je vous le donnerai, s'écria-t-il.

— En ce cas, j'obéirai.

Et il m'ordonna d'entrer en ville avec lui à la tête de la première division (1re compagnie de grenadiers et 1re de fusiliers). Nous fûmes conduits, comme des prisonniers, par deux gardes nationaux à cheval sur la place de la Halle aux blés, où le colonel me commanda d'arrêter la division, de faire front, reposer les armes, former les faisceaux, y suspendre les sabres et les gibernes, et ramener les hommes au quartier. Les onze divisions suivantes opérèrent le même mouvement, de manière qu'au bout de trois heures le régiment se trouva désarmé, tandis que les officiers et sous-officiers conservèrent leurs sabres et leurs épées. Horrible position dans une ville en révolution, et de plus de 50,000 âmes, dont une partie étaient marins ou appartenaient à la classe des ouvriers de fabrique.

Dès le 8, on s'occupa dans les bureaux à régler les comptes de chaque sous-officier et soldat, savoir : ceux de la solde, des masses de linge et de chaussure, de l'engagement, etc., jusqu'au jour du départ, les congés de licenciement, contenant conduite et service, et enfin les certificats de mœurs.

C'était une opération délicate et d'une grande étendue, que de donner à chaque homme ses papiers, suivant son avoir ou son mérite, c'est-à-dire son congé, son certificat, le compte de son avoir ou de sa dette, trois pièces signées par le conseil d'administration, dont j'étais membre. Nous eûmes seize jours en tout pour faire ce travail, et il fallut rester jour et nuit sur pied pour surveiller l'administration et la discipline d'un corps désarmé dans un temps d'émeute. Le lecteur peut juger du reste.

Un seul et fâcheux incident fut un vol commis par deux soldats de la compagnie Stoppani, du Tessin, que des grenadiers du régiment arrêtèrent et conduisirent à la prison du quartier. Pour maintenir l'ordre et la discipline, nous avions eu la prévoyance de prendre nos gens par le point d'honneur, afin qu'ils se surveillassent les uns les autres et ne perdissent surtout pas de vue ceux susceptibles de commettre des fautes. Ce principe sublime et vrai nous valut la continuation de la bonne réputation que nous avons emportée. Mais que faire dans notre triste position? Nous prîmes le parti de les remettre, avec les pièces à charge, au général Roche, commandant la ville d'Orléans et le département du Loiret.

Le 15, nous eûmes l'ordre de commencer, le lendemain, le mouvement du départ par détachements de 200-250 sous-officiers et soldats, commandés par des officiers. Nous fîmes rentrer les hommes des compagnies d'élite dans les dix-huit du centre, divisées en neuf détachements, savoir :

MM. Schumacher et Lander, qui partirent le 16 avec 209 hommes.

MM. de Roll et Spring, le 17, avec 225.

» Jayet et Müller, le 18, avec 203.

» Wertmüller et Schaller, le 19, avec 216.

» Gugger et A Marca, le 20, avec 199.

» Châteauvieux et Reinach, le 21, avec 210.

» Deville et Kalbermatten, le 22, avec 198.

» Burkhardt et Salis, le 23, avec 189.

» Stoppani et Jütz, le 24, avec 197.

Les officiers suivants restèrent en France : le colonel de Besenval, le major Bernouilli, le trésorier Zweifel, l'aumônier Charpentier, le chirurgien-aide-major Hermann, les capitaines Lander, Spring, Christen, Deville, Forestier, les lieutenants Capretz, Lander, les sous-lieutenants Cleric, Bernouilli, Mallet, d'Hogguer, puis 230 sous-officiers et soldats. Beaucoup de sous-officiers et de soldats rentrèrent en Suisse, parce qu'ils ne trouvèrent ni service, ni ouvrage et craignirent de perdre ce qui leur était dû. Même une bonne partie des officiers y seraient restés, s'ils avaient pu continuer leur service.

J'eus la triste, pénible et bien touchante tâche de licencier le régiment, c'est-à-dire de congédier les détachements pendant neuf jours consécutifs, à quatre heures du matin, en demandant à chaque homme s'il avait des réclamations à faire et en lui tendant la main, espérant revoir au moins une grande partie de nos gens en Suisse. Je leur recommandais d'être toujours sages, de se comporter en vrais, bons et loyaux Suisses, après quoi je faisais commander : « par le flanc droite, à droite, marche ! »

C'est ainsi que le régiment de Besenval, second des gardes suisses au service de France, finit à Orléans, le 24 août 1830.

En disant à mes braves gens que j'espérais les revoir en Suisse, j'avais une arrière-pensée, celle d'être encore utile avec eux à ma patrie. Mais hélas! la Providence, le sort et les événements en ont décidé autrement.

En attendant, je me fais un plaisir de raconter encore deux beaux faits d'armes, que je pourrais nommer héroïques, et que m'ont confirmés des officiers français.

Le 29 juillet, quarante Suisses du 7me, commandés par les sous-lieutenants Freudenreich, de Berne, et Dauchamp, de Soleure, laissés par oubli dans les appartements des Tuileries, parvinrent à rejoindre leur corps après une vaillante défense.

Je passe à la défense héroïque de la caserne de Babylone, commandée le même jour par le major Dufay, du 7me et de Monthey en Valais, secondé par le sous-lieutenant Sauteron, de Thurgovie, le lieutenant Halter, de Lungern, et le capitaine-lieutenant Coutau, de Genève, ces deux derniers du 8e, avec 150 hommes environ, dont 130 du 7e et 15–20 du 8e, les deux tiers de recrues. De ces vaillants militaires, qui soutinrent avec une bravoure éclatante le choc des assiégeants, la plupart, et dans le nombre le brave Dufay, furent égorgés.

Ces faits d'armes prouvent, comme beaucoup d'autres, que l'exemple de nos ancêtres n'était pas encore perdu pour les hommes de notre temps, et que la conduite de la plupart, car je suis fâché de ne pouvoir généraliser, a été bien éprouvée dans les malheureuses révolutions des 18me et 19me siècles et sur les champs de bataille de 1792–1814, en Suisse, en Italie, en Espagne, en Allemagne, en Russie et en Hollande. Ce sont là des faits irrécusables. En général, les troupes suisses, dans les différents services où elles ont eu l'honneur d'être employées, ont cherché autant que possible à remplir leur devoir, surtout quand elles étaient bien commandées. C'est ce qui leur a valu, dans bien des circonstances difficiles, des éloges et des marques de gratitude qui,

à dire vrai, ne sont souvent que de la fumée qui se perd et
et se dissipe d'elle-même.

Je crois pouvoir dire que le service militaire des Suisses
chez les puissances étrangères n'est que momentanément
perdu, et qu'en cas de guerre générale ou de guerre entre
l'Autriche et la France, il deviendra une mesure indispen-
sable pour l'un ou l'autre de ces deux états ; afin de se rendre
maître des passages du Rhin, du Danube, des Alpes, etc.,
principalement pour la France, qui serait obligée d'éloigner
l'ennemi de ses frontières en l'inquiétant sur la sûreté des
siennes. Elle s'ouvrirait dans toutes les directions les routes,
qui deviendront militaires, c'est-à-dire, celles du Simplon,
de la Valteline, celles des Grisons, celles de Bâle et de Brugg,
celles passant par Aarau, Olten, Soleure, Bienne, la Neuveville, Neuchâtel, Yverdon, Lausanne, ou par Orbe, La Sar-
raz, Cossonay, par Aubonne, Gex, ou Nyon et Genève.
Voilà des raisons palpables pour pouvoir dire qu'avec le
temps, il y aura des Suisses, peut-être sous un autre nom,
au service de l'une ou de l'autre de ces deux puissances, et
en particulier de la France, afin d'augmenter sa force et de
diminuer le nombre d'ennemis qui pourraient lui nuire, ne
fût-ce même que comme ôtages.

Les membres du conseil d'administration et les officiers
employés à la liquidation des comptes généraux et indivi-
duels, et j'avais l'honneur d'en faire partie, restèrent à Orléans
pour s'occuper de ce long et pénible travail, qui nous y retint
jusqu'au 15 décembre, époque où nous allâmes à Paris soumettre nos opérations à la vérification de M. le baron Daudi,
sous-inspecteur aux revues de notre division de l'ex-garde
royale. Après un examen rigide et exact, qui dura un mois,
il approuva notre travail et le soumit à l'inspecteur-général
aux revues de l'ex-garde, en faisant l'éloge de l'exactitude,
de la loyauté et de la probité déployées dans une comptabilité aussi étendue. L'inspecteur-général confirma définitive-

ment le travail et l'obligeante note du sous-inspecteur qu'il adressa au ministre de la guerre.

Ensuite nous nous occupâmes à rechercher les états de services pour constater le droit des officiers, sous-officiers et soldats à la solde de retraite ou à la réforme. Pour cette opération, nous reçûmes la permission de feuilleter les archives de la guerre, afin d'y consulter les matricules des corps où les individus avaient servi, ce qui me donna l'occasion de connaître les rapports et les notes des inspecteurs-généraux au ministre de la guerre, et il serait à désirer que certains ex-régiments suisses fussent mieux notés.

Enfin nous parvînmes à terminer nos opérations le plus paternellement possible. Le produit de notre liquidation fut, autant que je puis m'en rappeler, de 120-121,000 fr., qu'on paya en billets de banque de mille francs et que notre colonel, le baron de Besenval, ne voulut pas prendre en dépôt chez lui. Mort en mai ou en juin 1831, il désira me voir souvent dans ses derniers jours et versa, chaque fois que je le quittai, des larmes dont j'ignore encore aujourd'hui la cause. C'est donc encore moi qui eus ce dernier embarras et cette grande responsabilité, qui étaient une grande charge dans un temps de révolution. Je pouvais être volé et la critique aurait peut-être dit : Il s'est fait voler. Pour ne point hasarder à la fois l'envoi de cette somme dans les différents cantons de la Suisse, notre capitaine trésorier, M. Gugger de Rorschach, canton de Saint-Gall, mit vingt jours à expédier 20,000 fr. par courrier. J'atteste que mon inquiétude a été grande jusqu'au retour des récépissés, qui donnaient l'assurance que chaque canton avait été satisfait.

Ainsi finit, en juin 1831, ma longue, pénible et souvent bien épineuse carrière militaire, pendant laquelle j'ai toujours eu confiance dans la divine providence, et c'est par ses inappréciables soins que j'ai pu, autant que possible, me tirer d'affaire avec bonheur et honneur dans de graves circonstances.

Je m'occupai enfin de mes propres affaires. Etant sorti de la solde d'activité, je passai à celle de retraite et j'obtins 2,880 francs par an, au lieu de 3,000 francs que m'assurait l'article 4 de la capitulation, qui fut enfreint de toutes les manières. A part cela, on me traita comme lieutenant-colonel, après avoir fait douze ans de ce grade dans l'armée. Ensuite 750 francs me sont dûs comme arriérés de la Légion-d'Honneur, mais comme je me trouve dans la catégorie des légionnaires de mon temps, il est douteux que cette liquidation se fasse. Telle est la seule réclamation que j'aie à faire, mais elle ne m'est point individuelle.

* * *

En retraite.

Je fis mes préparatifs pour me rendre en Suisse, sans me douter de la catastrophe qui m'attendait encore. Le 19 juillet, je prenais quatre places à la diligence, dont les trois du coupé pour ma femme et pour moi, afin d'être seuls, et une dans l'intérieur pour mon domestique. Nous devions partir le 21, à trois heures de l'après-midi.

Le 20, je prenais congé de mes amis et de mes connaissances, mettais 175 francs dans un sac pour les dépenses de la route et me couchais fort tranquillement.

Le 21, à quatre heures du matin, j'entendis heurter. Je demandai :

— Qui est là ?

Je me levai, j'ouvris la porte et qui vis-je ?

Le commissaire de police qui, accompagné de quatre mouchards, me dit :

— Au nom de la loi, vous êtes en arrestation : habillez-vous et suivez-nous.

C'est ce que je fis, en disant :

— Je n'ai aucune crainte, j'irai partout avec vous.

Je sortis pour frapper à la porte de M. le capitaine trésorier Gugger, qui était vis-à-vis de la mienne, pour le prévenir de mon arrestation, en le priant de préparer à ce fâcheux événement et à son réveil ma femme, couchée dans une petite chambre attenant à la mienne. Dans cet intervalle les cinq individus ouvrirent mon bureau et y prirent ma feuille de route, le billet des quatre places à la diligence, que j'avais payées, sans oublier le sac qui contenait les cent-soixante-quinze francs. Je rentrai dans ma chambre en disant :

— Monsieur le commissaire, je suis à vos ordres.

Nous descendîmes. A la porte de la maison, il y avait un fiacre où l'on voulut me faire monter.

— Je suis sans crainte, répondis-je, je vous suivrai à pied.

Je marchai à côté du commissaire, avec les quatre mouchards derrière nous. C'est ainsi qu'on me conduisit à la préfecture de police et qu'on m'y enferma sans autre préliminaire dans un cachot à doubles serrures et verroux et avec un factionnaire à la porte.

Vers les onze heures, on y fit entrer plusieurs scélérats, dont l'un était l'assassin de la belle limonadière de Paris. Ils racontèrent à tour de rôle l'histoire de leurs forfaits. Je laisse les cœurs sensibles juger de ma position.

Le soir, on fit sortir ces malfaiteurs et je restai seul. Je pense qu'on avait peut-être pris cette mesure pour me faire parler, mais ils perdirent leur temps, car je ne dis mot et me tins tranquille sur une vieille paillasse.

Dans la matinée du 22, on me conduisit devant le juge d'instruction, qui me demanda nom, prénoms, titres, etc. ; si j'avais connaissance que des Suisses de l'ex-garde royale se rendaient dans les départements du Midi et surtout en Vendée. Je le savais sans m'en être occupé, mais je répondis que non, de même qu'à d'autres questions. Le juge fit entrer ensuite plusieurs individus, que je n'avais ni vus ni connus, et les questionna en ma présence. Tous répondirent qu'ils ne m'avaient jamais vu ni connu. Après cette triste audience, on me reconduisit au cachot. Vers le soir, le juge me fit revenir et subir un second interrogatoire, qui se passa à peu près comme le premier. Le juge renvoya les témoins qui devaient déposer à ma charge et me dit, quand il se trouva seul avec moi et le greffier :

— Monsieur, vous devez être transféré dans une autre prison et paraître devant un autre juge. Comme je connais votre cause et que je la trouve bonne, j'espère pouvoir vous libérer sous peu de jours. Demandez à rester ici.

— Monsieur, lui répondis-je, comme je n'ai aucun reproche à me faire, et comme je me rapporte à votre conseil, je vous prie de me tenir à votre disposition, car j'ai une entière confiance dans votre personne.

Reconduit au cachot, j'y passai encore une triste nuit, bien que moins mauvaise que la précédente. Mais, je l'avoue, ces deux nuits blanchirent mes cheveux. Mon arrestation fit un peu d'impression sur bien des respectables personnes. M. de Tschann, chargé d'affaires de la confédération suisse à Paris, eut l'obligeance de s'occuper particulièrement de ma position, dont il prévint tout de suite messieurs les envoyés de Berne. Je n'oublierai jamais les soins ni les démarches en ma faveur de MM. de Tschann, le capitaine trésorier Gugger et Maffioli, conseiller référendaire de première classe à la cour des comptes, membre de la société géographique et chevalier de la Légion-d'Honneur.

Dans la matinée du 23, MM. Gugger et Maffioli me dirent qu'ils espéraient venir me prendre dans la journée pour me ramener chez moi sain et sauf. Au coup de deux heures, ils arrivèrent. On me fit sortir du cachot pour me conduire

chez le juge d'instruction, qui, en présence de ces deux messieurs, me remit ma feuille de route et le billet de diligence
déposés à la préfecture, mais non les cent-soixante-quinze
francs, et me dit avec bonté :

— Monsieur, vous êtes libre. Je vous souhaite un heureux
retour dans votre patrie.

Après l'avoir remercié de ses bons procédés et conseils,
je lui répondis :

— Monsieur le juge, à présent que je suis libéré, je vous
prie de me faire savoir la cause de mon arrestation et qui sont
mes accusateurs.

Il répliqua, en me donnant la main :

— Soyez heureux.

Je sortis donc de ce gouffre où croupissent tant de scélérats et de malheureuses victimes, et revis ma femme, qui
m'embrassa, en me disant :

— Passons à la salle à manger, où le dîner vous attend.

Mais pendant ma fatale détention, je me suis souvent dit :

— Il faut donc que tu goûtes toutes les amertumes de ce
bas monde.

Les 24, 25 et 26 furent des jours de repos, dont je profitai pour revoir encore une fois mes amis, les remercier de
l'intérêt qu'ils m'avaient porté et faire les visites d'obligation.
J'allai reprendre nos places chez le directeur de la diligence,
qui me dit :

— Monsieur, je connais la cause qui vous a empêché de
partir le 24 et je suis mortifié de l'injustice qu'on vous a
faite. Vos places sont payées.

Le 27, nous dînâmes avec nos amis, qui nous accompa-
gnèrent à la diligence. Si je les quittai avec regret, je partis
avec infiniment de plaisir de la ville où j'avais été si mal
traité. A trois heures de l'après-midi, on se donna l'accolade
amicale, puis en voiture, le coup de fouet et en route !

Arrivé à Bâle le 29 juillet, je fus content de revoir nos
montagnes, que j'avais quittées le 13 juillet 1816. Après être

restés deux jours et demi dans cette ville pour nous reposer et visiter nos amis et nos connaissances, nous nous mîmes, le premier août, dans une bonne berline et allâmes coucher à la Couronne à Soleure. Le 2, à midi sonnant, nous entrâmes à Berne par un beau temps.

Je m'installai provisoirement et j'allai rendre mes devoirs aux premières autorités de la ville et du canton. Mais je fus frappé du changement survenu chez les personnes que j'eus l'honneur de voir, et je ne reconnus plus le langage de 1815 et de 1816. La sécheresse dans leurs manières et dans leurs paroles me peina. Sans en connaître la cause, je crus devoir l'attribuer aux événements.

Quelques jours après, j'appris l'abdication de notre respectable gouvernement et je me dis alors :

— Voilà l'effet de la froideur que j'ai remarquée chez nos vénérables représentants.

Je ne compris pas comment, avec de l'argent et des hommes dévoués, on pût se résoudre à céder les rênes d'un gouvernement aussi honoré, et à qui? A des envieux, qui disaient : ôte-toi, que je m'y mette. Je laisse à d'autres à éclaircir la cause de ce fâcheux incident. Cependant avec moins de faiblesse et plus d'énergie, en arrêtant dans une nuit une cinquantaine de meneurs et d'agitateurs, sans verser le sang, et en les tenant en prison ou en les exilant, on eût trouvé le moyen de prévenir bien des maux et le changement d'un gouvernement aussi paternel, qui, dans un temps plus calme et sans y être forcé, aurait pu effectuer les améliorations nécessitées par le temps.

Mais j'aime mieux me taire, en me disant : Ainsi l'a voulu la divine providence.

Après l'affaire, qui amena l'arrestation d'une partie de nos anciens gouvernants, ma destinée me fit prendre le parti d'aller visiter le pays de Vaud et je trouvai des compagnons d'armes établis à Bex [1]. Je fis l'acquisition de l'an-

----

[1] MM. Scheubli, Monnet et Challand, qui avaient servi au 1ᵉʳ régiment

cienne maison de la châtelainie avec un beau jardin bien clos, d'une pose et demie, peuplé de beaux arbres fruitiers, et j'y fis faire pour 500 fr. de réparations. Mais tout prêt à l'habiter, je réfléchis que de la fièvre tierce je passais à la fièvre maligne, et je m'en dégoûtai. Je vendis ma petite propriété et, trouvant que de vivre dans ma patrie était le parti le plus convenable à prendre, je m'établis définitivement à Berne, ce dont je me félicitai.

J'avais dit à des personnes, qui aimaient à m'être agréables, que mes aïeux, après avoir été bourgeois de la ville de Berne, avaient négligé ce beau droit avec ses privilèges. Ils me répondirent :

— Faites-en la demande et l'on se fera un plaisir de vous accorder la réintégration de cette prérogative.

N'ayant pas d'enfants, je n'y avais pas mis l'intérêt voulu dès mon retour en Suisse. Comme il fallait prouver la chose authentiquement, je fus aux recherches. Feu M. G. de Mulinen eut la bonté de me remettre un extrait qui, tiré de ses manuscrits, certifiait le fait. Quelque temps après, M. Bernard Zeerleder, mon ami, vint à Berne fouiller dans les archives de la ville et un soir que je causais avec lui, il me dit :

— J'ai quelque chose d'intéressant pour vous.

Et retournant à son château de Steinegg, il m'en envoya, copié sur papier timbré et certifié par M. l'archiviste Herbort, l'acte constatant la réception de mes ancêtres dans la bourgeoisie de Berne et l'abbaye éteinte des Vignerons. Je fus admis pour 1000 francs à celle des Bouchers. Le conseil de la bourgeoisie me fit la faveur de me réintégrer dans les droits de mes aïeux, présent qui devint l'honneur de ma vieillesse et un bienfait pour elle. J'en emporterai le souvenir et la reconnaissance dans le tombeau, qui, à l'âge de soixante-douze ans passés, ne peut être fort éloigné, surtout celui d'un faible

suisse, après quoi les deux premiers passèrent dans le 4ᵉ suisse de la ligne. Ils sont morts à Bex, le premier en 1846, le second en 1843, et le troisième en 1857.

humain, qui a vu moins de roses que d'épines, qui, avec la grâce de la providence, a toujours su supporter les piqûres de ces dernières, et qui, je le répète, a pu dans des temps graves et difficiles de désordres et de guerres, se tirer d'affaires avec bonheur et honneur, quelquefois à la satisfaction de ses chefs et même à celle de ses subalternes.

Pour compléter ma narration, j'y vais joindre quelques observations que j'ai pu faire dans diverses excursions entreprises afin d'apprendre à connaître autant que possible ma patrie, ce que je n'avais pu faire dans ma jeunesse, de visiter mes amis et d'examiner les localités si variées de la Suisse.

J'ai parcouru d'abord ce pays, excepté les cantons d'Uri, de Glaris, du Tessin et des Grisons. J'ai été enchanté de voir ses beaux sites, ses contrées si belles et si bien cultivées, puis leurs produits. Mais j'ai été moins satisfait des mœurs, des usages, des coutumes et des costumes. J'ai tout trouvé dénaturé et dénationalisé. Comme partout ailleurs, j'ai remarqué moins de cordialité entre les habitants. Voilà les effets des opinions diverses et pernicieuses du siècle éclairé dans lequel nous vivons. Il y a beaucoup d'ambitieux qui, mécontents de leur position, veulent à tout prix régner, être en crédit, vice radical d'où viennent tous les autres, qui, sans généraliser, nuisent au bien public, tout en prétendant l'améliorer. Telle est en peu de mots la situation de la Suisse. De tout ce que j'ai vu et appris, je crois pouvoir dire, et j'ignore si c'est parce que c'est mon canton, que, sauf ses défectuosités, c'est celui de Berne qui marche encore le mieux et le plus droit.

— Voilà ce j'écrivais à Berne le 27 mai 1842.

Je donne suite à mes excursions des années suivantes, qui ne sont pas les moins intéressantes.

En 1843, je visitai Soleure, Aarau, Baden, Zurich, Zug, Schwytz, Rothenthurm, Schindellegi, Richterswyl, Lachen, Mollis, Glaris, Näfels, Wesen, Utznach, Rapperswyl, en regagnant Berne par Zurich et Baden.

En 1844, je passai par Soleure, Olten, Aarau, Brugg,

Baden, Zurich, Zug, Schwytz, Altorf, le Pfaffensprung, le Pont du Diable, Andermatt, le St-Gotthard, Faido, Giornico, et Bellinzona. Des environs de Lugano, je pris par Roveredo, Misocco, St-Bernardin et la montagne de ce nom, le Hinterrhein, Splügen, Andeer, la Via Mala, Thusis, Reichenau, Coire, Zizers, Mayenfeld, Luziensteig, Feldkirch, Dornbirn, Bregenz et Lindau. Je revins par Bregenz, Lochau, Hard, St-Johann, St-Margaretha et les environs de Lustnau, Altstetten, Werdenberg, Sargans, Wallenstadt, Wesen, le canal de la Linth, Utznach, Zurich et Baden. Je repartis de Berne, dans la même année, pour Fribourg, Bulle, Châtel-St-Denis, Vevey, Villeneuve, Aigle, Bex, St-Maurice, Monthey, Lausanne, Echallens, Yverdon, Grandson, Boudry, Neuchâtel, la Neuveville, Bienne, Nidau et Aarberg. Le but de ce voyage était de voir les nouvelles routes, le pont de Lausanne, et les améliorations subies depuis mes courses précédentes par ces contrées si connues. Je finis par dire que j'ai eu dans ma vie, la satisfaction de voir les chefs-lieux des vingt-deux cantons et tous les passages intéressants et remarquables.

Dans ce dernier voyage j'ai vu des progrès dans tous les genres, des améliorations dans les différentes cultures et dans les constructions de maisons, de ponts, de routes, de chemins vicinaux, etc.

Mais une grande fermentation règne dans l'esprit du peuple et présage des mouvements inquiétants et révolutionnaires, qui ne peuvent tarder à éclater, tant les hommes sont travaillés par les meneurs, amateurs de nouveautés, de changements d'états et de constitutions ; cependant le vrai mot est toujours : ôte-toi, que je m'y mette. Tel est le système du jour pour ces meneurs. Si la providence n'y pourvoit pas, un grand événement est imminent et gare à ce temps pernicieux, qui n'est pas éloigné ! Voilà l'idée que j'ai pu me faire dans mes voyages de 1843 et de 1844.

FIN.

Officiers du 1ᵉʳ bataillon de la 3ᵉ demi-brigade helvétique,
parti pour Saint-Domingue le 4 février 1803.

Chef de bataillon : Placide Abyberg. *Chirurgien* : Gaspard.

Capitaines : Wipf, Rüttimann (grenadiers), Charles de Flue,
Michel, Langhans, Nazaire Abyberg, Egger, Bianchi,
Gatschet.

Lieutenants : Jaquier (grenadiers), Gächter, Kauffmann,
Müller (adjudant-major), Bruni.

2ᵉ *Lieutenants* : Wuillemin, Imthurm, Tremp, Zipper, Albert
de Flue (payeur), Gabez (habillement).

Sous-lieutenants : Cloux (grenadiers), Ruetz, Wydler, Sandoz, Longhi, Schmidt, Thellung, Wäber.

———

NOTE.

D'après une relation officielle du lieutenant Wuillemin, faite en 1804,
MM. Wipf, Rüttimann, Abyberg, Egger, Ch. de Flue, Müller, Jaquier, Gabez,
Longhi, Schmidt, Sandoz, Thellung, Wydler, Wäber étaient morts de la
fièvre jaune.

MM. Bianchi, Langhans et Bruni avaient été tués ; Gatschet était mort à
la suite d'un combat.

MM. Michel, Gächter et Cloux avaient fait naufrage avec le *Sans-Pareil*.

MM. A. de Flue, Tremp et Ruetz, pris par les Anglais, étaient retenus à
la Jamaïque.

MM. Kauffmann, Zipper, Imthurm, s'étaient retirés comme convalescents
à Saint-Domingue.

M. Wuillemin lui-même servit comme capitaine dans la 5ᵉ légère française, et fut tué par un boulet à Sarragosse en 1809.

**Officiers du 1ᵉʳ bataillon du 1ᵉʳ régiment suisse à l'ouverture
de la campagne de 1813.**

Chef de bataillon : Dufresne. *Adjudant-major* : Huber. *Officier-
payeur* : Hammer. *Porte-aigle* : Capt. *Chirurgien* : Müller.

Capitaines : Rösselet (grenadiers), Danielis, Weyermann,
Meyer, Jögli, Segesser (voltigeurs), remplacé plus tard par
Corboz.

Lieutenants : Sansonnence, Theiler, Mühlimann, Schweitzer,
Sprüngli, Pfander.

Sous-lieutenants : Favre, Gugger, Raguettli, Müllener.
Les deux *adjudants* s'appelaient Randegger et Müller.

NB. Le texte a donné les mutations.

**Officiers du 1ᵉʳ bataillon de ligne fédéral présents au licen-
ciement du 31 mars 1816.**

Lieutenant-colonel : Rösselet. *Quartier-maître-trésorier* :
Dufay. *Adjudant-major* : Buman (venant du 4ᵉ régiment
suisse). *Porte-drapeau* : Capt. *Chirurgien-major* : Heu-
man. *Adjudant* : Gruner. *Secrétaire-d'état-major* : Morlot
(avec rang de sous-lieutenant).

Capitaines : Weyerman et Gross (grenadiers), Danielis,
Techtermann, Magatti, Jögli, Meyer et Corboz (voltigeurs).

Lieutenants : Dortu, Mühlimann, Scheubli, Pfander, Sprüngli,
Favre, Gugger, Müllener.

Sous-lieutenants : Herzberger, Dittlinger, Roi, Valloton,
Rosset (du 4ᵉ régiment suisse), Randegger, Fromont, Delapierre.

TABLE DES MATIÈRES.

ERRATA.

Page 5, cinquième ligne depuis le bas, lisez *Desseling* au lieu de Kesseling.

Page 22, première ligne, lisez *les ducs* au lieu de le duc.

Page 23, ligne 15, supprimez *mars*.

Page 29, ligne 8, lisez *étant* au lieu de étaient.